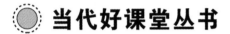 **当代好课堂丛书**

丛书主编 ◎ 冯恩洪　马宪平　　**本册指导专家** ◎ 李红路　刘彬

名师研学O2O：新课程通途

主　编　韩　芳
副主编　梁艾荣　郑　瑶
编　委　（按照名师研学学科顺序排名，不分先后）
　　　　王　苗　万　芬　李　思　郑　瑶　罗虹霞　何韵聪
　　　　王钰玲　倪红敏　王　栋　张灿华　张　颖　张　菁
　　　　许　青　潘　莹　王咏霞　王春雷　黄　伦　罗　乐
　　　　李　姝　贺　倩　李　敏　孙　玥　刘永平　朱佳佩
　　　　桑欣琪　冯　军　汪　姣

中国·武汉

内 容 简 介

本书将研究名师的教学设计艺术、提问艺术、会话艺术等历程中的各项数据逐一记录,深入剖析学生的高阶思维水平。同时,对影响课堂应答思维水平的关键因素,诸如课程因素、教学因素、学习因素以及学生因素等展开了全面且深入的探讨,并进行了高阶思维的理论建模,进而探索出一系列高阶思维的培养方法与策略。

图书在版编目(CIP)数据

名师研学O2O:新课程通途/韩芳主编. -- 武汉:华中科技大学出版社,2024.10.
ISBN 978-7-5772-1314-9

Ⅰ.G632.3

中国国家版本馆CIP数据核字第2024EU6696号

名师研学O2O:新课程通途   韩　芳　主编
Mingshi Yanxue O2O:Xin Kecheng Tongtu

策划编辑:曾　光
责任编辑:白　慧
封面设计:孢　子
责任监印:朱　玢

出版发行:华中科技大学出版社(中国·武汉)　　电话:(027)81321913
　　　　　武汉市东湖新技术开发区华工科技园　　邮编:430223
录　　排:华中科技大学惠友文印中心
印　　刷:武汉市洪林印务有限公司
开　　本:710mm×1000mm　1/16
印　　张:18
字　　数:342千字
版　　次:2024年10月第1版第1次印刷
定　　价:75.00元

本书若有印装质量问题,请向出版社营销中心调换
全国免费服务热线:400-6679-118　　竭诚为您服务
版权所有　侵权必究

序 Preface

教育对于人和社会发展的作用,叫作教育价值。走进中国教育现代化,其实是我们国家对于教育价值的又一次选择。为贯彻党的二十大精神,落实立德树人根本任务,办好人民满意的教育,教育部办公厅于2023年5月9日印发《基础教育课程教学改革深化行动方案》,对课程改革的价值方向给出了引领。

实现人与社会和谐而充分的发展,是教育价值重要的组成部分。在中国教育的进程中,我们似乎忘记了"君子不言利"的优秀传统,升学率决定了我们的教育价值选择。而随着新一轮的高考改革,我们也该深思我们的育人目标。我发现了一所普通又不普通的义务教育阶段学校——武汉经济技术开发区薛峰小学。何谓普通?薛峰小学是中国无数义务教育阶段公办小学中的一所。何谓不普通?薛峰小学对教育价值的追求与课程改革实践的探索已形成了初步的经验成果。它汇聚名师研学案例,脚踏实地,以真实的教育教学事件为基础,以教学的过程性表现还原与研究为核心,以学科专题为牵引,形成了具体的教学研究框架,为基础教育课程改革交出了一张全新答卷,这是值得我们参考与学习的。

一个团队的水平既取决于领头人的水平,又取决于团队的向心力。从薛峰小学的研究成果不难看出,两者兼得。更难能可贵的是,每个学科小组的教育研学故事生动又形象,为课改的研究赋予了生命的表达,例如美术组的"美美与共,成长相拥",不仅有学科的要素,对美育的样态也有了新的表达。类似的故事还有很多,希望读者在阅读时能够有更多的教育思考。

走进2024,中国早已脱离物质贫困的时代,而面对我们的"精神土壤",唯有从教育价值的选择出发,才能培养具有新时代精神面貌的接班人。校园不仅仅是学园,更是乐园、家园。学校应该成为充满关爱、温暖,能让孩子们快乐成长的精神家园。在薛峰小学的实践成果中,我深刻地感受到这一点,希望在今后的教育探索中,薛峰团队能勇立潮头唱大风,讲好教育现代化进程中的中国故事。

掩卷沉思,心底的敬意油然而生……

愿薛峰小学的每一个孩子都能"播种金色梦想,收获七彩人生"。

著名教育家,上海市建平中学原校长,当代好课堂创始人

冯恩洪

2024年元月

目录 Contents

绪论 1

    增强教师的课程理解能力——新课程$^{2.0}$有效实施的前提 2

第一章　研究内容 19

    名师研学 O2O：修炼教学能力$^{T2.0}$——名师优课"学科教学要素"的 TPC 改造 20

第二章　研究叙事 33

第三章　典型案例 39

    三年级语文课《秋天的雨》名师研学 40

    六年级语文课《竹节人》名师研学 77

    四年级数学课《平均数》名师研学 109

    四年级英语课《Seasons》名师研学 149

    五年级科学课《热在水中的传递》名师研学 187

    四年级音乐课《南国红豆——粤韵之美》名师研学 220

    五年级美术课《美丽的纹样》名师研学 250

后记 278

    向阳而生，追光而行 279

绪 论

增强教师的课程理解能力
——新课程$_{2.0}$有效实施的前提

武汉市硚口区教育科学研究中心　李红路

[摘要]　课程理解是教师对课程标准进行忠实性解读,以理解所教授课程的"质的规定性",在此基础上对教学内容进行个性化解读,提炼教学内容的知识本质与素养表现。课程理解的意义是对知识本质与育人价值的确证,是有效实施课程的"铁门槛",是教师专业发展的起点。核心概念的"基因突变"、课程标准"语焉不详"、专家学者自说自话、教师前课程概念的阻抗,是教师课程理解的现实困境。增强教师课程理解能力的路径与方法主要是新课程理论溯源、名师研学和主题教研。

[关键词]　新课程$_{2.0}$、课程理解、理论溯源、名师研学、主题教研

《义务教育课程方案和课程标准(2022年版)》(以下称"新课程$_{2.0}$")颁布已经两年多了,其间关于新课程$_{2.0}$的各级培训从未间断,教师们学习交流、观课议课都会用"学科素养""学科实践""教—学—评—致性""真实情境""学习任务"等新课程$_{2.0}$关键词,以及与之相应的课程理念来诠释自己的教学行为。然而,回到课堂上,即使是许多公开课的教学,也大多是"新课程,旧课堂",即所言说的课程理念是新的,而课堂的教学形态依然是"全班问答"——以教师提问为主导,以"提问—回答—反馈"(IRF)为特征的旧课堂。这种新课程理念言说与旧课堂形态呈现的不一致性,折射出很多教师对新课程$_{2.0}$理念尚处于"一知半解",或"不知道自己不知道"的状态。因此,探索课程理解的路径与方法,增强教师的课程理解能力,成为学校深度推进新课程$_{2.0}$的当务之急。

一、课程理解的内涵与意义

(一)课程理解的内涵

"课程理解"是课程论领域的一个概念。20世纪80年代以来,西方特别是

北美课程领域开始由"课程开发范式"转向"课程理解范式"。课程开发与课程理解是两种不同的课程事件。课程开发是研究、设计、实施、评价一种课程计划的过程,这个过程着眼于使一项课程计划由无到有、由不完善到不断完善的具体操作程序。课程理解是对课程现象、课程"文本"、课程事件之意义的解读过程,其着眼点不在于课程开发的具体程序,而在于对种种课程与课程事件的历史、现状与未来之意义的理解①,其实质是对课程现象、课程"文本"、课程事件的意义解读过程,旨在彰显课程文本的符号意义与主体价值。正是课程研究范式的转型,使"课程理解"这一课程概念得以确立。对中小学老师而言,课程理解包含两个方面的含义。

1. 课程标准视域的"课程理解"

课程标准是课程与教学实施的纲领性文件,是国家或地区在一定的时期对一门课程"质"的规定性。以《义务教育课程方案和课程标准(2022年版)》为例,课程标准规定了学科课程的性质、课程理念、课程目标、课程内容、学业质量、课程实施,即课程"质"的规定性。课程标准视域的"课程理解",就是通过课程标准的学习,达到对学科课程"质"的规定性的掌握。

2. 教学内容视域的"课程理解"

教学内容视域的"课程理解",是教师对一个单元或一课时"教材"(教学材料)的教学内容的理解,即"教材解读"。教材由插图、文字和习题三部分构成,其中所包含的学科知识、方法与价值观念,即为教学内容。教学内容视域的"课程理解",就是通过读文字、读图、读题,理解单元或课时教学内容的知识本质与素养表现。

(1)知识本质。

教材呈现的知识往往是表层的学科事实、学科概念,即我们所说的陈述性知识。有学者认为,知识的本质是观念。这里的"观念"即"大概念"(big idea),其背后蕴含着学科思想方法与价值观念,是知识的本质,称为学科本体性知识②。教师解读教材,把握知识的前后联系(结构),在此基础上提炼知识点背后的"观念"和学科的思想方法、价值观念,充分挖掘知识在"致知""致思""育德""育美""育能"等方面的育人价值。

(2)素养表现。

素养总会在特定情境和条件下表现出外部行为,素养是表现的基础和源泉③。

---

① 张华.走向课程理解:西方课程理论新进展[J].全球教育展望,2001(07):40-48.
② 季苹.教什么知识——对教学的知识论基础的认识[M].北京:教育科学出版社,2009.
③ 张华.让学生创造着长大——2022年版义务教育课程方案和课程标准核心理念解析[M].北京:教育科学出版社,2022.

《义务教育课程方案和课程标准(2022年版)》明确规定了各学科课程的核心素养与学业质量。学业质量是学生在完成课程阶段性学习后的学业成就表现,反映核心素养要求。学业质量标准是以核心素养为主要维度,结合课程内容,对学生学业成就具体表现特征的整体刻画[①]。

在某种意义上说,学业质量就是核心素养的具体体现,即"素养表现"。而学业质量,要通过教师解读单元或课时教材,在理解知识本质的基础上,还要参照"学业质量"相关内容,从学科素养的若干维度阐述学生在知识、技能和情感态度等方面的表现。

以上两个视域的"课程理解"是双向建构、相互影响的。课程标准视域的"课程理解",是对学科课程"质"的规定性理解,更强调理解的忠实性,即尽量理解课程"质"的规定性的"原意",以便形成共同的课程话语体系,避免在交流表达中因过度"发挥"而出现"鸡同鸭说""不知所云"等现象;而教学内容视域的"课程理解",是在忠实理解课程标准的基础上,强调对教材的个性化解读,通过提炼教学内容的知识本质与素养表现,深化对课程标准的理解。

综上所述,我们认为,课程理解是教师对课程标准进行忠实性解读,以理解所教授课程的"质的规定性",在此基础上对教学内容进行个性化解读,提炼教学内容的知识本质与素养表现。

(二)课程理解的意义

1. 对知识本质与育人价值的确证

中国课程与教学的知识论基础是比较薄弱的,要回答好"教什么知识",需要进行课程与教学的知识论基础的建设[②]。新课改(2000)以来,知识的地位与作用一度在学界引起争鸣,影响甚远的"钟王之争"至今"硝烟尚存",由此引发了诸如"能力比知识重要""素养比知识重要""从知识本位向素养本位转变"等广为流传的观念,有意无意"轻慢"知识的地位,"贬低"知识的作用,干扰了中小学教师对知识地位与作用的理解。《义务教育课程方案和课程标准(2022年版)》强调"课程育人",倡导"大观念""核心概念""大主题"等知识形态的教学,知识的观念性、结构性、情境性、建构性等特征。知识与素养的关系才得以澄清,知识的地位和育人价值才得以确立。课程的核心是知识,课程的育人价值主要是通过知识的育人价值实现的。

---

① 中华人民共和国教育部.义务教育语文课程标准(2022年版)[M].北京:北京师范大学出版社,2022.

② 季苹.教什么知识——对教学的知识论基础的认识[M].北京:教育科学出版社,2009:2.

学习是一个起于知识、达于能力,而至于素养的过程①,学习活动的育人价值也是附着在知识之上的。知识在育人中具有不可替代的地位与作用。因此,通过课程理解,确证知识的本质与育人价值,是实施新课程教学的逻辑起点。

2. 课程理解是有效实施新课程的"铁门槛"

国外一项研究报告指出,"一项变革方案被采用后,研究者将方案所要求的行为模式分解为12种具体的行为,然后用测量工具对教师行为进行观察测量,结果发现,方案实施的量非常低,只有16%。也就是说,教师行为只有16%符合方案所要求的行为模式。"②这似乎可以得到结论——"改革很多时候被视为失败,其实不然,因为它们从来就没有得到实施"③。

新课程方案中的很多内容"从来没有得到实施",与教师的课程理解不无关系。美国学者古德莱德(J. I. Goodlad)在对课程概念框架进行深度研究的基础上,划分出不同层次的课程:理想的课程、正式的课程、理解的课程、实施的课程、体验的课程,如图0-1所示。

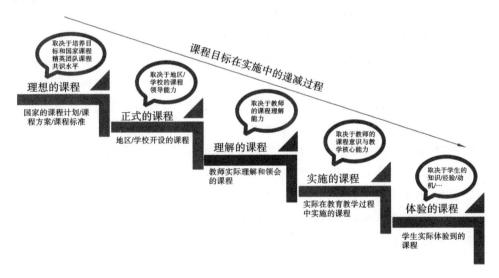

图 0-1　古德莱德课程层次理论示意图

课程是学生发展的资源④。课程结构对应着学生的素养结构,这种"对应"是理想的"应然"状态,而不是现实的"实然"状态。因为从国家课程方案和课程标准

---

① 李红路. 汪亭的班,汪亭的课[M]. 武汉:华中师范大学出版社,2015.
② 张华. 课程与教学论[M]. 上海:上海教育出版社,2000.
③ JACKSON P W. Handbook of Research on Curriculum[M]. New York:Macmillan Publishing Company,1992.
④ 陈佑清. 课程即发展资源——对课程本质理解的一个新视角[J]. 课程教材教法,2003(11):10-14.

所规划的"理想的课程"到学生"体验的课程",要经历如图0-1所示的一个复杂的转化过程。其中,教师"理解的课程",即教师实际理解和领会的课程,是实现文本课程向学生核心素养转化的关键环节,因为教师只会教授他们"理解的课程"。正是因为教师对"理想的课程"理解不深,或不理解,甚而曲解,他们在实施的过程中对"理想的课程"进行"阉割",导致新课程的一些理念或内容"从来就没有得到实施"。古德莱德的课程层次理论,反证了教师的课程理解在新课程$^{2.0}$实施中的前提性作用。笔者总结了15年来在中小学课堂田野研究中听评课的经验,也得出类似结论:课堂教学出现这样或那样的问题,总与教师的课程理解有着千丝万缕的关联。课程理解是实施新课程$^{2.0}$的一道铁门槛,不抓课程理解(教材解读),课堂教学必然"杂草丛生"!

3. 课程理解是教师专业发展的起点

教师对课程的理解程度,直接影响着其教学效果和学生发展的质量。可以说,课程理解是教师专业发展的关键起点。

(1) 课程理解是教师专业发展的基础。

教师作为课程实施的主体,其对课程的理解程度直接决定了教学活动的质量。一方面,良好的课程理解有利于教师深入把握课程的目标定位、内容要求和实施策略,从而制订出符合学生实际的教学计划和方案。另一方面,深入理解课程理念有助于教师形成先进的教育观念,摆脱传统的灌输式教学,转而采用更加注重学生主体性发展的方法。因此,课程理解是教师专业发展的基础和前提。

同时,课程理解是教师专业成长的关键驱动力。教师通过不断深化对课程的认知和理解,不断优化自身的教学理念和实践策略,从而推动自身专业能力的提升。比如,教师可以通过批判性反思现有课程实施中的问题,主动探索新的教学方法;也可以参与课程编制和设计,深化对课程目标和内容的理解,从而提高课程实施的针对性。可见,课程理解是教师专业发展的关键基点。

(2) 课程理解是教师专业发展的动力源泉。

课程理解并非一蹴而就,而是一个需要教师持续探索和实践的过程。在这一过程中,教师会不断对照新旧课程理念,批判性地检视自身的教育观念和教学行为,进而主动调整和创新。这种内在的自我发展动力,正是教师专业成长的重要动力源泉。

首先,深化课程理解有助于教师树立先进的教育理念。通过不断研读《义务教育课程方案和课程标准(2022年版)》,教师可以认识到课程理念和课程目标的新变化,从而主动调整教育观念,更好地适应新时代对教师专业素质的要求。

其次,课程理解的探索过程有利于教师提升教学能力。在新课程实施中,教师需要不断创造符合新课程2.0理念的教学方法和策略,以满足学生更加多样化的发展需求。这种教学实践的不断探索和优化,不仅增强了教师的教学技能,也培养了其解决实际问题的能力。同时,教师在课程理解和实施的过程中,还会不断积累教学经验,形成独特的教学风格。

最后,课程理解的建构过程有助于教师增强专业自主性。在新课程改革中,教师忠实地理解课程标准,个性化地理解教材文本,根据教学实际对国家和地方课程进行二次开发。这种主动性不仅增强了教师的课程意识,也培养了其专业自主性和创新精神。这种专业自主意识的增强,也成为教师专业发展的内生动力。

二、课程理解的现实困境

教师在理解和实施新课程标准时面临多方面的困境。这些困境不仅来源于课程本身的复杂性和新颖性,还包括教师个人的认知限制、专业发展的不足以及教育系统内部的各种矛盾,主要体现在以下四个方面。

1. 核心概念的"基因突变"

《义务教育课程方案和课程标准(2022年版)》有很多"大观念"与"关键词",如表0-1所示。

表 0-1　新课程2.0的大观念与关键词一览表

范　畴	新课程2.0的大观念	关　键　词
价值取向	以核心素养为导向进行课程与教学改革	素养导向
课程内容	重大主题融入课程与教学(课程思政)	重大主题 课程思政
课程内容	以学习主题、学习任务群、大概念组织与呈现教学内容,实现课程内容结构化	学习主题 学习任务 大概念 课程结构化
学习方式	以学科实践促进学习方式变革	学科实践
教学设计	以学习任务为中心进行教学设计,促进真实学习与高阶思维发展	学习任务 真实学习 高阶思维

续表

范　畴	新课程²·⁰的大观念	关　键　词
教学评价	"教—学—评"一致性促进教学改进	教学评一致性 表现性评价 教学改进
教学研究	主题教研为新课程实施提供专业支持	主题教研
技术运用	信息技术为新课程实施赋能	技术赋能

这些大观念和关键词有的来自国家教育政策文本,如"素养导向""重大主题""课程思政"等;有的来自西方课程论术语,如"学习任务""大概念""课程结构化""真实学习""高阶思维""教学评一致性""表现性评价"等;有的来自对西方课程论术语的改造,如"学科实践";有的来自课程标准研制小组专家成员的研究论著,如"教学改进""学习主题"。不同来源的课程术语,有其特定的教育文化背景与历史流变,相对于教师的日常理解而言,其内涵早已发生"基因突变",给教师的解读造成困难。如果只做"望文生义"的理解,例如,把"学习任务"理解为教学中要学生做的事,或把"学习任务"等同于学习活动,或理解为"有目的的学习活动";再如,把"学科实践"理解为动手操作(做中学),或把学生带到教室外开展活动等;又如,把"学习情境"理解为著名语文特级教师李吉林"情境教学"的"情境"等,则很难把握这些课程术语的要义,在教学实践中难以避免"谬以千里"。

2. 课程标准"语焉不详"

不同来源的课程术语,一旦写进课程方案和课程标准,就将成为一个规范性的概念,需要进行明确的、权威的界定。但是,《义务教育课程方案和课程标准(2022年版)》对各学科的核心概念及其关键词,大都只做抽象表述,缺乏明确的定义和阐释,存在着"日常概念""专业术语"的交替使用现象。

例如,"学习任务群"是《义务教育语文课程标准(2022年版)》率先提出的核心概念,并衍生出"学习任务"这一概念,共有三处集中描述。

> 【描述一】 义务教育语文课程内容主要以学习任务群组织与呈现。设计语文学习任务,要围绕特定学习主题,确定具有内在逻辑关联的语文实践活动。语文学习任务群由相互关联的系列学习任务组成,共同指向学生的核心素养发展,具有情境性、实践性、综合性。

这是语文课标"课程内容"部分关于"学习任务群"与"学习任务"的描述。遵循这段话的内部逻辑,我们推理得出以下四个结论:

(1) 学习任务群属于"课程内容"范畴;

(2) 学习任务属于"学习活动(语文实践活动)"范畴;

(3) 学习任务＝基于主题的学习活动(语文实践活动);

(4) 学习任务群由系列学习任务构成。

顺着上述推理可知,课程内容与学习活动分属不同范畴概念,那么结论"(4)学习任务群(内容)由系列学习任务(活动)构成"就难以成立。作为课程内容和学习活动的两个"学习任务"概念同时出现,导致表述逻辑上的不自洽。

【描述二】 义务教育语文课程结构遵循学生身心发展规律和核心素养形成的内在逻辑,以生活为基础,以语文实践活动为主线,以学习主题为引领,以学习任务为载体,整合学习内容、情境、方法和资源等要素,设计语文学习任务群。

这是语文课标"课程理念"部分关于"学习任务群"与"学习任务"的描述。遵循这段话的内部逻辑,我们推理得出以下两个结论:

(1) 学习任务包含学习内容、情境、方法和资源等要素(课程内容范畴);

(2) 学习任务＝基于主题的学习活动(学习活动范畴)。

这两个结论是对作为课程内容的学习任务和作为学习活动的学习任务的内涵的扩展与进一步确证。

【描述三】 教师要明确学习任务群的定位和功能,准确理解每个学习任务群的学习内容和教学提示。在此基础上,综合考虑教材内容和学生情况,设计不同类型的学习任务,依托学习任务整合学习情境、学习内容、学习方法和学习资源,安排连贯的语文实践活动。

这是语文课标"课程实施"部分关于"学习任务群"与"学习任务"的描述。遵循这段话的内部逻辑,我们可以推理得出以下一个结论:

$$\text{学习任务}=\underbrace{\text{学习情境}+\text{学习内容}+\text{学习方法}+\text{学习资源}}_{\text{课程内容范畴}}+\underbrace{\text{语文实践活动}}_{\text{学习活动范畴}}$$

这一结论表明,在语文课程标准中出现了"学习任务"的第三种定义方式——课程内容＋学习活动,算是对作为课程内容的学习任务与作为学习活动的学习任务的"综合"。

其实,即使是"综合"取向的学习任务,其要素也是不完整的。在具体的教学设计中,不是有了学习情境、学习内容、学习方法、学习资源、学习活动,学习就能够真实地发生,还必须为学生搭建"学习支架",包括范例性支架、过程性支架、方法性支架、内容性支架,在最近发展区内为学生提供学习指导与帮助,发展他们的自主学习能力。另外,学生完成学习任务,学习成果是什么?如何开展教学评价来体现教学评一致性?为此,学习任务设计还包括"成果展示与评价"。因而,教师仅凭课程标准中关于学习任务的三段描述,很难理解其内涵并进行有效的教学设计。

中小学一线教师难以对学习任务做这样的深入理解,他们很容易在"课程内容"与"学习活动"之间做简单的选择,从而造成教学设计中学习任务要素的缺失,必然导致学习任务结构不良与功能不全,使得新课程倡导的"任务中心"教学只是在传统"问题中心,全班问答"上贴上"任务中心"的标签。

课程标准中类似于"学习任务"概念语焉不详、表述不清的概念还有"学科实践""素养表现"等,还有多个学科课程标准使用同一课程概念,但指向不一致的问题,这些都会给中小学教师的课程理解带来困难。

3. 专家学者自说自话

在新课程的推广过程中,专家学者的作用至关重要。然而,由于学术界存在的观点多样性,不同学术领域的专家和学者对新课程的解读往往各执一词,甚至相互矛盾。这种情况使得基层教师在寻求理论指导时感到困惑,不知道应该依据哪种观点来调整自己的教学实践。

例如,对"核心素养"这一核心概念,《义务教育课程方案和课程标准(2022年版)》给予了明确的界定:核心素养是学生通过课程学习逐步形成的正确价值观、必备品格和关键能力,是课程育人价值的集中体现。而国内很多知名学者在论及核心素养时,往往绕过这一"规范化"的界定,或引用国外概念,或进行个性化定义,给中小学教师的课程理解带来一定的干扰,典型的观点如下。

(1) OECD的界定:运用知识、技能、态度满足特定情境中复杂需要的能力。

(2) 欧盟的界定:适用于特定情境的知识、技能和态度的综合。

(3) 素养是人在特定情境中综合运用知识、技能和态度解决问题的高阶能力和人性能力。

(4) 素养是一种行动能力。

《义务教育课程方案和课程标准(2022年版)》关于核心素养的界定是基于教育学语境进行的。而上述四个关于核心素养的定义是基于社会学语境的。学校教育固然要打破校园与社会之间的"围墙",但学校教育只是终身教育的一部分,学生走出校门,在复杂的社会环境中学习、工作与生活,才可能习得在"复杂情境中解决问题的能力"。学校要基于教育学立场培养学生的核心素养,并通过创设真实情境,通过真实场景中角色代入与问题求解,培养学生学科能力,发展学生实践能力。

"素养导向"是新课程实施的"第一性原理"。因此,核心素养的界定只能坚守一元化的"规范化"概念,以利于教师的课程理解。核心素养多元化、个性化的界定,在学术研究与争鸣中很有必要,但在新课程实施的中小学实践层面则没有必要。

教育专家和学者对各课程标准自说自话的概念还有很多,如思维发展、高阶思维等,不一而足,他们对新课程的解读和阐释往往缺乏统一的认识。专家学者的观点分歧,给教师的课程理解造成了混乱和困惑。

4. 教师前课程概念的阻抗

教师的课程概念是指导其教学行为的重要基石。而教师的前课程概念,指的是教师在接触新的课程之前已经形成的关于教学的固有观念,它是影响教师理解新课程的一个重要因素。这些观念往往源于教师的长期教学实践、教育背景以及个人经验,因此具有深厚的根基,不易改变。然而,正是这些前课程概念,有时会成为阻碍教师理解和接受新课程的重要因素。

当新课程标准与教师的前课程概念存在较大差异时,教师可能会感到迷茫和抵触。这是因为新的课程标准往往代表着一种新的教学理念和方法,它可能挑战了教师过去所秉持的教学观念。这种冲突不仅会影响教师对新课程的接受程度,更可能阻碍新课程的有效实施。

三、课程理解的路径与方法

为了破解中小学教师课程理解的现实困境,我们可以从以下三个方面引导教师开展课程理解活动。

(一) 理论溯源

根据《义务教育课程方案和课程标准(2022年版)》八个"大观念"及其关键词的来源,进行不同方式的理论溯源,如表 0-2 所示:

表 0-2 新课程2.0"大观念"与"关键词"溯源一览表

关键词来源	溯源方法	关键词举例
官方文本	查阅官方文件,弄清教育改革时代背景下的社会需求,理解官方对关键词的界定	素养导向 课程思政
西方舶来	查阅不同历史时期关键人物关键论著,弄清概念内涵的流变与适用范围,然后参照国内权威的解读对关键词进行界定	学习任务 学习情境 学习支架

续表

关键词来源	溯源方法	关键词举例
移植改造	查阅中外相关文献,比较国内外对关键词界定的差异,在我国分科教学与《义务教育课程方案和课程标准(2022年版)》背景下,对关键词进行界定	学科实践
本土创新	查阅相关文献与相关专家论著,弄清关键词的范畴、界定与实践经验,在《义务教育课程方案和课程标准(2022年版)》背景下理解关键词的内涵	主题教研 教学改进 英语学习活动观

在表 0-2 所示的四个方面来源的新课程$^{2.0}$关键词中,西方舶来关键词的理解最为困难,需要查阅西方不同历史时期关键人物的论著,弄清概念的范畴、流变及其适用范围。以"学习任务"理论溯源为例:

"学习任务"作为一个教学设计领域的概念,主要由欧美教育心理学专家和教学设计理论专家提出。在百余年的教育研究与发展的历程中,"学习任务"的内涵与学习理论同步迭代,经历了行为主义、认知主义、建构主义教学论学者的不断研究,其内涵不断丰富,并形成"任务中心"教学设计理论。

1. 作为教学设计工具的"任务分析"

行为主义代表人物斯金纳和认知主义代表人物加涅,都是把"任务分析"作为教学设计工具。

(1) 行为主义"程序教学"的任务分析。

代表人物:斯金纳(B. F. Skinner,1904—1990 年,美国)。

核心观点:

①学习不是突然发生的,而是通过一系列细小的步骤按照顺序逐渐达到的。

②教学设计中首先要清楚规定习得的行为,然后确定学习者起点的技能,最后将教学的主题按照分级的步骤编成程序。

核心概念:任务分析=从"起点技能"到"规定习得行为"的主题分级步骤编程。

行为主义"程序教学"设计中的"教学主题的步骤编程",实质上是基于学习的起点(起点的技能)和终点(习得的行为)进行学习任务分析。这是学习理论与教学设计理论中"任务分析"的雏形。

(2) 认知主义教学设计的任务分析。

代表人物:加涅(Robert M. Gagne,1916—2002 年,美国)。

代表著作:《学习的条件和教学论》《教学设计原理》。

核心观点：

①教学设计通常始于教程目的的识别与学习目标的任务分析。

②任务分析分为两类。第一类叫"程序任务分析"，即描述完成某一任务必须执行的步骤；第二类叫"学习任务分析"，其实质是知识任务分析，即描述某一类学习结果的先决条件。

核心概念：任务分析＝程序任务分析＋学习任务分析。

加涅的认知主义"任务分析"理论，已经成为当前我国中小学教学分析中"教材分析""学情分析"的基本依据。

2. 任务中心的教学设计

任务中心的教学设计，是把学习任务作为教学设计的基本元素或核心要素，强调了学习情境的真实性与任务的复杂性。

(1)"聚焦任务"的有效教学设计。

代表人物：洛林·W. 安德森(Lorin W. Anderson,美国)。

代表著作：《提高教师教学效能》。

核心观点：

①聚焦任务是学校教育改进的中心任务之一。

②当任务是真实的、相关的和有意义的时候，经济不利地位学生更有可能重视他们正在学习什么，他们学到了什么，以及学习与学校之外的生活所建立的重要联系。

③正确的任务往往可以超出课堂的价值——它们将学校学习中的学生与"外部世界"联系起来。

核心概念：学习任务分析＝目的＋定向＋主题＋范围＋形式＋复杂性。

(2)"聚焦任务"的首要教学原理。

代表人物：梅里尔(M. David Merrill,美国)。

代表著作：《首要教学原理》。

核心观点：

① 有效的学习通常都聚焦问题(任务)，围绕问题(任务)安排"激活旧知""求证新知""应用新知""融会贯通"四个教学环节。

②当学习者在现实世界问题(任务)情境中掌握知能时，才能促进学习。

核心概念：学习任务设计＝交代学习任务(现实世界的问题)＋安排完整任务＋形成任务系列。

(3)作为教学设计元素的学习任务。

代表人物：范梅里恩伯尔(Jeroen J. G. van Merriënbore,荷兰)。

代表著作:《综合学习设计——四元素十步骤系统方法》。

核心观点:

①将现实生活任务作为设计学习任务的基础。

②把现实生活中的真实性任务作为教学的内驱力。

③为综合学习任务搭建脚手架,不是"直接"告诉学生怎么做,而是通过丰富的学习任务逐步加以指导。

核心概念:学习任务设计＝真实任务＋任务环境＋脚手架。

3. 作为教学评价的"表现性任务"

新课程$^{2.0}$倡导的"表现性评价"主要来自"设计与运用表现性任务"理论。

代表人物:特蕾西·K.希尔(美国)。

代表著作:《设计与运用表现性任务——促进学生学习与评估》。

核心观点:

①表现性任务被定义为现实世界的一个作品或表现。

②在教学中融入现实任务,可以很好地帮助不同年龄段的学生接触不同职业和工作,并创造出各类作品或呈现出各类表现。

③任务情境有三大组成:职务、职业或工作;职务、职业或工作的作品或表现;观众——作品或表现的受众。

④借助SOLO分类理论,运用"SOLO动词＋学习内容"设计表现性任务的成功标准。

核心概念:学习任务设计＝真实任务＋任务情境＋SOLO成功标准(评价)。

综上所述,"学习任务"概念经历了"作为教学设计的任务分析工具"到"作为教学设计的基本元素",再到"作为教学评价的表现性任务"的流变,其内涵不断丰富,在新课程$^{2.0}$的实施中,可以用于教学分析、教学设计与教学评价。

(二)名师研学

名师是课程与教学改革中最活跃的因素,是一个行走的"课改符号",他们总是用鲜活的课例诠释着自己对新课程理念的理解,成为广大中小学教师学习新课程、践行新课程的"实践参照"。名师研学是教师增强自己课程理解功力的"吸星大法"。

1. 什么是名师研学

名师研学,是教师用研究的方式学习名师教学经验,并运用到教学实践中去,从而提高课程理解能力、教学能力与研究能力。概言之,就是研究名师、学以致用、教研相长。

从"学"的角度来看,"研究名师"是案例研究——运用一定的分析框架对名师优课进行案例分析,理解与解释教学行为,提炼出教学结构与教学方法,挖掘背后的教学理念,为自己的教学提供理念引领与实践参照;从"用"的角度来看,"学以致用"不是简单地照搬照套,而是进行课例研究——在名师优课案例分析的基础上,根据特定的教学主题与要研究的问题,融合教学技术与现代学习方式,重构教学设计,致力于教学改进的行动研究;从研学的结果来看,不仅可以提高教学能力,也可以提高教学研究能力。

2. 名师研学技术线路

技术线路是为了达到研究目标(即"解决问题")而拟采取的包括技术手段、具体步骤及解决关键性问题的方法等在内的研究路径,是以"问题-求解"的研究假设为核心,将研究内容、研究方法、研究步骤进行有机组合的逻辑结构。

名师研学的技术线路如图0-2所示。

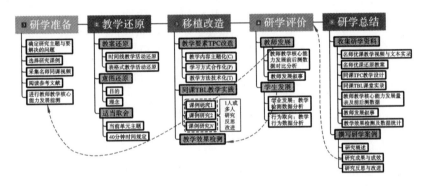

图 0-2　名师研学技术线路

名师研学分为五个阶段,所对应的研究内容、研究方法、技术手段,以及教学能力发展如表0-3所示。

表 0-3　名师研学阶段表

	研学准备	教学还原	移植改造	研学评价	研学总结
研究内容	1. 解读研究主题内涵 2. 梳理研究问题 3. 了解教师教学能力现状	1. 提炼名师优课学科教学要素 2. 揣摩名师教学意图	1. 名师优课学科教学要素的TPC改造内容 2. TBL教学策略	1. 研学项目组教师教学能力发展状况 2. 学生学业发展、学习品质与思维水平发展状况	1. 促进学生学业发展的教学策略 2. 促进教师教学能力发展的研学策略

续表

	研学准备	教学还原	移植改造	研学评价	研学总结
研究方法	1. 文献研究法 2. 量表测量法	个案研究法	课例行动研究法	统计测量法（定量研究）	1. 经验总结法（定性研究） 2. 数据建模法（定量研究）
技术手段	1. 语音转文字软件 2. NoteExpress文献管理软件	MindMaster思维导图	1. AI苏格拉底平台（教学行为数据采集） 2. IES云平台（自学课堂）	1. 社会学生统计软件NVivo 12，SPSS 24.0 2. 学习结果的SOLO评价量表 3. TPC-FIAS课堂互动分析系统	腾讯在线文档
教学能力发展	1. 文献研究能力 2. 技术操作技能	课程理解能力	1. TPC教学设计能力 2. TBL教学实践能力 3. STR智慧教研能力	数据素养	研究写作能力

3. 名师研学与课程理解

在名师研学中提高教师的课程理解能力，主要是通过"教学还原"实现的。在多轮的名师研学项目研究中，我们形成名师研学的基本框架，即一节好课的教学要素组成：先进的教学理念、精当的教学内容、优化的教学结构、特色的教学方法、精致的教学细节。名师研学中的"教学还原"，就是从以上五个方面对名师的课例进行教案还原、意图还原，在此基础上以一节课40分钟为限进行教学取舍。具体方法是：

（1）教案还原。教研组成员分工合作，进行线上或线下观课议课（可集中进行，也可分散进行），运用思维导图时间线或表格，以学习活动为单位，从教材呈现（任务与要求）、教学要点、技术运用三个方面，对名师优课进行教学设计还原，并提炼出名师教学理念、课程理解、教学结构、教学方法等"学科教学要素"，然后进行交流。

(2) 意图还原。通过教学点评,揣摩名师优课的每个学习活动,以及教学精彩之处的意图——想要达到的教学效果(即目的),及其背后的教学理念。

(3) 教学取舍。名师优课教学有其特定的教学主题与教学背景。在进行教学还原之后,要根据当前教材单元主题与 40 分钟课堂教学时间规定,对名师优课的教学内容、教学方法进行取舍,以符合当前的教学实际。

名师研学之"教学还原"的实质,是教学"角色代入"基础上的"理念言说",即教师在"教学还原"的过程中,把自己当作授课名师,梳理出"自己"授课的行为逻辑,以及行为背后的教学理念。这是一个从教学行为到教学理念与名师对话和自我建构的过程,在这个过程中,理解、解释名师的教学行为及其背后的理念,与名师达到"视界的融合",并丰富自己对新课程理念的理解。因此,"教学还原"是基于理解、解释名师教学理念,建构自己教学理念的过程,在这个过程中内化新课程理念,提升课程理解能力。

名师公开课教学的网络资源日渐丰富,公开课的说课与评价课资源也比较容易获取,这也是开展名师研学,提高教师课程理解能力的实践参照。

(三) 主题教研

主题教研是新课程$^{2.0}$所倡导的教学研究方式,要求教师聚焦理解与实施学科课程标准,形成研究主题,开展行动研究。

中小学各学科每周都有 2~3 节的教研活动时间,其主要形式是"集体备课"和"观课议课"。仔细观摩与分析常态下中小学集体备课和观课议课的话语,不难发现其着眼点在于教学内容的处理与教学方法的选择,即所谓"教材教法",并用"贴标签"的方式跟新课程的理念进行生硬的关联,很少真正聚焦"课程理解"中的问题,既缺乏方法,更缺少意识,致使"教材教法"分析成为课程改革中的一幢"老房子"——既煞风景,又不适用。

主题教研要为新课程实施提供专业支持,首先必须聚焦课程理解——课程标准视域的课程理解和教学内容视域的课程理解,并进行有机关联。因为只有正确地理解课程标准对所教授学科课程的质的规定性,才能保证教材解读的价值取向、方式方法的正确,才能为教师进行个性化的教材解读提供正确的方向。课程标准视域的忠实性的课程理解+教学内容视域的个性化的课程理解,可以帮助教师跨过新课程实施的"铁门槛"。为此,主题教研一方面要把课程理解作为集体备课的重要内容;另一方面,还要在观课议课的教材教法分析中透视教学行为背后的课程理解——对核心素养、课程理念等的彰显。

1. 在集体备课与教学设计中强化课程理解

（1）集体备课。

在集体备课中，无论是单元备课，还是课时备课，都要把"课程理解"作为首要项目。以课时备课为例，课程理解包括两部分内容：

① 课标链接。

根据课时教学内容所在的单元与主题，根据义务教育课程标准（2022年版）的课程理念、课程内容、学业质量、课程实施四个方面的要求，对课程标准进行主题关联式解读，提高课程标准视域的课程理解能力。

② 教材解读。

通过读文、读图、读题，提炼出知识结构与核心概念，以及教学内容的知识本质与素养表现，提高教学内容视域的课程理解能力。

（2）教学设计。

以学习任务为中心进行 TPC 教学设计。学习任务由问题情境（真实情境、核心问题）、学习支架、学科实践、深度会话、成果展示与评价五部分构成，体现新课程教学的情境性、实践性，以及教学评的一致性。同时，在教学过程中设计"右手栏"，说明教学设计所体现的新课程理念，让教学行为与教学理念"双向奔赴"。

2. 在观课议课中言说课程理解

在主题教研的观课议课中，观课记录也设计"右手栏"，左边记录教学过程，右边提炼教学理念；教师说课、议课，也要把教学行为与教学理念结合起来进行言说，进行教学行为与教学理念的"双向建构"。

第一章
研究内容

名师研学 O2O：修炼教学能力$^{T2.0}$
——名师优课"学科教学要素"的 TPC 改造

李红路　韩　芳

《教育信息化2.0行动计划》的颁布，标志着中国教育进入信息化2.0阶段，与教育的核心素养时代交汇，使教育进入"新时代"。课堂教学作为"新时代"教育活动的主要方式，必须具有新观念、新技术、新形态、新结构、新内容、新方法，才能与一代新人核心素养的发展相契合。而作为课堂教学主导的教师，在变动不居的"互联网＋"背景下，要改变发展方式，迅速实现教学能力的迭代升级，才能尽快胜任新时代教学的重任。

在教师专业发展"能力为重，实践导向"的基本理念指导下[①]，我们结合当前课改实际，研制了教育信息化2.0环境下教师教学能力结构框架，充分运用网络名师优课资源和数字化平台开展"名师研学O2O"研修活动，发展教师教学能力。

一、问题的提出

（一）核心概念界定

1. 学科教学要素

学科教学要素，指的是名师优课教学中蕴含的，体现学科本质特征和名师教学特色的教学因素，包括教学理念、教材处理（核心教学内容及其思想方法的确定）、教学结构、教学方法。

2. 名师研学O2O

名师研学，是教师用研究的方式学习名师教学经验，并运用到教学实践中去，从而提高教学能力与研究能力。概言之，就是研究名师、学以致用、教研相长。

从"学"的角度来看，"研究名师"是案例研究——运用一定的分析框架对名师

---

① 中华人民共和国教育部.中小学教师培训课程指导标准（专业发展）[S].北京：高等教育出版社，2020.

优课进行案例分析,理解与解释教学行为,提炼出教学结构与教学方法,挖掘背后的教学理念,为自己的教学提供理念引领与实践参照;从"用"的角度来看,"学以致用"不是简单地照搬照套,而是进行课例研究——在名师优课案例分析的基础上,根据特定的教学主题与要研究的问题,融合教学技术与现代学习方式,重构教学设计,进行致力于教学改进的行动研究;从研学的结果来看,不仅可以提高教学能力,也可以提高教学研究能力。

名师研学 O2O 是教师团队借助云平台,以线上(online)与线下(offline)相结合的方式进行观课议课,从学科教学要素诸方面对名师优课进行解读,将其还原成教学设计,并对其关键、精彩的教学环节进行点评,从而学习名师的教学思想、教学方法与教学艺术。在此基础上,结合当前教学实际,对名师优课教学设计进行主题化、简约化、合作化、技术化改造,形成同课 TPC 教学设计,并进行 TBL 教学实践[1],通过同课教学的对比、反思与改进,提高教师课程理解能力、整合技术与现代学习方式的教学设计能力与教学实践能力,发展教师的教学研究能力。

3. 教学能力$^{T2.0}$

教学能力$^{T2.0}$是在教育信息化 2.0 背景下的学科教学能力,是整合技术(technology)2.0 与现代学习方式的学科教学能力。

运用 TPCK(整合技术的学科教学知识)框架,将教学能力$^{T2.0}$表征为 TPCA 框架[2],即由 TA(技术操作能力)、PA(教法能力)、CA(课程理解能力)三个单项技能组合形成三个层次递进的教学能力复合结构,如图 1-1 所示。

(1) 教学基本能力:教学基本能力包括课程理解能力(CA)、教法能力(PA)、技术操作能力(TA)。课程理解能力是解读教材文本、确定核心教学内容与目标的能力,是教学最基本、最重要的技能;教法能力指的是对通用教法(如合作学习等)和学科专用教法(如语文学科的"品读想象法"、数学学科的"数形结合法"、科学学科的"实验探究法")的掌握水平;技术操作能力,指教师能够熟练操作教学操作系统功能模块(多媒体、高交互、大数据功能),进行教学活动的能力,例如教师能够熟练运用醍摩豆教育科技"十八般武艺"之三大基本功能与四大必杀技[3]。

(2) 教学高阶能力:由 TA、PA、CA 三个单项技能两两组合而成的教学操作能力,包括<u>内容的技术表征能力</u>(后文简称为"知识表征",TCA)、<u>教法的知识匹配能</u>

---

[1] T、P、C 分别是 technology(技术)、pedagogy(教法)、content(内容)三个英语单词的首写字母。TPC 表示整合技术的学科教学,是技术、教法与内容的深度融合;TBL 是 team based learning 的缩写,意思是"基于团队的学习",与"小组学习""合作学习"同义。

[2] TPCA 中,T、P、C 的含义同上;A 是 ability(能力)的首写字母。TPCA,即整合技术的学科教学能力。

[3] 三大基本功能:挑人作答、抢权作答、即问即答。四大必杀技:二次作答、差异推送、作品观摩、智慧助教。

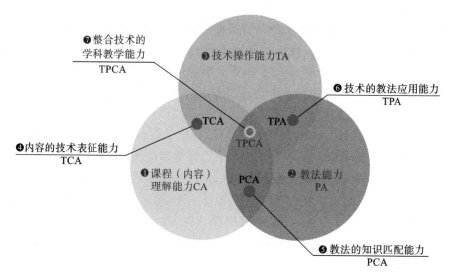

图 1-1　TPCA 框架

力(后文简称为"教法匹配",PCA)、技术的教法应用能力(后文简称为"教法应用",TPA)。知识表征,是运用技术将教学内容制作为数字化课件(可视化表征),增强教学内容的可感知性和可理解性。教法匹配,是基于学科知识分类的教学法。一定类型的知识总是与特定的学习方式、教学方式相关联的,如基于事实性知识的讲授教学法、基于概念性知识的探究性教学法、基于方法性知识的操作教学法、基于价值性知识的体验教学法、基于元认知知识的反思教学法。教法应用,指技术与常规教学方法的融合,促进学生个体学习、小组学习、全班互动,并在教学中进行全班检测、多元评价、生本决策。

(3) 教学核心能力:从图 1-1 上看,教学核心能力居于 TA、PA、CA 组合的中心,是整合技术的学科教学能力(TPCA),包括 TPC 教学设计能力、TBL 教学实践能力、ITE 教学评价能力。根据名师研学 O2O 的界定,我们将"STR 智慧教研能力"[①]也纳入教学核心能力范畴。

(二) 要解决的问题

全国范围内的"信息技术应用能力提升工程 2.0"培训(简称"教师培训 2.0")方兴未艾,是一次中小学教师全员性的信息技术应用的"科普",学校通过与教研活动、

---

① ITE is information teaching evaluation(信息化评价能力)的缩写;STR 是 smart teaching and research(智慧教研)的缩写。

校本培训整合,使之校本化,以提高培训效率,但普遍存在以下三个方面的问题。

1. 教师培训 2.0 的"互去"乱象

从已有的教师培训 2.0 课程内容来看,这些课程大都是"应景"式的组合,由教育主管部门或第三方培训机构,分别请教育技术专家、教育学专家、学科专家开发培训课程。分析具体的培训课程内容与资料,不难发现教育技术专家的培训"去学科化",学科专家的培训"去技术化"、教育学专家的培训"去学科化、去技术化"。这三个教育专业群体之间的"互去",甚至"互撕",与教育信息化 2.0 之"深度融合""应用创新"的理念是相悖的,造成的结果是教师在技术上精进了,在学科上精进了,在学习方式上精进了,但技术 2.0 环境下的教学却是"涛声依旧"。

名师研学 O2O 在"还原教案"的基础上,对名师教学设计进行主题化、简约化、合作化、技术化改造,形成 TPC 教学设计,实现 T、P、C 深度融合,正好是治愈当前教师培训 2.0"互去"现象的一剂良方。

2. 教学能力的发展方式"错位"

当前教师培训 2.0 的方式侧重于理论讲座与教学观摩,学习方式以"听"与"看"为主,是与教学能力发展路径严重"错位"的。关于知识与能力的学习,学界有一句话:知识是学会的,不是教会的,更不是讲会的;能力是练会的,不是看会的,更不是听会的[①]。能力的核心是方法,从知识分类学的角度来讲,方法是一种程序性知识,对应的学习方式应该是实践操作,即"做中学"。

名师研学 O2O 倡导的"移植改造"与"实践创新",实质上是研中学、做中学,与教师教学能力和研究能力发展方式相匹配。

3. 教研活动缺乏方法"自觉"

教学是一种文化性、反思性的实践。教学能力的提高,还来自教学研究的促进,即所谓"教研相长"。但学校日常教研活动的效率低下,已是不争的事实。除了没有明确的研究专题(要解决的问题)外,一个重要的原因是没有研究方法的"自觉",认为上课教师"说课",观课教师"议课"就是在进行教学研究,不聚焦教学问题,没有求解的假设,也没有事实与数据的验证,使教研活动成为教学的直觉表达,缺乏应有的理性而在经验层面低水平重复。

名师研学 O2O 除了要有明确的主题(问题)外,还要综合运用四种基本的研究方法——以名师优课资源(视频、文本)为对象的文本研究、以课堂观察为基础的案例研究、以反思改进为基础的行动研究、以教学行为编码为手段的数据研究,以培养教师研究方法的"自觉"。

---

① 张素兰,李景龙.合学教育:打造教学"动车组"[M].北京:中国林业出版社,2010.

二、文献综述

（一）关于名师教学经验

名师教学经验一直受到中小学教师的青睐，也备受教育专家、学者的关注。向名师教学学什么，怎么学习，是专家学者和中小学教师共同关注的问题。

1. 名师教学经验的价值

有教师用"至简、至理、至真"概括名师教学的特点，具体表现为简明的教学立意、简洁的教学情境、简朴的教学手段、个性的教学话语、深刻的活动体验、系统的知识建构、浓郁的"学科味"[1]，这些正是名师教学经验学习价值所在。有教师认为，名师专业化水平较高，具有先进的教学理念，形成了系统的教学方法，具备高超的教学技艺、教育思想和教学行为，能够对同行的教学起到示范引领作用[2]。

2. 学习名师教学经验的方法

有学者认为，名师的核心价值在于其独特的教学主张、教学思想、教学信念，这既是名师的"个人理论"，同时也是教育精神和学科文化的一种体现。研究名师的教学主张，既要从理论视角解读名师教学主张的内涵、理论依据和具体内容，也要从实践[3]视角进行名师教学主张的"教材化研究"（教材解读与教学内容取舍）、"教学化研究"（具体的教学方式方法、技能技巧）[4]。有研究者提炼了名师研学的基本框架：先进的教学理念、核心的教学知识、优化的教学结构、充分的学习活动、创意的教学方法、精致的教学细节、有效的技术运用，以及学、思、议、悟、行的研学心法[5]。

（二）关于信息化教学能力

新课改以来，教学能力一直是教学论研究的热点，也一直是教师培训的重点。信息技术重构教学生态，促进了教学形态、教学结构、师生关系、教与学方式的深刻变革，对教师教学能力也提出了新的要求，因而教学能力研究的热点由一般教学能力转向了"信息化教学能力"[6]。

---

[1] 刘志彪. 至简·至理·至真——小学数学名师教学有模仿也有实践维度分析[J]. 教育研究与评论, 2019(02):84-86.

[2] 卢彦伶. 促进青年教师成长视域下的中小学名师资源[J]. 中国教师, 2020(07):71-75.

[3] 申继亮, 王凯荣. 论教师的教学能力[J]. 北京师范大学学报（人文社会科学版）, 2000(01):64-71.

[4] 余文森. 论名师的教学主张及其研究——以福建省为例[J]. 教育研究, 2015(02):75-81.

[5] 谢翠玲, 刘志宏, 李长海, 等. 名师研学：教师发展新路径[M]. 武汉：华中科技大学出版社, 2019.

[6] 李敏. 2000—2016年我国教师教学能力研究回顾与展望[J]. 洛阳师范学院学报, 2018(09):82-86.

1. 信息化教学能力的内涵

国内"信息化教学能力"代表性的观点是,教师在信息化环境下,合理运用信息技术和数字资源完成教学活动,实现教学目标,促进教师和学生共同发展所需具备的综合能力[①]。

2. 教师信息化教学能力结构

关于信息化教学能力结构,国内学者研究出现多元化倾向,有四种方式与类型。一是从传统教学能力理论出发,对信息化条件下教师的能力进行系统分析,归纳出组成要素,包括专业基础、信息化教学设计能力、信息化教学实施与监控能力、信息化教学评价能力、信息化教学研究能力[②];二是基于TPCK框架建构信息化教学能力结构,如董瑞杰提出"基于TPACK框架的信息化教学能力是由多个维度构成的综合能力体系,包括教学整合、教学设计、教学实施、教学评价、教学反思、教学研究"[③];三是参照中华人民共和国教育部《中小学教师信息技术应用能力标准(试行)》,建构信息化教学能力结构,如华东师范大学开放教育学院团队按照信息技术应用环境(多媒体学习环境、混合学习环境、智慧学习环境),从学情分析、教学设计、学法指导、学业评价四个维度确定了30个"微能力点"[④];四是综合借鉴中外先进国家与组织的相关成果,建构教师信息化教学能力结构,包括学科教学法知识、信息化教学设计能力、信息化教学实施能力、信息化教学管理能力、信息化教学评价能力、信息化教学反思能力[⑤]。

(三)文献述评

有关"名师教学经验"的文献,为教师向名师教学"学什么"和"怎么学"提供了基本框架和有益的启示。名师优课教学的"硬伤"是信息化水平不高,"信息化教学能力"文献则为我们建构教师教学能力$_{T2.0}$结构提供了多重视野与方法论启示,但已有的信息化教学能力结构,几乎都是"去学科化",把课程理解能力排除在外。这些,既是名师研学O2O可以借鉴的思路,也有需要跨越的鸿沟。

三、问题求解

如何借名师研学O2O之力破解学校和区域教师培训2.0中存在的问题,迅速

---

① 张鸿军.中学教师信息化教学能力评价指标体系构建与应用研究[D].成都:四川师范大学,2018.
② 张鸿军.中学教师信息化教学能力评价指标体系构建与应用研究[D].成都:四川师范大学,2018.
③ 董瑞杰.基于TPACK框架的信息化教学能力构建[J].教师教育报,2020(09):62-68.
④ 宋海英.培训团队信息化指导力[M].长春:东北师范大学出版社,2020.
⑤ 张妮.教师信息化教学能力量表的设计及检验[J].现代教育技术,2021(04):81-89.

提高教师教学能力$^{T2.0}$？我们多个名师研学 O2O 案例的成功经验表明，以下三个方面的实施策略在 1～2 个月即可产生良好的效果。

（一）教学能力$^{T2.0}$结构框架

根据前述对教学能力$^{T2.0}$的界定，结合醍摩豆教育科技的功能，研制表 1-1 所示的教学能力$^{T2.0}$结构框架，为名师研学 O2O 提供目标指引。

表 1-1　教学能力$^{T2.0}$结构框架

教学能力$^{T2.0}$	微能力（10＋13＋4＝27）
A 教学 基本能力 （T、P、C 单项技能）	CA：课程理解能力——对学科教学理念与教学内容的理解，以及将核心教学内容转化为核心问题，是教师学科教学的起点。 1. 课程标准解读 2. 单元课程解读 3. 课时内容解读
	PA：教法能力——合作学习教学法。 1. 同伴互助 2. 小组讨论 3. 分工协作 4. 互动展示
	TA：技术操作能力——醍摩豆教育科技"十八般武艺"操作技能。 1. 增强互动技能（挑人作答、抢权作答、即问即答、智慧助教） 2. 数据决策技能（智慧挑人、差异推送） 3. 支持高阶思维技能（二次作答、作品观摩）
B 教学 高阶能力 （T、P、C 两两组合）	PCA：教法匹配——根据知识类型选择教学方法。 1. 事实性知识：讲授教学法 2. 概念性知识：探究教学法 3. 陈述性知识：操作教学法 4. 价值性知识：体验教学法 5. 元认知知识：反思教学法
	TCA：知识表征——运用技术对学科教学内容进行可视化表征。 1. 制作学法指导微课 2. 根据教学内容制作"数字化课件"（PPT）

第一章

续表

教学能力$^{T2.0}$	微能力(10+13+4=27)
B 教学 高阶能力 (T、P、C 两两组合)	TPA:教法应用——技术与教法融合,促进高效学习与精准教学。 1. 个人学习(推送与飞递) 2. 小组学习(推送/飞递、飞讯/作品回传) 3. 全班互动(预编 IRS/即问即答+翻牌/抢权/挑人/统计图) 4. 全班测验(预编 IRS/连续两次即问即答) 5. 多元评价(IRS、计分板/飞讯回传/作品观摩回传) 6. 生本决策(差异推送/智慧挑人)
C 教学 核心能力 (T、P、C 深度融合)	TPCA:整合技术的学科教学能力——基于智能技术的教学设计与教学实践,促进教学 TPC 深度融合,引导学生深度学习。 1. TPC 教学设计能力 2. TBL 教学实践能力 3. ITE 教学评价能力 4. STR 智慧教研能力

(二)名师研学数字化平台

名师研学数字化平台,一方面可以储存海量的名师优课资源,满足教师个性化的需求。另一方面,为校内教师团队利用碎片化时间开展研学活动,以及为校际教师团队之间跨越时空开展研学活动提供自学平台。

1. 名师优课数字资源库建设

获得名师优课数字资源的途径很多。一是公益网站上免费的名师优课资源,如教育部"一师一优课"网站上的获奖优课资源、人民教育出版社官方培训网站上的优课资源,以及散落在优酷、腾讯、搜狐等视频网站上的名师优课资源等;二是一些专业教学视频网站上的收费资源,如"中华听课网""教视网""听课网"等都有大量名师优课资源,付费即可观摩;三是一些高端的培训活动的收费资源,如"千课万人"多学科教学视频等,登录官方网站即可购买。

目前,智连环教学工作室通过多种路径收集整理名师优课资源,形成了名师研学 O2O 优课资源七大系列:

(1)部编版小学语文一至六年级全套名师优课同步教学视频;

(2)部编版小学数学一至六年级全套名师优课同步教学视频;

(3)北师大版小学数学一至六年级全套名师优课同步教学视频;

(4)2016—2019 年"千课万人"教学视频;

(5) 全国知名小学语文、数学特级教师教学视频;

(6) 经典合作学习名师教学视频;

(7) 醍摩豆(Team Model)智慧课堂 TBL 优课教学视频。

上述七大系列优课教学视频放在百度网盘上,参加研学的教师只需加入"名师研学 O2O"组群,即可分享阶段名师研学优课视频。

2. 名师研学平台建设

借助醍摩豆 IES 云平台,搭建"名师研学 O2O"自学课堂,按照下面的资料目录建立"校本课纲":

(1) 名师研学 O2O 导学案;

(2) 名师研学 O2O 微课;

(3) 名师论著拓展阅读;

(4) 名师研学 O2O 作业单。

教师以学校为单位报名参加名师研学 O2O 活动,编成云班级,自动生成教师个人登录账号,便可以进行校内、校际"名师研学 O2O"活动。

(三) 名师研学的线路与方法

名师研学 O2O 作为一种案例学习与课例研究的方法,要遵循一定的技术线路与研究规范,才能起到事半功倍的效果。

1. 名师研学 O2O 技术线路分析

技术线路是为了达到研究目标(即"解决问题")而拟采取的包括技术手段、具体步骤及解决关键性问题的方法等在内的研究路径,是以"问题-求解"的研究假设为核心,将研究内容、研究方法、研究步骤进行有机组合的逻辑结构。

2. 名师研学的方法

(1) 研学准备。

①确定名师研学的专题,包括研究主题和要解决的问题。研究主题既可以来自学校规划课题研究阶段性主题,例如学习能力研究、高阶思维教学研究、主题学习研究等,也可以根据实际情况自定主题。

②选择研究课例。选择教学时间在 1~2 个月的教学内容作为研究课例,保证准备阶段有比较充分的时间。

③采集名师同课教学视频。一般来讲,一个教研组开展名师研学活动,在选定课例后,采集 2~3 节名师的同课教学视频,研学中以一位名师的课为主,其他名师的课为辅。

④阅读参考文献。参考文献包括两个方面的内容:一是关于研究主题与要解决

的问题的参考文献,二是入选课例的名师关于本课教学的论文、案例(教学设计)。

⑤进行教学能力发展前测。从教学能力三个层次(基础教学能力、高阶教学能力、核心教学能力)设计评价量表,对教研组成员进行前测,确定教师教学能力$T_{2.0}$的起点。

(2)教学还原。

①教案还原。教研组成员分工合作,进行线上或线下观课议课(可集中进行,也可分散进行),运用思维导图时间线或表格,以学习活动为单位,从教材呈现(任务与要求)、教学要点、技术运用三个方面,对名师优课进行教学设计还原,并提炼出名师教学理念、课程理解、教学结构、教学方法等"学科教学要素",然后进行交流。

②意图还原。通过教学点评,揣摩名师优课的每个学习活动,以及教学精彩之处的意图——想要达到的教学效果(即目的),及其背后的教学理念。

③教学取舍。名师优课教学有其特定的教学主题与教学背景。在进行教学还原之后,要根据当前教材单元主题与40分钟课堂教学时间规定,对名师优课的教学内容、教学方法进行取舍,以符合当前的教学实际。

(3)移植改造。

①名师教案的TPC改造。

资深名师教学优课大都是公开课,因为是异地借班上课,一般不采用合作学习与智能技术。要将名师优课教学移植到当前信息化2.0技术环境与学科素养价值取向的教学情境中,需要对名师优课教学设计进行改造,形成优课的TPC设计。其一,教学内容的主题化改造,与当前教学进度的单元主题或深度学习主题保持一致;其二,教学结构的简约化改造,确保40分钟能完成教学任务;其三,学习方式的合作化改造,体现新课改合作学习理念;其四,教学方法的技术化改造,促进教学方法与技术的可视化、高交互与大数据功能融合。

②同课TBL教学实践。

教研组教师运用名师优课TPC教案进行同课TBL教学,通过与名师教学对比,以及对教学效果进行反思,不断改进、创新TPC教学设计,实现"学以致用,提高能力"的目的。教研组名师优课TPC教案的同课教学,既可以采用教师代表的反复打磨式——一人多次上课打磨,同伴互助改进提高,也可以是小组成员轮流式——在互相观课议课中反思、改进与提高。

(4)研学评估。

名师研学是以一种"学以致用,解决问题"的行动研究,在研究中揭示教学本质、把握教学规律,继而提高教学能力和教学质量。一个研学项目一般历时1~2

个月,项目结束后,需要对研学效果进行评估,便于根据评估结果对研学方法进行反思与改进。

①教学能力发展评估。从"教学基本能力""教学高阶能力"和"教学核心能力"三个方面研制量表,对参与名师研学项目的教师进行前测与后测,通过前后测数据对比,对教师教学能力发展做出评价。

②学生能力发展评估。从学业成绩、学习品质、思维水平等方面对参加研学项目班级的学生能力发展进行评估。学业成绩测评可以根据教学目标命题,24小时后对学生进行检测;学习品质可以运用"TPC-FIAS课堂互动分析系统"进行编码分析;思维水平可以通过课堂教学行为编码,运用"可观察学习结果结构"(SOLO)分类量表进行测量。

(5)研学总结。

在完成研学项目评估后,研学项目组教师要收集与整理研学过程资料,基于过程资料与评估数据进行研学总结与反思。

①收集研学过程资料。

名师优课资料:视频、教案、PPT、课堂实录。

研学活动资料:名师优课还原教案、移植改造的TPC教案,以及同课TBL教学数据(视频、苏格拉底报告、课件教材、电子笔记等)、评课数据。

研学评估资料:教学能力发展量表与前后测数据、当堂检测题及检测数据、学习品质与思维水平量表与测量数据。

②总结研学经验。

运用"经验总结法"总结项目研学经验,通过分析研学过程资料,揭示名师优课教学要素的TPC改造与TBL教学实践创新的有效性,如图1-2所示。

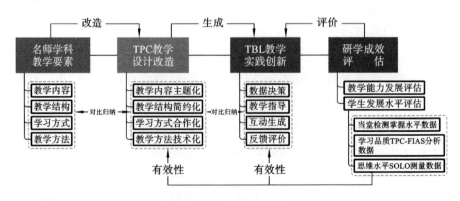

图1-2 总结研学经验

首先，通过名师优课还原教案与 TPC 教案的对比，归纳出四大改造内容及其方法，通过 TPC 教学静态设计与 TBL 教学动态过程的对比，归纳出 TBL 教学方法创新点。然后根据学生发展水平评估数据分析"TPC 教学设计改造"与"TBL 教学实践创新"方法的有效性，得出初步结论。

③撰写研学报告。

按照"名师研学报告"的写作框架，撰写研学报告。"名师研学报告"由三部分构成：第一部分是研学概述，交代研究主题与要解决的问题、研学课例、研究的目标与内容，以及研学项目组成员分工与研究进度安排；第二部分是研究成果分析，包括研学主题分析、名师优课教学要素分析、名师优课的 TPC 改造策略分析、同课 TBL 教学实践创新策略分析；第三部分是研学的成效、反思与改进。

撰写研学报告要用事实与数据说话，并进行必要的理论分析，不夸大经验，不回避问题。

四、结语：名师研学 O2O，修炼教学能力的"吸星大法"

互联网思维中有一种"迭代思维"，叫作"小步快跑，快速迭代"。"互联网＋"给课堂带来的变化在不断加速，教师唯有快速迭代，提高教学能力，才能让教学走在学生核心素养发展的前面。传统的教师培训方法已经不能满足教师教学能力快速发展的需求，因而必须另辟蹊径。名师研学 O2O 正是借助互联网的"联结""交互"功能与名师的教学智慧，让教师迅速完成教学能力的提升，通过名师研学，走向名师行列。在这个意义上，名师研学 O2O 是修炼教学能力的"吸星大法"。

第二章
研究叙事

一、缘起：追求高阶思维的愿景

薛峰小学为什么要把研究和探索的方向锁定在"发展学生高阶思维"？这个问题在学校"十四五"规划课题研究启动和内涵发展项目立项时，就已经得到了比较清晰的答案。

1. 国际视野

20世纪80年代，西方发起核心素养研究，世界先进国家和地区争先恐后地出台了各自的核心素养标准。我国也于2016年发布了《中国学生发展核心素养》报告。在国际竞争的助推下，对核心素养的研究逐渐演变成21世纪技能运动，人们不约而同地聚焦于未来公民的高阶思维发展。

2. 本土行动

教育部启动了深度学习教学改进项目，当时有两个很大的项目委托给北京师范大学的两位教授，基本覆盖了课标组所有成员。一项是由郭华教授领衔的高阶思维教学"深度学习及其意义"，另一项是由王磊教授领衔的"学科能力构成及其表现研究——基于学习理解、应用实践与迁移创新导向的多维整合模型"，为新课标的出台做理论研究和实证研究。《义务教育课程方案和课程标准（2022年版）》出台，是对国际激烈竞争的应对，也是对未来教育发展的规划。

《义务教育课程方案和课程标准（2022年版）》中提出的核心素养就聚焦于高阶思维的发展。在课程方案中，我们经常会看到真实的情境、真实的任务、真实的问题等来自国际高阶思维或者深度教学的理论，我们培养目标的变革必然带来课程的形态和知识的形态变革。过去知识点的教学，现在已经转变为大主题、大任务、大单元的教学，可能大家认为是概念的变化，实际上这叫作知识形态的变革，旨在培养高阶思维。

3. 学校特色

2018年我校有幸成为武汉市翻转课堂2.0实验校，欣喜之余，我们积极投身课改实践中。在不断的升级迭代中，建构"332"翻转课堂教学模式。其要义是通过数据驱动课前、课中、课后三个课堂，促进知识的三次内化，实现知识教学向解决问题的翻转、低阶思维向高阶思维的翻转，让学生深度学习真实发生。2021年我校承办武汉市翻转课堂2.0现场会，产生了良好的影响。

武汉市教育科学研究院于2018年9月开展"翻转课堂2.0实验"，我校作为实验学校之一，参与了课堂改革实践研究，建构了旨在促进学生高阶思维发展的翻转课堂2.0教学模式，初步探索了发展学生高阶思维的基本课堂形态与教学策略，于

2021年6月15日承担了武汉市首次翻转课堂2.0教育教学研讨、展示会,学校课改经验得以在全市传播并产生良好影响。

另一个具有里程碑意义的事件,是"走进新课程,践行新课标——武汉市小学科学智慧教研活动"在我校举办,见证了我校科学学科高阶思维教学的研究新突破。面对新课标、旧教材,科学组教师们根据2022年版课程标准的理念率先进行了"科学大概念与高阶思维教学"专题研究,并取得了突破性进展。活动中,我校科学教师罗红霞展示了五年级科学课"不同温度的物体相互接触",科学教研组教师与兄弟学校教师多人一起进行了线上线下专题评课。这节课也得到了市、区两级教研员的充分肯定。科学学科聚焦科学思维进行大概念教学,立足单元,进行课时教学,提问设计拓展思维空间,探究过程给足思考时间,及时反思发现教学痼疾,促进了教学方式和学习方式的转变,树立了我校高阶思维教学的模范。

薛峰小学课堂变革之路已经走过了十几年的实践探索,2022年,我们将"十四五"规划课题和内涵发展项目进一步聚焦课堂改革的高阶思维培养。

我们学校开展培养学生高阶思维的研究,正是因为认识到了学生思维发展的紧迫性。为何紧迫呢?我们针对学生思维做了一个小型的研究。我们运用比格斯的SOLO分类理论,对全国7个学科的名特级教师的优课中的学生思维水平进行了评估。评估结果显示,学生高阶思维的阈值不超过20%,而国际平均值是30%,可见差距之大。学生的思维能力将直接影响未来国家的竞争力,因此我们迫切需要提升学生的高阶思维能力。教育不仅要培养学生的学科技能,更要注重培养学生的高阶思维,使他们成为未来的思考者。

培养学生高阶思维这一研究主题的确定,既是站在全球视野,聚焦于发展未来公民核心素养;也是深化本土行动,主动解决国家"双减"政策实施和新课程标准颁布带来的新问题;还是深化我校翻转课堂2.0研究,发展学生高阶思维的路径。此研究主题对于转变教学思想,促进教学结构与学习方式变革,发展学生核心素养与高阶思维,具有重要的价值。

二、研修:SOLO在线研修的苦与乐

第一次接触SOLO评价是在2022年9月28日的专家培训会上。专家给研学小组的老师们详细讲解了什么是SOLO评价,并通过具体的例子告诉老师如何进行评价,还布置了一项作业——小组成员在线上学习专家示例并对例文运用SOLO评价量表进行评价,要求在10月7日完成。时间正值国庆节长假,忙碌了一个月,正想趁着长假好好休息的老师们难免有些抵触情绪。10月2号,韩校长

最先完成了此项作业,并把作业截图发到了群里,目的是提醒老师们记得完成。10月4日,梁校长完成了此项作业,也把截图发到了群里,再一次提醒大家。可是到了10月7日,45位小组成员中,只有9个人按时完成了作业。梁校长作为此项工作的具体负责人,内心久久不能平静。到底是什么原因呢?她单独找到韩校长,一起想办法改变这种现状。在韩校长的引导下,梁校长针对这个事情召开了会议,对线上作业情况进行了反馈,要求每位教师进行反思,讲述自己没有完成作业的原因。从老师们提交的反思报告中共归纳出4点原因:①在思想上没有认识到此项任务的重要性;②学校的检查不及时,反馈不到位;③太忙了,没有时间做;④不知道如何完成。看到老师们的反思,作为分管领导的梁校长陷入了深深的自责。教师如果出现问题,那一定是管理的问题。于是梁校长从管理的角度进行了反思,总结了导致此次作业上交率不高的原因并给出了对策。①学校没有让老师认识到此项工作的重要性,在下一阶段,让老师们认识其重要性是重点。②评价制度不完善,没有任何激励措施,老师们花费了教研时间,但是学校没有将其工作纳入绩效考核,导致老师的积极性不高。后期打算出台相关的激励措施,激发老师们的积极性。③管理者思维局限。作为管理者,总喜欢找那些有经验、能力强的老师做事,参与教研的老师相对其他老师来说,经验比较丰富,他们平时参与的比赛和活动也较多,导致没有精力完成更多的任务。学校应给予更多老师成长的机会,吸纳更多年轻的血液加入教研小组。

不要为问题找借口,而要为解决问题找方法。意识到了管理上的问题,韩校长、梁校长、郑瑶、王苗四人组成管理小组,针对内涵发展项目的重要性进行了详细的讲解,让老师认识到此项研究是有利于学校的课堂教学改革的。学校还制订了名师研学小组评价方案,对每次作业的完成情况进行详细的记载,每周反馈,每月汇总。有了这些措施,老师们参加研学更积极主动了,每个小组的成员都会互相提醒,生怕给自己小组拖后腿,每次的作业都能按时完成。老师们分成几个研学小组,大家互相学习,不懂就问,有的时候会为了一个不懂的问题去查阅大量的资料,有的时候会为了一个问题的答案争得面红耳赤。基于研究成果的落实和推广问题,学校将学科教研和智慧教研进行有机整合,让研学小组的老师们有更多的时间进行思考和学习。

随着管理上的改革,研学小组仿佛被赋予新生,如同一朵含苞待放的花朵,内心的活力终于得以释放。每一次作业都如期完成,每一次线上表彰仪式都充满温馨与喜悦。因为有了新的管理理念,老师们的状态焕然一新,教学之道也得以更上一层楼。或许,正是管理之魅力,让这个研学小组在责任与奉献中绽放出最美的风景。

三、专著：六易其稿为哪般？

2023年2月17日，七个学科小组开始了一场跌宕起伏的旅程。他们满怀热情，边学边写，半年后，他们的成果呈现在眼前——研学案例初稿如一块未经雕琢的宝石，蕴藏着无尽的教学智慧与研究心血，成为各学科教学研究案例的完美结晶。

2023年2月21日，七个学科小组开启了与专家的"交锋"。整整一天的时间里，他们与专家一同细心核实每个数据，确保数据的准确性，修改数据分析的细节，构建起丰富多彩的学生思维模型。

2023年3月5日，在专家最新教学研究框架（图2-1）的指引下，老师们坚持不懈地进行着典型案例的修改和完善，他们努力将每一处细节、每个批评点都拨亮为一颗教学之星。

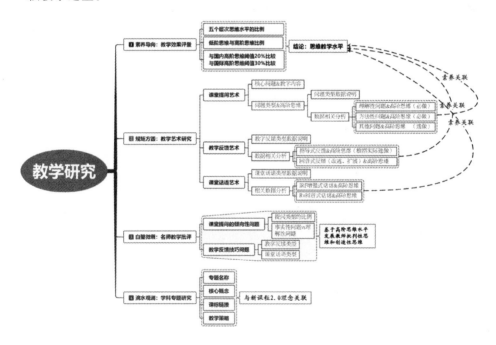

图2-1 教学研究框架

2023年3月12日，老师们进一步完善着教学研究的前三个部分。首先是教学效果评量，他们精细揣摩，希望每一个指标都能准确地反映出学生的思维水平。其次是名师教学艺术研究，他们探索着每一个案例中的教学艺术。其次是名师教学批评，他们以严谨的态度对名师教学中出现的问题进行批评，并提出改进建议。

之后，指导专家依据学科专题研究部分的撰写框架，对老师们进行了培训指导，让他们更加深入地思考教学研究的内涵。

2023年3月29日，老师们展开了学科专题研究这一部分的撰写工作。他们联系课标，纵览全局，总结教学策略的精华。然而，这个过程并不轻松，他们在教学策略的提炼上遇到了困难。因此，专家特地空出一天的时间，与老师们一起探讨，修正和提炼教学策略。

这段时间里，老师们历经艰辛，也收获了丰厚的成果。经历了六易其稿的征程，他们以智慧为笔，以教育之心为纸，创作出了一部专著。在这部专著中，蕴藏着无尽的研究成果与教学灵感，为教育事业注入新的动力，为每个学子的成长铺就一条坚实而温暖的道路。向他们致敬，愿这段教学研究之旅如流光溢彩的天空，永远照耀着教育的未来。

▲ 第三章 ▲
典型案例

三年级语文课《秋天的雨》名师研学

武汉经济技术开发区薛峰小学低年级语文研学小组①

第一部分 研学概述

一、研学课例

1. 课例信息

《秋天的雨》是部编版语文三年级上册第二单元的第三篇课文。吉林省第二实验学校培训专家钟鹤童老师在2019年"千课万人"全国小学语文"一二三年级统编教材"课堂教学高峰论坛上执教了此课。

2. 课程内容

(1) 主题内容。

《秋天的雨》以"金秋时节"为主题,是一篇描写秋天的景物的抒情散文,课文表面看是写秋雨,实际上是写秋天。作者以秋雨为线索,从秋天的到来写起,写了秋天五彩缤纷的色彩、丰收的景象、各种动植物准备过冬的情景,将秋天众多的景物巧妙地串联起来,描绘出了一个美丽、丰收、欢乐的秋天。

(2) 所属学习任务群。

《秋天的雨》一课的学习属于"文学阅读与创意表达"任务群。要求学生围绕"读写秋天"的单元大主题,通过整体感知、联想想象,品味课文优美生动的语言,感受秋天的动人景色,结合自己的生活经验,尝试运用从课文中学到的方法写一写自己眼中的秋天美景,表达自己对大自然的热爱。

(3) 语文要素。

本单元的语文要素是"运用多种方法理解难懂的词语"。这是在低年级初步学习了各种理解词语的方法(包括借助图画、查字典、联系上下文、联系生活经验等)

---

① 研学小组成员:王苗(组长)、梁艾荣、张菁、许青、潘莹、王咏霞。

的基础上的进一步提升。《秋天的雨》是本单元的第三篇课文,由于在前两篇课文《古诗三首》和《铺满金色巴掌的水泥道》的学习中,学生已经学习了借助注释、联系上下文、结合生活实际等方法来理解词语,因此本课旨在引导学生在具体语境中综合运用理解词语的各种方法(见表3-1)。

表3-1 理解词语的各种方法

理解词语的方法	教材册/单元	具体方法	备注(侧重点)
联系上下文 了解词语意思	一年级下册第三单元	借助图画 联系上下文	联系上下文
联系生活实际 了解词语意思	一年级下册第六单元	借助图画 联系生活实际	联系生活实际
联系上下文 和生活经验	二年级上册第四单元	查字典 联系上下文 联系生活经验	联系上下文 联系生活经验
联系上下文、结合生活 实际理解难懂的词	三年级上册第二单元	借助图画 联系上下文 联系生活经验	借助图画 联系上下文 联系生活经验

二、授课名师

钟鹤童,现就职于吉林省第二实验学校,吉林省中小学教学研究会理事,省级学科带头人,省首批教学精英,省十佳语文教师。曾获全国小学语文青年教师教学观摩活动特等奖、全国第六届"创新杯"课堂教学大赛一等奖、教育部课程教材研究所优质课评比一等奖、吉林省小学语文教学观摩活动第一名,三次获得市级教学大赛一等奖。取得省级科研成果8项,撰写的20余篇文章在省级以上刊物发表,在"国培计划"省级骨干教师培训等活动中,开展各领域示范课和讲座数十节次。

三、研究内容

(1)名师优课的教学艺术。

(2)名师优课教学与新课程$^{2.0}$理念的一致性。

(3)名师优课教学数据分析。

(4)基于《义务教育语文课程标准(2022年版)》的主题研究。

第二部分 教学还原

一、教学流程图

《秋天的雨》教学流程如图 3-1 所示。

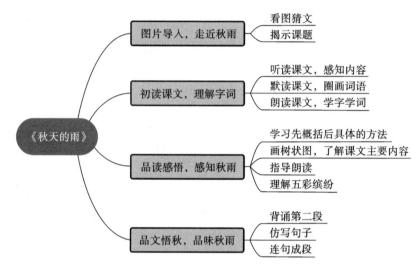

图 3-1 《秋天的雨》教学流程图

二、课堂实录与话语标记

本课例研究运用"话语分析理论"和"SOLO 分类理论"对课堂话语进行话轮标记与分析,并对学生的应答进行思维水平评价。话轮标记符号及其意义如下:

I＝发起(问题驱动/任务驱动/接力驱动);

R＝回应(前结构/单点结构/多点结构/关联结构/拓展结构);

F＝反馈(对错反馈/表扬批评/指导性反馈/回音式反馈)。

图片导入,走近秋雨

(一)教材呈现

教材呈现如图 3-2 所示。

图 3-2　教材呈现 1

（二）教学要点

(1) PPT 出示图片，提问：

这幅图是一首古诗，看到题目了吗？

(2) 回顾旧知，引出新课：

① 我们再猜，这是哪篇课文？

② 这幅图是哪篇课文？

③ 仔细观察，说一说这幅图缺点什么。

（三）实录话轮标记

1 师：上课前，我们看图猜课文。这幅图是一首古诗，看到题目了吗？猜一猜，说吧。（I-事实性问题；记忆水平）

2 生$_1$：《山行》。（R-单点结构）

3 师：对了，这首诗中有这样两句，读——（I）

4 生$_齐$：停车坐爱枫林晚，霜叶红于二月花。（R）

5 师：写的是秋天。我们再猜，这是哪篇课文？（I-事实性问题；记忆水平）

6 生$_齐$：《铺满金色巴掌的水泥道》。（R-单点结构）

7 师：我们把这个课题再读一遍。（I）

8 生$_齐$：《铺满金色巴掌的水泥道》。（R）

9师:好,是这个课题。这幅图是哪篇课文?一起说。(I-事实性问题;记忆水平)

10生齐:《秋天的雨》。(R-单点结构)

11师:你们怎么知道?仔细观察,说一说这幅图缺点什么。你说。(I-事实性问题;记忆水平)

12生₂:缺一点雨。(R-单点结构)

13师:对了,小雨滴在这里,看到了吧?我们把课题再读一遍,好吗?(I)

14生齐:好。(R)

15师:预备,读。(I)

16生齐:《秋天的雨》。(R)

活动 1　初读课文,理解字词

(一)教材呈现

教材呈现如图 3-3 所示。

图 3-3　教材呈现 2

（二）教学要点

（1）教师指导朗读，使学生初步感受到秋天是一个丰收的、欢乐的季节。

①听老师读课文，你们有什么感受？怎么想，就怎么说。

②为什么说秋天的雨是一把钥匙，把秋天的大门打开了呢？

（2）引导学生运用多种方法理解词语的意思，提问：

①注意看，"缤纷"这两个字有什么共同点？

②什么样的事物能用"枚"呢？

③什么是勾住？它在课文里的意思是什么？

④你们能不能说一说什么是丰收？也可以联系生活实际猜一猜。

（三）实录话轮标记

……（非教学性的话轮省略）

17师：这篇课文语言优美、情感浓郁，请大家把书本打开，听老师读课文。一边听读，一边注意字音，特别注意老师读课文时的语气，听清要求了吗？（I）

18生$_齐$（答）：听清了。（R）

19师：好。（F）听老师读课文，你们有什么感受？怎么想，就怎么说。这位同学，你说一下吧！（I-理解性问题；理解水平）

20生$_3$：你读课文有感情色彩。（R-单点结构）

21师：谢谢你，你听得很认真，谢谢你对我的夸奖，还有吗？你们对这篇课文有哪些感受？哪些想法？你说。（I-理解性问题；理解水平）

22生$_4$：秋天的颜色很多。（R-单点结构）

23师：你听得很认真。（F-表扬性反馈）

24师：还有吗？（I-理解性问题；理解水平）

25生$_5$：秋天的气味也很多。（R-多点结构）

【点评：学生不仅感受到秋天的颜色很多，在教师的启发下，还感受到秋天的气味很多。一个"也"字可以看出学生对秋天的感受包括颜色、气味两个角度。这里学生的思维角度是多点结构。】

26师：好，他们都能关注到课文的内容。（F-表扬性反馈）

27师：还有没有同学有其他想法？你说。（I-理解性问题；理解水平）

28 生₆:秋天有一盒五彩缤纷的颜料。(R-前结构)

29 师:好,关注了语句。(F-表扬性反馈)

30 师:下面请大家把笔拿出来,默读课文,一边读一边画出你认为比较难理解的词语,用一个圆圈把这个词语标出来,听清了吗?开始。(I)

(学生按照要求自学,教师巡视点评)(R)

31 师:很好,善于发现问题的孩子是会思考的孩子。如果有哪个词你不太理解,你就把它圈起来。如果稍微想一想,你就知道这个词是什么意思,那就不用圈了。(F-指导性反馈)

32 师:接下来,我们一边读课文,一边学习这些词语好不好?(I)

33 生齐:好。(R)

34 师:我们看屏幕。谁来读第一个自然段?你来。其他同学看着自己的课本,听他读课文,好吗?(I)

35 生齐:好。(R)

36 生₇(读):秋天的雨,是一把钥匙。它带着清凉和温柔,轻轻地,轻轻地,趁你没留意,把秋天的大门打开了。(R)

37 师:好,你读得很认真。(F-表扬性反馈)

38 师:我们看一下这个词,读——(I)

39 生齐(读):钥匙。(R)

40 师:看,这就是生活中的钥匙。(F-重复式回音反馈)

41 师:我们再来看课文,为什么说秋天的雨是一把钥匙,把秋天的大门打开了呢?你说。(I-理解性问题;理解水平)

42 生₈:因为那个时候秋天来了。(R-前结构)

43 师:下雨的时候,秋天来了,是这样吗?(F-重复式回音反馈)

44 师:还有没有同学有自己的想法?你说。(I-理解性问题;理解水平)

45 生₉:秋天的雨是清凉的,秋天也是清凉的。(R-关联结构)

46 师:真好,有你自己的感受。(F-表扬性反馈)

47 师:有一句话说得好,一场秋雨一场寒,十场秋雨要穿棉。每一场秋雨过后,天气就变得更加凉爽了,是吧?(F-扩展式回音反馈)

48 师:所以说——(I)

49 生齐(读):秋天的雨,是一把钥匙。它带着清凉和温柔,轻轻地,轻轻地,趁你没留意,把秋天的大门打开了。(R)

50 师:很好。(F-表扬性反馈)

51 师:再来,第二个自然段,谁来读?你!(I)

52 生₁₀（读）：秋天的雨，有一盒五彩缤纷的颜料，你看，它把黄色给了银杏树，黄黄的叶子……（R）

53 师：读课文的时候把书拿好，让其他同学也看着你的书。（F-指导性反馈）

54 生₁₀（读）：黄黄的叶子像一把把小扇子，扇哪扇哪，扇走了夏天的炎热。它把红色给了枫树，红红的枫叶像一枚枚邮票，飘哇飘哇，邮来了秋天的凉爽。金黄色是给田野的，看，田野像金色的海洋。橙红色是给果树的，橘子、柿子你挤我碰，争着要人们去摘呢！菊花仙子得到的颜色就更多了，紫红的、淡黄的、雪白的……美丽的菊花在秋雨里频频点头。（R）

55 师：把最后一句再读一遍，（师范读）美丽的菊花在秋雨里频频点头。（I）

56 生₁₀（读）：美丽的菊花在秋雨里频频点头。（R）

57 师：好，读课文是学习语文的好方法，我们要多加练习。（F-指导性反馈）

58 师：我们看这个词，读——（I）

59 生齐（读）：五彩缤纷。（R）

60 师：注意看，"缤纷"这两个字有什么共同点？（I-理解性问题；理解水平）

61 生₁₁：它们都是绞丝旁。（R-单点结构）

62 师：对了，绞丝旁的字和什么有关？和丝线有关。那你们猜一猜缤纷是什么意思，你说。（I-理解性问题；理解水平）

63 生₁₂：很多的意思。（R-单点结构）

64 师：对了，就像丝线那么多，那么杂，你真会猜。（F-改述式回音＋表扬性反馈）

65 师：再读一遍。什么是五彩缤纷呢？（I-理解性问题；理解水平）

66 生₁₃：就是有很多颜色。（R-单点结构）

67 师：对了，你真聪明。（F-表扬性反馈）

68 师：再读一遍这个词，读——（I）

69 生齐（读）：五彩缤纷。（R）

70 师：我们再看这个词，读——（I）

71 生齐（读）：一枚枚。（R）

72 师：不要拖长声。（F-指导性反馈）

73 生齐（读）：一枚枚。（R）

74 师：再看，读——（I）

75 生齐（读）：一枚邮票，一枚枚邮票。（R）

76 师：一枚邮票和一枚枚邮票有什么不同？（I-理解性问题；理解水平）

77 生₁₄：一枚邮票指的是一张邮票，一枚枚邮票指的是很多邮票。（R-多点结构）

78 师：非常好，枚是一个量词，是"个"的意思。一枚和一枚枚不一样，对吧？

(F-改述式回音反馈)

79 师：那我们再看，读——(I)

80 生齐(读)：一枚邮票，一枚硬币，一枚胸针。(R)

81 师：你们说什么样的事物能用"枚"呢？你说。(I-理解性问题；理解水平)

82 生15：单个的事物。(R-单点结构)

83 师：还有吗？一枚枚邮票是单个的事物吗？一枚邮票，一枚硬币，一枚胸针，都是什么样的事物呢？老师身上别的这个就是胸针。(F-指导性反馈)

84 师：看到了吧？你说。(I-理解性问题；理解水平)

85 生16：就是指很小的东西。(R-单点结构)

86 师：对了，又小又精致的事物就可以用"枚"。(F-指导性反馈)

87 师：我们把这三个短语再读一遍，读——(I)

88 生齐(读)：一枚邮票，一枚硬币，一枚胸针。(R)

89 师：继续读课文，谁愿意来读？注意读的声音要大一点。你来。(I)

90 生17(读)：秋天的雨，藏着非常好闻的气味，梨香香的，菠萝甜甜的，还有苹果、橘子，好多好多香甜的气味，都躲在小雨滴里呢！小朋友的脚，常常被那香味勾住。(R)

91 师：多了一个字，小朋友的脚——仔细看。(F-指导性反馈)

92 生17：小朋友的脚，常被那香味勾住。(R)

93 师：看这个词——"勾住"，看到了吗？读——(I)

94 生18(读)：勾住。(R)

95 师：什么是勾住？它在课文里的意思是什么？你说。(I-理解性问题；理解水平)

96 生19：在课文里，我觉得它是吸引的意思。(R-单点结构)

97 师：对了，有那么多的香味，都吸引住了——(I)

98 生20：小朋友的脚。(R)

99 师：是吸引住了他的脚吗？(I-理解性问题；理解水平)

100 生20：吸引住了小朋友。(R-单点结构)

101 师：对了，整个人都被吸引住了，这就叫——(I-理解性问题；理解水平)

102 生20：勾住。(R-单点结构)

103 师：读——(I)

104 生齐(读)：勾住(R)

105 师：真好，还有谁读？你来。(I)

106 生21(读)：秋天的雨，吹起了金色的小喇叭。它告诉大家，冬天快要来了。

小松鼠找来松果当粮食,小青蛙在加紧挖洞,准备舒舒服服地睡大觉。松柏穿上了厚厚的、油亮亮的衣裳,杨树、柳树的叶子飘到树妈妈的脚下。它们都在准备过冬了。(R)

107 师:你读得很认真,注意后半句,松柏穿上厚厚的……不要多字!(F-指导性反馈)

108 生$_{21}$(读):松柏穿上厚厚的、油亮亮的衣裳。(R)

109 师:这回读对了,把课文读正确很重要。(F-表扬性反馈)

110 师:大家看屏幕,读——(I)

111 生$_齐$(读):喇叭。(R)

112 师:这就是生活中的小喇叭,还有一种花叫——(I)

113 生$_齐$(答):喇叭花。(R-单点结构)

114 师:对了!(F-对错反馈)

115 师:读——(I)

116 生$_齐$(读):喇叭,喇叭。(R)

117 师:这两个字都带着——(I)

118 生$_齐$(答):口字旁。(R)

119 师:对了。(F-对错反馈)

120 师:我们看下个词,读——(I)

121 生$_齐$(读):厚厚的。(R)

122 师:厚厚的反义词就是——(I-理解性问题;理解水平)

123 生$_齐$(答):薄薄的。(R-单点结构)

124 师:厚厚的,再读一遍。(I)

125 生$_齐$(读):厚厚的。(R)

126 师:最后一段谁来读?那位同学。(I)

127 生$_{22}$(读):秋天的雨,带给大地的是一曲丰收的歌,带给小朋友的是一首欢乐的歌。(R)

128 师:哎!他的声音真好听,给他掌声鼓励一下。(F-表扬性反馈)

129 师:我们看这个字,读——(I)

130 生$_齐$(读):丰。(R)

131 师:它是个简化字,这个字最初是这样写的(提示学生看黑板)。就是根据这样的画面造的这个字,请大家仔细观察,看清楚了吗?你们能不能说一说什么是丰收?也可以联系生活实际猜一猜,你说。(I-理解性问题;理解水平)

132 生$_{23}$:丰收,就是秋天的时候,有许多杂粮、谷物,什么都有,都多了很多,然

后被农民们收割下来就叫丰收。(R-多点结构)

133 师:是这个意思,到处都结满了果实,农民们都很高兴,对吧?(F-改述式回音反馈)

134 师:读——(I)

135 生齐(读):丰收。(R)

136 师:刚才我们边读课文边通过多种方法理解词语。(F-整合式回音反馈)

137 师:接下来我们把这些词再读一读。预备,读——(I)

138 生齐(读):五彩缤纷、钥匙、一枚、勾住、喇叭、厚厚的……(R)

139 师:再读一遍。(I)

140 生齐(读):……厚厚的、丰收。(R)

141 师:黑板上有一个词是咱们同学圈出来的,读——(I)

142 生齐(读):频频。(R)

143 师:再读。(I)

144 生齐(读):频频。(R)

145 师:你们能不能用自己的方法来理解这个词?那位同学——(I-理解性问题;理解水平)

146 生$_{24}$:频频的意思就是很多下。(R)

147 师:很多下,频频点头,就是——(F-指导性反馈)

148 生$_{24}$:很快地,而且是……(R)

149 师:很快地,而且是怎样的?(I-理解性问题;理解水平)

150 生$_{24}$:一直。(R-多点结构)

151 师:一直地、不停地,对吧?掌声鼓励一下。联系生活实际,就可以体会一些词语的意思,再给他掌声鼓励,勇敢一点会更好!(F-表扬性反馈+指导性反馈)

152 师:好,屏幕上这几句话很重要,有很多句子都是课文中某一个自然段的第一句,也就是你的学习报告单上第一项任务中的那些句子,看到了吧?(F-指导性反馈)

【点评:话轮122~152形成IRF闭环。教师运用了表扬性反馈+指导性反馈,对学生的思考给予鼓励,同时也对学生的学习方法进行指导,培养学生思维的准确性。话轮107中,教师在指导学生朗读的过程当中进行示范朗读并提出朗读时不要多字的要求,此外,对学生改正后的表现给予肯定的点评,增强学生的信心。话轮128和151中,对于学生在学习过程中表现出彩的地方,教师都会及时给出表扬性反馈。】

153 师:我们再读一读这些句子,每个同学读一句。(I)

154 生₂₅(读):秋天的雨,是一把钥匙。(R)

155 师:真好!(F-表扬性反馈)

156 生₂₆(读):秋天的雨,有一盒五彩缤纷的颜料。(R)

157 师:真好。(F-表扬性反馈)

158 师:针对一篇课文,我们可以画一棵树。同学们看这里,这是一棵大树的树干,现在我在树干上写上几个字。注意看,我写的是什么?(I-事实性问题;记忆水平)

159 生齐(答):秋天的雨。(R)

160 师:这就是这篇课文的题目。如果说每一个自然段相当于一棵大树的每一根树枝,现在我要在第一个分支上写上几个字或者一个词,应该写什么好?你说。(I-理解性问题;理解水平)

161 生₂₇:钥匙。(R-单点结构)

162 师:同意吗?(I)

163 生齐:同意。(R)

164 师:第二个分支就是第二自然段,一起说。(I)

165 生齐:颜料。(R)

166 师:对了。那第三个分支呢?(I-理解性问题;理解水平)

167 生齐:气味。(R-单点结构)

168 师:真好,也就是说,第三自然段是围绕着气味来写的,对吧?第四个呢?(I-理解性问题;理解水平)

169 生齐(答):喇叭。(R-单点结构)

170 师:最后一个自然段?(I-理解性问题;理解水平)

171 生齐(答):丰收的歌。(R)

172 师:仅仅是丰收的歌吗?(I-理解性问题;理解水平)

173 生齐(答):欢乐的歌。(R-单点结构)

174 师:对了,两个短语。(F-表扬性反馈)

175 师:读——(I)

176 生齐(读):丰收的歌,欢乐的歌。(R)

教学意图:本单元语文要素是运用多种方法理解词语的意思。本环节的主要意图是引导学生关注"钥匙""一枚枚""喇叭"等词语,通过联系生活实际、结合图片、联系上下文来引导学生理解词语意思,从而落实本单元的语文要素。

教学效果:教师采取示范朗读、指名读、齐读等多种朗读形式,引导学生理解文中重点词语的意思,在朗读的过程中,通过联系生活实际、联系上下文、借助图片等方式加深学生对词语的理解,让学生感受到秋天是一个丰收、欢乐的季节,有效地落实了本单元的语文要素。

活动2　品读感悟,感知秋雨

(一)教材呈现

教材呈现如图3-4所示。

图3-4　教材呈现3

(二)教学要点

(1)通过朗读,借助树状图梳理课文,感受秋天色彩的绚丽及蕴含的生机活力。提问:

①我们一起读课文的第二自然段,边读边画,好不好?

②有哪些颜色呢?

(2)引导学生运用多种方法理解词语的意思,提问:

①你能不能再来说一说什么是五彩缤纷呢？
②好,仅仅是颜色多吗？
③很丰富、很多,还有吗？
④那如果把五彩缤纷换成五颜六色,可以吗？可不可以？

(三) 实录话轮标记

177 师:你们看,一篇课文就相当于一棵树,借助这棵树,我们就能把握课文的主要内容。(F-指导性反馈)

178 师:其实一个自然段也可以画一棵树,下面我们一起读课文的第二自然段,边读边画,好不好？第一句谁来读？(I)

179 生$_{28}$(读):秋天的雨,有一盒五彩缤纷的颜料。(R)

180 师:好,一起读一下这句话。预备读——(I)

181 生$_齐$(读):秋天的雨,有一盒五彩缤纷的颜料。(R)

182 师:这句话中有一个词很重要,再读一遍。(I)

183 生$_齐$(读):五彩缤纷。(R)

184 师:再读。(I)

185 生$_齐$(读):五彩缤纷。(R)

186 师:我先来画个树干,就把这个词写在这儿,我们继续读课文。第二句谁来读？(I)

187 生$_{29}$(读):你看,它把黄色给了银杏树,黄黄的叶子像一把把小扇子,扇哪扇哪,扇走了夏天的炎热。(R)

188 师:真好。(F-表扬性反馈)

189 师:你们见过银杏树吧？(I-事实性问题;记忆水平)

190 生$_齐$:见过。(R-单点结构)

191 师:这就是银杏树叶,美吗？(I-事实性问题;记忆水平)

192 生$_齐$:美。(R-单点结构)

193 师:在小组长的信封里有一份神秘的小礼物。小组长,快把它发下去,每人一份。(I)

194 师:这是什么？(I-事实性问题;记忆水平)

195 生$_齐$:银杏树叶。(R-单点结构)

196 师:喜欢吗？(I-事实性问题;记忆水平)

197 生$_齐$:喜欢。(R-单点结构)

198 师:请你们仔细观察这片叶子,看看它是什么颜色的。(I-事实性问题;记

忆水平）

199 生齐：黄色。（R-单点结构）

200 师：它的形状呢？（I-事实性问题；记忆水平）

201 生齐：像扇子。（R-单点结构）

202 师：作者的想象力很丰富，和你们一样，把它比作——（I-事实性问题；记忆水平）

203 生齐：扇子。（R-单点结构）

204 师：你来摸一摸，有什么感觉？（I-事实性问题；记忆水平）

205 生$_{30}$：滑滑的，有些粗糙。（R-多点结构）

206 师：那个叶脉有棱，对不对？（F-改述式回音反馈）

207 师：扇一扇，有什么感觉？（I-事实性问题；记忆水平）

208 生$_{31}$：很凉快。（R-单点结构）

209 师：你仿佛走进了秋天。（F-表扬性反馈）

【点评：话轮177～209一共使用了11个IR话语结构，是IRF话语的缺省式，教学效率较低。教师的提问都是事实性问题，学生只需从课文中提取信息，没有思维含量，因而学生应答的思维水平都是单点结构。建议教师此处改变提问的方式：请同学们自由朗读第二自然段，边读边圈画出秋天的雨分别把五彩缤纷的颜料给了谁，并说出你的感受。在学生朗读后自由交流的基础上，指名学生分享与补充，学生全体参与讨论，应答和补充发言的学生的思维水平均可以达到多点结构。】

210 师：那你能不能把这句话读一读呢？刚才是谁读的这句话？是你吗？你再来读一读。（I）

211 生$_{29}$（读）：你看，它把黄色给了银杏树，黄黄的叶子像一把把小扇子，扇哪扇哪，扇走了夏天的炎热。（R）

212 师：大家都拿着这小叶子扇一扇，扇哪扇哪，你们能不能把这种感觉读出来？（F-指导性反馈）

213 师：你再来试试，尤其是那个词，扇哪扇哪。（I）

214 生$_{29}$（读）：你看，它把黄色给了银杏树，黄黄的叶子像一把把小扇子，扇哪扇哪，扇走了夏天的炎热。（R）

215 师：扇哪扇哪，要读得慢一点。（F-指导性反馈）

216 生齐（读）：你看，它把黄色给了银杏树，黄黄的叶子像一把把小扇

扇哪,扇走了夏天的炎热。(R)

217 师:真好!带着画面给你的感受,再读这句,就能把它读得更好。(F-表扬性反馈+指导性反馈)

218 师:我们看下一句,谁来读?来,这位同学。(I)

219 生$_{32}$(读):它把红色给了枫树,红红的枫叶像一枚枚邮票,飘哇飘哇,邮来了秋天的凉爽。(R)

220 师:真好!(F-表扬性反馈)

221 师:这就是枫叶,你们见过枫叶在空中飘舞的样子吗?(I-事实性问题;记忆水平)

222 生$_齐$:见过。(R-单点结构)

223 师:我们看看是不是这样的,注意观察叶子飘下来的速度,它慢慢悠悠地就飘下来了。(F-指导性反馈)

224 师:谁再来读一读这句话?你来。(I)

225 生$_{33}$(读):它把红色给了枫树,红红的枫叶像一枚枚邮票,飘哇飘哇,邮来了秋天的凉爽。(R)

226 师:尤其是飘哇飘哇,仿佛让我们看见了那个画面,是不是?(F-表扬性反馈)

227 师:我们一起试试,就像她这样读。(I)

228 生$_齐$(读):它把红色给了枫树,红红的枫叶像一枚枚邮票,飘哇飘哇,邮来了秋天的凉爽。(R)

229 师:你们看,这就是田野,像——(I-事实性问题;记忆水平)

230 生$_齐$:金色的海洋。(R-单点结构)

231 师:我们一起读一读这句。(I)

232 生$_齐$(读):金黄色是给田野的,看,田野像金色的海洋。(R)

233 师:这句话谁来读?(I)

234 生$_{34}$(读):橙红色是给果树的,橘子、柿子你挤我碰,争着要人们去摘呢!(R)

235 师:果树是橙红色的,看到了吗?(I-事实性问题;记忆水平)

236 生$_齐$:看到了。(R-单点结构)

237 师:一个挨着一个,一个碰着一个,这就叫——(I-事实性问题;记忆水平)

238 生$_齐$:你挤我碰。(R-单点结构)

239 师:一起读这句,注意这句话最后的标点是感叹号,那得怎么读?要用感叹的语气,对吧?预备读——(I-方法性问题;运用水平。)

240 生$_齐$(读):橙红色是给果树的,橘子、柿子你挤我碰,争着要人们去摘呢!(R)

241 师:这句话你来读。(I)

242 生₃₅(读):菊花仙子得到的颜色就更多了,紫红的、淡黄的、雪白的……美丽的菊花在秋雨里频频点头。(R)

243 师:读得真好,掌声鼓励一下。(F-表扬性反馈)

244 师:有哪些颜色呢?(I-事实性问题;记忆水平)

245 生齐:有紫红的、淡黄的、雪白的。(R-多点结构)

246 师:看看图,还有没有其他颜色?还有很多颜色写不过来了,所以作者就用了一个——(I-事实性问题;记忆水平)

247 生齐:省略号。(R-单点结构)

248 师:对了,这个自然段是围绕着第一句话,特别是第一句话中的这个词——五彩缤纷(师手指五彩缤纷,生读)来写的。那你们能不能再说一说什么是五彩缤纷呢?你说。(I-理解性问题;理解水平)

249 生₃₆:颜色很多。(R-单点结构)

250 师:仅仅是颜色多吗?想一想刚才我们读的画面,你再说。(I-理解性问题;理解水平)

251 生₃₇:颜色很丰富。(R-单点结构)

252 师:还有吗?你说。(I-理解性问题;理解水平)

253 生₃₈:每种颜色都很美丽。(R-单点结构)

254 师:很漂亮、很美,对吧?(F-重复式回音反馈)

255 师:再读一遍这个词。(I)

256 生齐(读):五彩缤纷。(R)

257 师:再读。(I)

258 生齐(读):五彩缤纷。(R)

259 师:那如果把五彩缤纷换成五颜六色,可以吗?(I-理解性问题;理解水平)

260 生齐:不可以。(R-单点结构)

261 师:为什么不可以?觉得不可以的请举手。你举手了,说说你的理由。(I-理解性问题;理解水平)

262 生₃₉:我感觉换成五颜六色的话,有点读不通。(R-单点结构)

263 师:对了,从文字上看,五颜六色的颜料有点不太通顺,是吧?(F-重复式回音反馈)

264 师:那从意思上看呢?(I-方法性问题;应用水平)

265 生₄₀:因为五彩缤纷是很多颜色,五颜六色就只有六个颜色。(R-多点结构)

266 师:就五六个,是那个意思吗?(F-重复式回音反馈)

267 师:五颜六色说的就是各种颜色,而五彩缤纷,不但颜色多,还很——(I-理

解性问题;理解水平)

268 生齐:美。(R)

269 师:很美,很丰富,对吧?(F-重复式回音反馈)

270 师:换掉了好不好?(I-理解性提问;理解水平)

271 生齐:不好。(R-单点结构)

272 师:那我们再把第一句话读一下好不好?预备读——(I)

273 生齐(读):秋天的雨,有一盒五彩缤纷的颜料。(R)

教学意图:本单元语文要素是运用多种方法理解词语的意思。本环节的主要意图是引导学生关注描写颜色的词语,结合图片、联系上下文来理解"五彩缤纷"的意思,从而落实本单元的语文要素。

教学效果:在教学中,教师先引导学生在朗读中抓住表示颜色的词语,初步理解"五彩缤纷"的意思,感受色彩的丰富。再让学生想象画面,朗读句子,感受色彩的绚丽及蕴含的生机活力,通过换词对比,有效地加深了学生对"五彩缤纷"的理解,从而使得语文要素得以落实。

活动 3　品文悟秋,品味秋雨

(一)教材呈现

教材呈现如图 3-5 所示。

(二)教学要点

(1)出示 PPT,提问:

如果我们也来画一棵树,五彩缤纷的颜料,先用了什么颜色?

(2)借助树状图,背诵课文:

①借助这棵树自由练习朗读这篇课文的这个自然段。

②这棵树也可以帮助我们来背诵这个自然段,我们课下的时候可以试着背一背。

(3)借助树状图,读写结合:

借助老师给你的提示图来写一写。

(三)实录话轮标记

274 师:这个自然段采用了先概括后具体的写作方法。如果我们也来画一棵树,五彩缤纷的颜料,先用了什么颜色?(I-事实性问题;记忆水平)

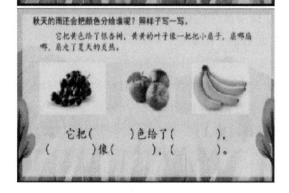

图 3-5 教材呈现 4

275 生齐:黄色。(R-单点结构)

276 师:黄色给了谁呀?(I-事实性问题;记忆水平)

277 生齐:黄色给了银杏树。(R-单点结构)

278 师:继续,还有什么颜色?(I-事实性问题;记忆水平)

279 生齐:红色。(R-单点结构)

280 师:还有吗?(I-事实性问题;记忆水平)

281 生齐:金黄色。(R-单点结构)

282 师:金黄色给了谁?(I-事实性问题;记忆水平)

283 生齐:田野。(R-单点结构)

284 师:还有呢?(I-事实性问题;记忆水平)

285 生齐:橙红色。(R-单点结构)

286 师:给了谁?(I-事实性问题;记忆水平)

287 生齐:果树。(R-单点结构)

288 师:还有呢?(I-事实性问题;记忆水平)

289 生齐:紫红的、淡黄的、雪白的。(R-单点结构)

【点评:话轮274~289一共使用了8个IR话语结构,是IRF话语的缺省式,教学效率较低。教师的提问都是事实性问题,学生只需从课文中提取信息,没有思维含量,因而学生应答的思维水平都是单点结构。建议教师此处改变提问的方式:五彩缤纷的颜料分别给了谁?在学生交流的基础上,指名学生分享与补充,学生全体参与讨论,应答和补充发言的学生的思维水平均可以达到多点结构。】

290 师:雪白的,老师写个省略号。一个自然段也可以画一棵树,这棵树能帮我们把握这个自然段的内容,我们也可以借助这棵树来梳理这个自然段的顺序。好玩不好玩?(F-扩展式回音反馈)

291 生齐:好玩。(R)

292 师:就请大家借助这棵树,自由练习朗读这篇课文的这个自然段,好吗?开始读课文。(I)

(生朗读课文)(R)

293 师:好,掌声鼓励,大家读得很认真。(F-表扬性反馈)

294 师:这棵树也可以帮助我们来背诵这个自然段,我们课下的时候可以试着背一背,多积累也是学习语言的好方法,记住了吗?(I)

295 生齐:记住了。(R-单点结构)

296 师:好,大家看,这是学习报告单上的任务二,仿照着这句话思考一下,秋天的雨还会把颜色分给谁呢?借助老师给你的提示图来写一写。也可以写自己眼中的不同的颜色,不用老师的提示图。听清了吗?开始。(I-方法性问题;应用水平)

(生仿写句子)(R)

297 师:同学们,我们看屏幕,有几个同学写得非常好。(F-表扬性反馈)

298 师:让我们看一下,这个是谁写的?你给大家读一下好吗?那位同学,大点声。(I)

299 生$_{41}$:它把紫色给了葡萄,一串串葡萄像一颗颗闪闪发光的宝石,闪啊闪啊,发出了耀眼的光。(R-关联结构)

300 师:他写得好不好?(I-理解性问题;理解水平)

301 生齐:好。(R)

302 师:掌声鼓励!他很善于观察,也很善于描写。(F-表扬性反馈)

303 师:看看这句,谁写的?来,你给大家读一下。(I)

304 生$_{42}$:它把黄色给了香蕉,黄黄的香蕉像一条条小船,开呀开呀,开来了秋天的凉爽。(R-关联结构)

305 师:这里把"哇"换成"呀"会更好,你觉得呢?好,稍稍修改一下。(F-指导性反馈)

(出示学生作品)(R)

306 师:好,这句话是谁写的?先表扬一下他,他用了自己眼中的颜色——白色,没用老师的提示图,给他掌声鼓励!(F-表扬性反馈)

307 师:来,你给大家读一下吧!(I)

308 生$_{43}$:它把白色给了棉花,白白的棉花像一张张笑脸,笑啊笑啊,笑着迎接冬天的严寒。(R-关联结构)

309 师:真不错啊,掌声鼓励一下!老师给你个小小的建议,如果把"白白的"换个词会更好,什么样的棉花?(F-表扬性反馈+指导性反馈)

310 生$_{齐}$:雪白的棉花。(R-关联结构)

311 师:对了,这样更好,是吧?雪白的棉花,真好。如果将这些句子重新排列,再加上课文的第一自然段,就能够组成一个新的自然段。(F-表扬性反馈+指导性反馈)

【点评:话轮303~311形成IRF闭环。教师运用了两次表扬性反馈+指导性反馈,给了学生学习的信心和动力,同时也针对学生的学习方法进行指导,培养学生思维的准确性。"白白的"只是学生对棉花颜色的描述,课文中同时运用了比喻的修辞手法,教师指导学生将"白白的"换成"雪白的",激发了学生的想象力,使表述更加生动。学生在本课以句子练习为主,课后作业却要求学生写一个自然段,难度是显而易见的。于是教师在表扬的基础上进行了指导性反馈,对学生进行了写段的指导。】

第三部分 教学研究

本课例教学研究采用定量研究与定性研究相结合的方式,利用SOLO分类理论进行学生思维表现性评价,并与教师提问类型、教学反馈方式、课堂话语结构等因素进行数据关联;通过典型案例分析,探索名师的提问艺术、反馈方式、课堂话语结构与学生思维发展之间的关系,及其所体现的新课程2.0的理念。

一、素养导向:教学效果评量

"思维发展"是语文素养重要构成之一,是一节课教学效果的显著标志。本课例研究运用"小学生思维SOLO表现性评价量表",对本节课学生应答进行思维水平评价，统计数据如表 3-2 所示。

表 3-2 学生思维水平 SOLO 评价统计

思维水平	低阶思维			高阶思维	
思维层次	前结构	单点结构	多点结构	关联结构	拓展结构
话轮编号	28、42	2、6、10、12、20、22、61、63、66、82、85、96、100、102、113、123、161、167、169、173、190、192、195、197、199、201、203、208、222、230、236、238、247、249、251、253、260、262、271、275、277、279、281、283、285、287、289、295	25、77、132、150、205、245、265	45、299、304、308、310	
频次	2	48	7	5	0
百分比	3.23%	77.42%	11.29%	8.06%	0
合计	91.94%			8.06%	

条形统计图

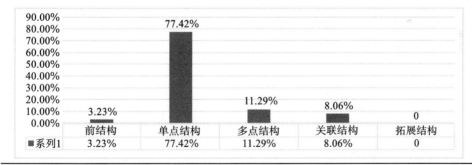

统计数据说明：

(1)本节课学生思维前结构占学生课堂思维活动的 3.23%，单点结构占 77.42%，多点结构占 11.29%，关联结构占 8.06%。

(2)本节课学生思维水平主要处于单点结构(77.42%)，在 SOLO 分类评价中属于低阶思维，高阶思维占比是 8.06%，远远低于 20%的阈值，表明本节课学生应答的思维水平偏低。

二、规矩方圆:名师教学艺术研究

(一)课堂提问艺术

1. 核心问题 & 教学内容

本节课核心问题及对应的教学内容如表3-3所示。

表3-3 核心问题及对应的教学内容

核 心 问 题	话轮编号	教学内容(知识点)
1. 下面请同学们一边读课文,一边学习这些词语。	32	理解难懂的词语
(1) 我们再来看课文,为什么说秋天的雨是一把钥匙,把秋天的大门打开了呢?	41	
(2) 注意看,"缤纷"这两个字有什么共同点?	60	
(3) 什么是五彩缤纷呢?	65	
(4) 我们再看"一枚枚",请大家读。	70	
(5) 看这个词——"勾住",看到了吗?	93	
(6) 我们看"喇叭",读。	110	
(7) 我们看"厚厚的",读。	120	
(8) 请大家看向"丰",读。	129	
(9) 你们能不能说一说什么是五彩缤纷呢?	248	
2. 如果说每一个自然段相当于一棵大树的每一根树枝,那第一个分支写什么呢?	160	把握文章的主要内容
(1) 第二个分支就是第二自然段,一起说。	164	
(2) 那第三个分支呢?	166	
(3) 第四个呢?	168	
(4) 最后一个自然段?	170	
3. 仿照例句思考一下,秋天的雨还会把颜色分给谁呢?借助老师给你的提示图来写一写。	296	仿写句子"秋天的雨还会把颜色分给……"
(1) 这个是谁写的,你给大家读一下好吗?	298	
(2) 看看这句,谁写的?来,你给大家读一下。	303	
(3) 这句话是谁写的?	306	

说明:课堂提问具有情境性,为了让读者"读懂"教师的提问,笔者在不改变原意的前提下对教师的提问进行了改述。

关联分析：本课教学解决了3个知识点，围绕这3个知识点分别设计了3个主问题和若干个追问（见表3-3），让核心问题与教学内容相关联。在教学中，教师采取示范读、指名读、齐读等多种朗读形式，引导学生理解文中重点词语的意思，在朗读的过程中，通过联系生活实际、联系上下文、借助图片的方式加深学生对词语的理解。课堂上，先让学生初步理解"五彩缤纷"的意思，感受色彩的丰富。再让学生想象画面，朗读句子，感受色彩的绚丽及蕴含的生机活力，通过换词对比，有效地加深了学生对"五彩缤纷"的理解。学生在理解课文的基础上进行朗读训练，又进一步加深了对文本的理解。最后进行仿写训练，学生在本课以句子练习为主，课后作业却要求学生写一个自然段，难度是显而易见的。于是教师在表扬的基础上进行了指导性反馈，对学生进行了写段的指导。本课较好地落实了读写结合，突出了语文要素的训练，从而使语文要素得以有效落实。

2. 问题类型 & 高阶思维

本节课的问题类型及引发高阶思维的频数如表3-4所示。

表3-4　问题类型 & 高阶思维

问题类型	事实性问题（记忆水平）	理解性问题（理解水平）	方法性问题（应用水平）	假设性问题（分析水平）	溯源性问题（创造水平）	合计
话轮编号	1、5、9、11、158、189、191、194、196、198、200、202、204、207、221、229、235、237、244、246、274、276、278、280、282、284、286、288	19、21、24、27、41、44、60、62、65、76、81、84、95、99、101、122、131、145、149、160、166、168、170、172、248、250、252、259、261、267、270	239、264、296			
数量	28	31	3			62
百分比	45.2%	50%	4.8%			100%
引发学生高阶思维（频数）		1	4			5

（1）数据统计说明。

教师提问的类型以事实性问题和理解性问题为主，分别占据教师提问总数的45.2%和50%，其课堂教学注重提高学生的记忆水平和理解水平。对于本单元语文要素"运用多种方法理解难懂的词语"这一核心教学内容，教师针对性地提出了方法性问题，指导学生运用所学方法加深对文章重难点字词的理解。

(2) 数据关联分析。

方法性问题及引发的高阶思维如表 3-5 所示。

表 3-5　方法性问题 & 高阶思维

方法性问题	话轮编号	引发的高阶思维
仿照着这句话思考一下,秋天的雨还会把颜色分给谁呢?借助老师给你的提示图来写一写	296	关联结构

数据统计表明,引发学生高阶思维的方法性问题主要是"秋天的雨还会把颜色分给谁呢?"此问题引发学生高阶思维的次数为 4 次。

在教学活动中,教师指向单元语文要素"运用多种方法理解难懂的词语"这一核心教学内容,同时,教师借助树状图帮助学生理解课文,从而更好地背诵课文。最后,让学生借助"树状图"进行仿写,达到了文学阅读与创意表达任务群的目标。

(二)教学反馈艺术

教学反馈统计如表 3-6 所示。

表 3-6　教学反馈统计

教学反馈类型	对错反馈	表扬批评	指导性反馈	回音反馈				组合使用	合计
				重复	整合	改述	扩展		
话轮编号	114、119	23、26、29、37、46、50、67、109、128、155、157、174、188、209、220、226、243、293、297、302、306	31、53、57、72、83、86、91、107、147、152、177、212、215、223、305	40、43、254、263、266、269	136	78、133、206	47、290	64、151、217、309、311	
频数	2	21	15	6	1	3	2	5	55
百分比	3.64%	38.18%	27.27%	10.91%	1.82%	5.45%	3.64%	9.09%	
合计		69.09%			21.82%			9.09%	

1. 数据统计说明

统计数据表明,本课教学中运用了8种反馈方式,其中基本反馈方式占69.09%,回音反馈占21.82%。

2. 本课教学运用反馈的倾向性与教学效果

本课教学中,教师主要采用的基本反馈方式为表扬性反馈,课堂上教师常用"真好,掌声鼓励一下"的句式对学生的回答给予肯定,帮助学生确认其答案的正确性,增强了学生的信心。在回音反馈中,教师侧重于使用重复式回音反馈,教师常用"……对吧"这样的句式进行重复,先肯定学生的回答,然后梳理学生的观点,帮助学生获取更多的信息,形成条理清晰的观点,最终帮助学生从浅层理解到深度理解,思维水平从低阶思维转化为高阶思维。

【案例分析】

306 师:好,这句话是谁写的?先表扬一下他,他用了自己眼中的颜色——白色,没用老师的提示图,给他掌声鼓励!(F-表扬性反馈)

307 师:来,你给大家读一下吧!(I)

308 生$_{43}$:它把白色给了棉花,白白的棉花像一张张笑脸,笑啊笑啊,笑着迎接冬天的严寒。(R-关联结构)

309 师:真不错啊,掌声鼓励一下!老师给你个小小的建议,如果把"白白的"换个词会更好,什么样的棉花?(F-表扬性反馈+指导性反馈)

310 生$_齐$:雪白的棉花。(R-关联结构)

311 师:对了,这样更好,是吧?雪白的棉花,真好。如果将这些句子重新排列,再加上课文的第一自然段,就能够组成一个新的自然段。(F-表扬性反馈+指导性反馈)

在迁移运用活动中,当学生回答白白的棉花时,教师首先肯定该生的发言,说:"真不错啊,掌声鼓励一下!"接着给出合理的建议,意图激发学生的想象力,学生回答"雪白的棉花"时,老师给予积极肯定,同时对学生提出建议,进行了写段的具体指导。在教师先表扬后给出指导与建议的反馈中,学生的创意表达效果得到了保证。

76 师:一枚邮票和一枚枚邮票有什么不同?(I-理解性问题;理解水平)

77 生$_{14}$:一枚邮票指的是一张邮票,一枚枚邮票指的是很多邮票。(R-多点结构)

78 师:非常好,枚是一个量词,是"个"的意思。一枚和一枚枚不一样,对吧?(F-改述式回音反馈)

在本环节教学中,学生对"一枚"和"一枚枚"之间的区别做了解释说明,此时教师运用改述式回音反馈技术,引导学生先理解"枚"是一个量词,再通过词语对比帮助学生区分两者之间的差异,在充分肯定学生回答的同时也进一步帮助学生厘清思路,从而实现了通过换词比较理解词语的目的。

（三）课堂话语 & 高阶思维

课堂话语分类及引发的高阶思维如表 3-7 所示。

表 3-7　课堂话语 & 高阶思维

课堂话语类型	IRF 基本式	IRF 缺省式（IR）	IRF 增强式	Rv 回音式	合计
话轮编号	17~19、21~23、24~26、27~29、30~31、34~37、38~40、41~43、44~47、48~50、51~53、55~57、62~64、65~67、70~72、76~78、89~91、112~114、117~119、126~128、131~133、134~136、172~174、175~177、186~188、204~206、207~209、210~212、218~220、221~223、224~226、241~243、252~254、261~263、264~266、267~269、288~291、292~293、296~297、300~302、303~306	1~2、3~4、5~6、7~8、9~10、11~12、13~14、15~16、19~20、32~33、58~59、60~61、68~69、74~75、79~80、87~88、93~94、95~96、97~98、99~100、101~102、103~104、110~111、115~116、120~121、122~123、124~125、129~130、137~138、139~140、141~142、143~144、158~159、160~161、162~163、164~165、166~167、168~169、170~171、178~179、180~181、182~183、184~185、189~190、191~192、193~195、196~197、198~199、200~201、202~203、227~228、229~230、231~232、233~234、235~236、237~238、239~240、244~245、246~247、248~249、250~251、255~256、257~258、259~260、270~271、272~273、274~275、276~277、278~279、280~281、282~283、284~285、286~287、294~295、298~299	81~86、105~109、145~152、153~157、213~217、307~311		
频数	41	75	6	0	122
百分比	33.6%	61.5%	4.9%	0	100%
高阶思维（频数）	6	2	3	0	11

1. 数据统计说明

表 3-7 所示的数据统计结果表明,本节课的课堂话语类型主要有 IRF 基本式、IRF 缺省式和 IRF 增强式。其中 IRF 基本式的占比是 33.6%,IRF 缺省式的占比是 61.5%,IRF 增强式的占比为 4.9%。教师的课堂话语以 IRF 缺省式为主。高阶思维主要是由 IRF 基本式和 IRF 增强式引发的。

2. 数据关联分析

IRF 增强式话语分类及引发高阶思维的次数如表 3-8 所示。

表 3-8　IRF 增强式话语 & 高阶思维

IRF 增强式话语分类	话 轮 编 号	引发高阶思维次数
多追问对话	145～152	1
多反馈对话	307～311	2

3. 话语结构 & 思维水平

《秋天的雨》教学片段及话语结构和思维水平分析如表 3-9 所示。

表 3-9　教学片段及话语结构、思维水平分析

话轮	会　　话	互动分析		
		师	生$_{43}$	生$_齐$
307	师:来,你给大家读一下吧!	I		
308	生$_{43}$:它把白色给了棉花,白白的棉花像一张张笑脸,笑啊笑啊,笑着迎接冬天的严寒。		R	
309	师:真不错啊,掌声鼓励一下!老师给你个小小的建议,如果把"白白的"换个词会更好,什么样的棉花?	F		
310	生$_齐$:雪白的棉花。			R
311	师:对了,这样更好,是吧?雪白的棉花,真好。如果将这些句子重新排列,再加上课文的第一自然段,就能够组成一个新的自然段。	F		

续表

1. 话语结构

在教师发起提问之后,学生能够联系生活实际进行仿写,他回答:"它把白色给了棉花,白白的棉花像一张张笑脸,笑啊笑啊,笑着迎接冬天的严寒。"学生的思维水平达到了关联结构,教师也及时进行反馈,形成 IRF 闭环。同时教师指出,"白白的"可以换一个词,接着问该同学可以换什么词,这属于增强式话语结构中的多反馈对话。

2. 思维水平

在这个话轮中,教师运用了两次表扬性反馈+指导性反馈,给了学生学习的信心和动力,同时也对学生的学习方法进行指导,培养学生思维的准确性。例如:"白白的"只是学生对棉花颜色的描述,而课文中同时运用了比喻的修辞手法,教师指导学生将"白白的"换成"雪白的",激发了学生的想象力,使表述更加生动。

3. 小结

学生应答的思维水平在这一环节中以关联结构为主,教师在反馈中运用了两次表扬性反馈+指导性反馈,对学生的回答进行了指导,激发了学生的想象力。

三、白璧微瑕:名师教学批评

(一)课堂提问中,事实性问题过多

本课的事实性问题如表 3-10 所示。

表 3-10 事实性问题统计(部分)

事实性问题分类	话轮编号
我们看图猜课文	1~12
针对一篇课文,我们可以画一棵树。同学们看这里,这是一棵大树的树干,现在我要在树干上写上几个字。注意看,我写的是什么?	158~159
你们见过银杏树吧?	189~208
这就是枫叶,你们见过枫叶在空中飘舞的样子吗?	221~222
果树是橙红色的,看到了吗?	235~238
有哪些颜色呢?	244~247

1. 数据统计说明

在课堂教学当中,事实性问题的提出是基于学生对课文内容的理解,占据教师

提问总数的 45.2%。事实性问题没有引发高阶思维。

2. 典型案例分析

话轮 177~209 一共使用了 11 个 IR 话语结构,教师提出的问题都是事实性问题,学生只需要从课文中提取信息,没有思维含量,因而学生应答的思维水平都是单点结构。

3. 教学改进建议

建议教师此处改变提问的方式:请同学们自由朗读第二自然段,边读边圈画出秋天的雨分别把五彩缤纷的颜料给了谁,并说出你的感受。在学生朗读后自由交流的基础上,指名学生分享与补充,学生全体参与讨论,应答和补充发言的学生的思维水平均可以达到多点结构。

(二)课堂话语中,IRF 缺省式话语过多

IRF 缺省式话语统计如表 3-11 所示。

表 3-11 IRF 缺省式话语统计(部分)

IRF 缺省式话语分类	话轮编号	引发高阶思维次数
朗读评价缺省	74~75、110~111、115~116、124~125、182~183、184~185、239~240、255~256、257~258	无
回答问题反馈缺省	15~16、19~20、32~33、58~59、60~61、68~69、79~80、93~94、95~96、97~98、99~100、101~102、103~104、120~121、122~123、129~130、137~138、139~140、141~142、143~144、158~159、160~161、162~163、164~165、166~167、168~169、170~171、178~179、180~181、189~190、191~192、193~195、196~197、198~199、200~201、202~203、227~228、229~230、231~232、233~234、235~236、237~238、244~245、246~247、248~249、250~251、259~260、270~271、272~273、274~275、276~277、278~279、280~281、282~283、284~285、286~287、294~295、298~299	2次

1. 数据统计说明

在本课的课堂话语中,IRF 缺省式话语总共有 75 个,其中朗读评价缺省有 9

个,回答问题反馈缺省有 58 个,引发高阶思维的次数为 2 次。教学反馈(F)的缺省,必然造成 IRF 增强式话语以及 Rv 回音式话语等高阶课堂话语的缺失,进而影响学生高阶思维的发展。过多运用 IRF 缺省式话语,是这节课学生高阶思维水平偏低的主要原因之一。

2. 典型案例分析

239 师:一起读这句,注意这句最后的标点是感叹号,那得怎么读?要用感叹的语气,对吧? 预备读——(I-方法性问题;运用水平)

240 生ᵩ(读):橙红色是给果树的,橘子、柿子你挤我碰,争着要人们去摘呢!(R)

241 师:这句话你来读。(I)

从这一处话轮可以知道,教师要求学生读出感叹的语气,可当学生读完后,教师并没有对学生的朗读进行评价。

3. 教学改进建议

教师可以对学生读词读句进行适当点评或反馈,对于学生读得好的地方,可以通过点评去强化,对于需要改进的地方,教师可以进行具体指导。

四、滴水窥海:学科专题研究

(一) 专题名称

小学低年级语文要素"运用多种方法理解难懂的词语"教学策略研究。

(二) 核心概念

1. 语文要素

(1) 语文要素是指语言文字训练的基本要素。从三年级开始,统编教材所有单元导语都从阅读与表达(包括口语和书面语)两个方面列出了语文训练的基本要素,将学生必备的语文知识、基本的语文能力、常用的学习方法或适当的学习策略和学习习惯等,分成若干个知识点或者能力训练点,统筹规划训练目标序列,并分梯度编排在各个年级的相关内容或活动中。在单元内容组织上,以双线组织单元内容,强化语文学习的综合性和实践性。双线组元的结构表现为每个单元都贯穿有"宽泛的人文主题"和"语文要素"两条线,教学目标直接体现在单元导语中,课后思考练习题围绕单元的训练要素设计,教学目标明确,增强了可操作性。这是统编教材的重要特点之一①。

(2) 统编语文教材明确了语文要素在教学中的重要地位,是深入贯彻落实新课程标准要求的体现。语文要素包括语文知识、学习能力、学习习惯和写作训练等方面,将语文要素落实到实际教学过程中,不仅能增强学生的语文学科核心素养,还能帮助学生养成良好的学习习惯,从而促进学生的全面发展②。

(3)《义务教育语文课程标准(2022年版)》明确指出:"工具性与人文性的统一,是语文课程的基本特点。"那么,教学中应如何体现这一课程性质,落实教材编排特点呢?其核心和关键就是将语文要素的落实与课文语境无痕融合,真正实现语文要素和人文主题相得益彰。

2. 难懂的词语

(1) 本单元的语文要素是"运用多种方法理解难懂的词语"。"运用"一词表明学生已经学习、积累了一些理解词语的方法。如何由"知"到"行"?教师可将单元语文要素进行分解:达成目标的方式是"运用多种方法",目标达成后产生的功能是"理解难懂的词语"。可见,这一语文要素提示本单元教学要注重的是教授"多种方法",要让学生学会在阅读中综合运用各种理解词语意思的方法,让阅读更加有效,将阅读推向深度③。

(2) 运用多种方法理解难懂的词语是统编教材三年级上册第二单元的语文要素内容。三年级属于中年段,在厘清了前后的学习要求之后,可以确定理解词语的目标是:联系上下文理解词句的意思,体会课文中关键词句表达情意的作用,综合运用多种方法理解难懂的词语,选择合适的方法进行积累和运用。这样的目标是就整个中年段而言的,具体到三年级上册第二单元中,重点则指向如何理解难懂的词语④。

(三) 课标链接

(1)能联系上下文,理解词句的意思,体会课文中关键词句表情达意的作用。能借助字典、词典和生活积累,理解生词的意义。

(2)在通读课文的基础上,厘清思路,理解、分析主要内容,体味和推敲重要词句在语言环境中的意义和作用。

---

① 陈先云.统编小学语文教科书中语文要素的内涵及其特点[J].课程教材教法,2022(03):30.
② 徐秀春.例谈统编教材语文要素高效落地的原则[J].教学月刊小学版(语文),2023(02):28-31.
③ 曲青亚.紧扣语文要素施策,理解难懂词语的意思[J].小学语文,2021(08):25-28
④ 赵丽霞.多种方法理解难懂的词语[J].小学教学参考,2021(01):48-49.

（四）教学策略

1. 创设情境

《义务教育语文课程标准（2022年版）》中关于"情境性"的阐述，强调了其在课程实施过程中的重要性，其中提到"增强课程实施的情境性和实践性，促进学习方式变革"。这意味着，在我们的教育教学过程中，需要注重创设各种情境，以激发学生的学习兴趣，提高他们的学习积极性。特别是在语文课程中，我们需要从学生的实际出发，创设多样化的学习情境，设计具有挑战性的学习任务，激发学生的好奇心、想象力和求知欲。

《秋天的雨》这一课程中，教师在创设语言运用情境方面表现得尤为出色。以活动3"品文悟秋，品味秋雨"为例，教师通过创设一棵树的情境，引导学生运用树状图梳理自然段的顺序，把握自然段的内容。这种教学方法不仅有助于学生更好地理解课文，还能够帮助他们运用树状图进行背诵。在树状图的帮助下，学生可以更清晰地把握段落的主次关系和发散关系，从而在情境中进行深度思考。

2. 深度理解

围绕"专题"设计了一些学习活动，引导学生由浅入深地理解"专题"的内涵，或通过"教""扶""放"让学生理解"专题"的内涵，并将其转化为学科技能。

（1）偏旁识字。

"五彩缤纷"在本课中是一个难理解的词语，其中"缤纷"的意思是理解的难点。教学中，教师引导学生结合"缤纷"的偏旁——绞丝旁，来理解缤纷的意思是"很多"。

（2）对比理解。

"一枚枚"在本课中也是一个难理解的词语。在理解量词"一枚枚"的时候，教师引导学生把"一枚"和"一枚枚"进行对比，学生能够知道"一枚邮票指的是一张邮票，一枚枚邮票指的是很多邮票"。

（3）联系生活。

理解量词"枚"的时候，教师引导学生关注生活，通过"一枚邮票、一枚硬币、一枚胸针"的例子，让学生明白又小又精致的事物就可以用"枚"。

在本堂课中，教师着重体现这个单元的训练重点，就是用多种方法理解难懂的词语。《秋天的雨》是本单元的第二篇课文，前面一篇课文是《铺满金色巴掌的水泥道》。在二年级的时候，学生已经积累了一些理解词语的方法，所以在这节课上，教师的定位是引导学生自如、自由地去运用多种方法理解词语,同时也渗透一些多元的方法。

3. 迁移应用

(1) 巧搭语言支架,助力语言表达。

在本课的迁移运用活动中,教师提出核心问题:这个自然段采用了先概括后具体的写作方法。如果我们也来画一棵树,五彩缤纷的颜料,先用了什么颜色?接着追问学生各种颜色分别给了谁,借助树状图加深学生对课文的理解,同时出示提示图,让学生在学习活动的最后环节对课文内容和脉络进行梳理,最后提示学生关注课文的写法,巧妙借助文中的语言框架,引导学生在观察想象的基础上进行仿写,从而提升学生的语言表达能力。

(2) 借图展开想象,助力思维发展。

为了让学生更好地进行仿写,教师还为学生提供了一幅幅精美的图片,使学生获得丰富的视觉表象,并引导学生仔细观察,在观察的基础上进行想象与拓展,从而培养学生丰富的想象力。

这样有层次、有方法的教学,不仅落实了语文要素,更让学生在语言文字当中体会到秋天的色彩美,半扶半放,既给了学生空间,让学生自主学习,又体现了教师引导的艺术性,达到了文学阅读与创意表达任务群的目标。

第四部分 研 学 叙 事

王国维在《人间词话》中提到,古今成大事业、大学问者,必经过三种境界,一是"昨夜西风凋碧树,独上高楼,望尽天涯路",二是"衣带渐宽终不悔,为伊消得人憔悴",三是"众里寻他千百度,蓦然回首,那人却在灯火阑珊处"。此三重境界原是王国维借用古诗词中的句子来指代人生的高境界、大格局,窃以为,以此指代此次名师研学的三重境界也是再恰当不过的了。

1. 价值不明,昨夜望尽天涯路

许青老师说,她对这三重境界深有体会。2022 年,随着义务教育阶段各学科课程标准和课程理念的修订和颁布,全国掀起了一股学习新课标的浪潮。学习任务群、真实情境、学科整合、大单元教学等关键词刷新了她对语文教学的既有认知。当时的她心里一片茫然,不知道如何跟上教改的潮流。这时,学校正在筹备新一轮的名师研学,作为心怀教育梦想的青年教师,她带着期盼与欣喜毅然加入研学团队中。可是,几次培训学习下来,她发现学习的内容并没有涉及这些热门概念。另外,新的理论知识也让她感觉很困惑。单点结构、多点结构、关联结构,都是什么意思?学生的这个回答到底属于单点结构还是多点结构?教师的这轮课堂话语到底是基本式还是增强式呢?理论界定和实际运用有时候好像也有出入。面对这些让人费解的概念,每次完成作业时,她都是以一种应付的心理去对待,并没有刨根问底、一探究竟。

张菁老师说,的确如此,2022年的夏季,她们刚刚开启名师研学的征程。由于认识上的不足和自身的惰性,她在学习方面缺乏积极性与坚持性,在培训时经常三天打鱼两天晒网,对待布置的作业也总是应付了事,在这样的心态下学习当然不可能真的有所收获。于是在一个月之后的考核中,她毫无意外地垫底了,望着那醒目的成绩,她陷入了沉思。而接下来韩校长、梁校长和她的一番谈话更是让她深刻地认识到了自己的不足,自那以后,她便开始借助会议记录和学习资料恶补之前落下的学习,一边复习旧知,一边学习新知,力求能赶上老师们的步伐。

潘莹老师说,刚刚加入研学团队的时候,她十分憧憬这次的学习,相信在专家的指导下,她的教师素养会有很大的提升。可是,当时的她还没有办法平衡工作与学习两件事情,每天不仅要面对学生的成长问题,还要抓教学质量。每次培训也让她产生很多疑惑,对于专家提出的学生思维水平的界定、实录话轮的标记等新概念,她既感觉有些无从下手,又觉得这些对课堂教学的实际作用不大。专家还指导老师们逐字逐句地去分析名师的课堂语言,如此"较真式"的学习,却让她觉得自己距离名师课堂越来越远。

梁艾荣老师说,在名师研学过程中,刚开始虽然有些许迷茫,但专家深入浅出的分享、科学严谨的研究态度与研学小组成员们"勤于思考、乐于实践"的学习热情交相辉映,如同夏日里的一抹绿,给老师们带来了丝丝清凉。大家学习名师的热情让她感动,名师资源的积累让她成长,名师研学的方法让她精进。

2. 困难重重,为伊消得人憔悴

王咏霞老师说,这一学年参加名师研学对她而言还是有些不容易的。首先,语文老师兼班主任的双重身份使得她时常精疲力竭。一方面要组织好自己的教学工作,另一方面要处理班级琐碎事务。由于她缺乏教学经验,她需要花更多的时间和精力去备课和批改作业。作为班主任,除了需要每时每刻关注学生外,还有一些临时性或突发性的工作要完成。所以对于每周一次的名师研学,她虽然充满期待,但是也感到些许疲惫。其次,她个人的身体原因更是让研学之路充满艰辛。记得一次培训的早上,她想着低烧应该没什么太大关系,就没有请假,可是培训时,她越发难受,体温也在升高,但是她想到专家领导们是克服了各种困难才为老师们创造了这样的学习机会,于是选择了默默坚持学习,终于坚持到培训结束,这时她已经浑身无力。理论学习结束后,进入了撰写名师研学案例的阶段,她又经历了案例不断被打回修改的"惨剧"。有时为了改好案例,她苦思冥想到深夜,这其中的不容易只有经历过的人才能体会。尽管困难重重,但现在回想起来,她觉得那都是老师们成长的印证,是他们破茧成蝶的过程。

许青老师说,天平的两端,一边是家庭,一边是工作,作为一个职场人,她最棘手的问题就是如何处理好家庭与工作的关系。时间有限,一天只有24小时;精力有限,既要当好教师,也要扮演好妈妈、妻子、女儿的角色。平日不仅要完成校内的教学工作和班级管理事宜,有时还要利用周末的时间参加线上培训研讨。虽然经常忙于家事,但她不会错过任何一次培训学习。而且每一次培训结束,她还会在睡前复习巩固学习的内容,努力跟上大家的步伐,常常是深夜挑灯完成培训专家布置的家庭作业。一路上,大家互相扶持、互相鼓励,累而不觉。大伙朝着一个共同的目标去努力,不抛弃、不放弃,这也是一种幸福!

王苗老师说,对于新课改,不论老师还是学生,都在不断适应。老师们不仅要准确理解和把握新课标的教学理念,对于那些学习"后进生"的辅导工作更是不能马虎。所以在这次名师研学的过程中,老师们不仅要面对平时教学教研的压力,处理好家庭中的琐事,还要抽出时间参加培训,内心其实是感觉很疲惫的。但是在研学过程中渐渐发现,这其实也是一种很好的教学尝试。她了解到,语言发展的过程也是思维发展的过程,二者相互促进。在语文课程中,学生的思维能力、审美创造、文化自信都以语言运用为基础,并在学生个体语言经验发展过程中得以实现。慢慢地,她尝试将名师研学过程中学习到的理论运用在自己的教学课堂上,着力培养学生的高阶思维。在专家的专业引领下,她对待研学任务的态度随着研学进程的深入而越来越踏实、越来越主动。

潘莹老师说,是的,在一次次思想碰撞和交流下,老师们的学习状态也渐入佳境。而她也从刚开始的丈二和尚摸不着头脑,发展到能够在日常教研活动中利用名师研学的成果分析课堂教学的生成。记得有一次,她临时接到区教研员陈老师的安排,进行一次大单元教学。在线上磨课的时候,她在课文大问题的提取上总是差点意思。教研组携手研学团队的老师们和她一起分析,最后发现由于她的语言表达太过琐碎,难以引发学生的高阶思维。在团队小伙伴的帮助下,她一次次地修改自己的教学设计。也正是这时,她才后知后觉地意识到,名师研学中那些晦涩且遥不可及的名词原来真实地发生在自己的课堂之中。

3.学以致用,研学之路正在灯火阑珊处

张菁老师说,加入名师研学小组给她的课堂教学明确了方向。现在的课堂中,她少了很多琐碎的、打断学生深度思考的问题,更多时候,她会有意识地优化课堂提问,使问题更有价值。就拿她执教的《记金华的双龙洞》来说,第一次试教时,她针对课文提出了"文中哪些地方体现了孔隙的狭小"这个问题,学生可以轻松地在文中获取答案,整堂课下来学习内容是一带而过,没有引发学生们的高阶思维。于是她将问题改成了"作者是怎样把孔隙的狭小写清楚的",提问的角度从课文内容转变为学习方法,问题的容量变大了,学生的思路也就打开了,每个人在组内各抒己见,充分发表自己的想法。虽然在课堂实践中她还有很多不足,但她相信,在领导和专家的帮助下,她的课堂一定会碰撞出更多思维的火花!

许青老师说,没错,整个名师研学案例完成以后,她的研学能力得到了很大提高。她也明白了要想真正做到学有所获,必须抓好每个细小的环节,认真去钻研。案例研究伊始,老师们分别从教师的提问、学生的回答、教师的反馈、课堂话语结构等角度去一一解剖名师的课堂实录,去找到与理论的契合点。撰写案例除了要关注课堂细节以外,还要跳出课堂,用统整的观点重新去审视整个过程。分析完名师的课堂实录,他们又去寻找课堂提问艺术、课堂反馈艺术、课堂话语结构与高阶思维之间的关联,来进行教学研究。先解剖再统整,这样大家的思维才更加全面。在这里,她要感谢研学小组一路的陪伴!

潘莹老师说,"水本无华,相荡乃成涟漪;石本无火,相击而生灵光"。思想与思想的碰撞,迸发出智慧的火花。在案例撰写的过程中,在和小组成员一起不断打磨的过程中,《秋天的雨》这堂课对她而言不再是一堂简单的语文课,从数据的角度,她和小伙伴们一起揭开了这堂课的新课程2.0的理念。

王苗老师说,是的,和小伙伴们在名师课例的学习和实践之中,新理念、新思路、新方法不断冲击着站在课改浪尖上的他们。相信通过此次研学之旅,在今后的教学道路上,无论遇到多大的艰难险阻,老师们都会紧跟着新课标的教学理念,不迷失自己的方向。

虽然《秋天的雨》名师研学暂时告一段落,但名师之路没有结束,教研工作也永远在路上。学无止境,教无止境,研无止境,低年级语文组的成员们坚信"路虽远,行则将至;事虽难,做则必成"。愿她们在名师探索、职业成长的道路上春华秋实吐芬芳,乘风破浪正远航!

六年级语文课《竹节人》名师研学

武汉经济技术开发区薛峰小学高年级语文研学小组[①]

第一部分 研 学 概 述

一、研学课例

1. 课例信息

《竹节人》是部编版语文六年级上册第三单元(阅读策略单元)的一篇精读课文,全国著名特级教师吉春亚老师在"千课万人"全国小学语文"六年级统编教材"课堂教学高峰论坛上执教了此课。

2. 课程内容

(1) 主题内容。

《竹节人》是一篇叙事性散文。作家范锡林以回忆性的文笔,用夸张、诙谐的语言,生动、细致地叙述、描写了"制竹节人、斗竹节人"以及"老师没收竹节人却也'偷玩'竹节人"的情景,流露出作者对童年的眷恋之情。

(2) 所属学习任务群。

本单元属于"实用性阅读与交流"学习任务群。结合单元内容和语文要素,学生在学习中需要理解的大概念是:选择和运用合适的阅读方法可以促进对文本的深入理解。单元核心学习任务设计为"传统手艺人之玩转'竹节人'"。本文作为单元内的一篇精读课文,重点是引导学生根据阅读目的,选择和运用合适的阅读方法,有目的地阅读文本,完成阅读任务,根据成功标准,着手准备单元表现性任务,在真实的交际情境中学语文、用语文,体现语文学习的实践性。

(3) 学习任务。

教师在《竹节人》一课的阅读提示中安排了三个不同的学习任务,引导学生体

[①] 研学小组成员:万芬(组长)、张灿华、张颖、王栋、倪红敏、梁艾荣。

会阅读同一篇文章,目的不同,关注的内容、采用的阅读方法也会不同。

阅读任务一是"写玩具制作指南,并教别人玩这种玩具",阅读任务二是"体会传统玩具给人们带来的乐趣"。根据这两个阅读任务,围绕本单元的核心学习任务"阅读智慧分享会",先引导学生在动手、动脑、动嘴的过程中,完成"绘制玩具制作指南,讲解竹节人的制作方法,演示竹节人的若干玩法"的任务,从中体会传统玩具给大家带来的乐趣,体验、梳理自己为了完成任务是怎样进行阅读的,初步建立方法服务于目的的观念,再迁移大概念的理解,来完成第三个阅读任务,"检验"大概念。

二、授课名师

吉春亚,全国著名特级教师,《中国小学语文教学论坛》封面人物,中学高级教师,在北京市北京小学任教。吉春亚老师的课堂扎实、灵动,充满语文味且不乏诗情画意,非常接地气。她坚持本真语文课堂,始终以学生为主体,关注学生所想、所说,不断用激励性话语从正面引导学生,把知识的传递融入和谐的情感交流中。这节课也充分体现着她的思想教学理论。

三、研究内容

(1)名师优课的教学艺术。

(2)名师优课教学与新课程$^{2.0}$理念的一致性。

(3)名师优课教学数据分析。

(4)基于《义务教育语文课程标准(2022年版)》的主题研究。

第二部分 教学还原

一、教学流程图

《竹节人》一课的教学流程如图 3-6 所示。

二、课堂实录与话语标记

本课例研究运用"话语分析理论"和"SOLO 分类理论"对课堂话语进行话轮标记与分析,并对学生的应答进行思维水平评价。话轮标记符号及其意义如下:

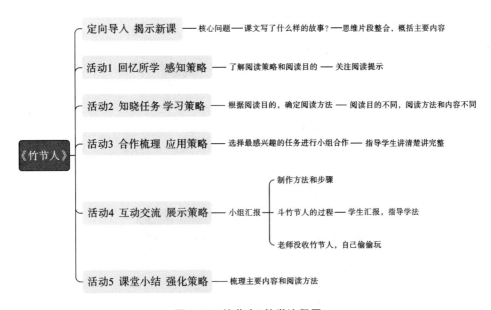

图 3-6 《竹节人》教学流程图

I＝发起(问题驱动/任务驱动/接力驱动)；
R＝回应(前结构/单点结构/多点结构/关联结构/拓展结构)；
F＝反馈(对错反馈/表扬批评/指导性反馈/回音式反馈)。

定向导入　揭示新课

(一) 教材呈现

教材呈现如图 3-7 所示。

(二) 教学要点

PPT 出示课题及竹节人图片，提问：课文写了一个什么样的故事？

(三) 实录话轮标记

1 师：亲爱的同学们，我们现在看到的是一个一个的竹节，这一个一个的竹节形成了一个一个的什么？(I-事实性问题，记忆水平)

2 生齐：竹节人。(R-单点结构)

3 师：在课文当中是这么来描绘竹节人的，我们一起读一读，找到两根，预备齐——(I)

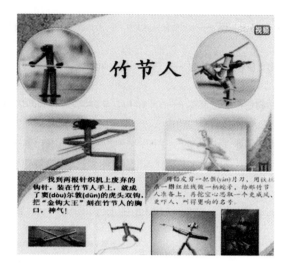

图3-7　教材呈现1

4生齐(读):找到两根针织机上废弃的钩针,装在竹节人手上,就成了窦尔敦的虎头双钩。把"金钩大王"刻在竹节人的胸口,神气!(R)

5师:读了这样的文字,你就能感觉到这竹节人可真是有意思!(F-指导性反馈)

6师:我们再读,用铅皮剪一把偃月刀,预备齐——(I)

7生齐(读):用铅皮剪一把偃月刀,用铁丝系一绺红丝线做一柄蛇矛,给那竹节人装上,再挖空心思取一个更威风、更吓人、叫得更响的名号。(R)

8师:读了《竹节人》,这有趣的故事似乎就在我们眼前展开了。(F-指导性反馈)

9师:这篇课文写了一个什么样的故事?还能回忆得起来吗?你说。(I-事实性问题,记忆水平)

10生₁:首先,它讲了制作竹节人的过程,还有小作者玩的过程和老师玩的过程。(R-多点结构)

11师:好像没有说明白。(F-对错反馈)

12师:后面是老师玩的过程吗?(I-理解性问题,理解水平)

13师:不对,仔细想一想。(F-对错反馈)

14师:听了她的回答,希望下一位同学能够说得更清楚,课文写了什么样的一件事?(I-事实性问题,记忆水平)

15生₂:课文写了我们非常喜欢玩竹节人,在课上还继续偷偷地玩,然后被老师发现了,老师也跟我们玩得一样入迷。(R-多点结构)

16 师:这两位同学的发言都是思维的碎片,我们把它们组合在一起。(F-指导性反馈)

17 师:谁来说一说,课文写了一件什么样的事情?(I-事实性问题,记忆水平)

18 生$_3$:课文写的是我们制作竹节人,在上课的时候玩起竹节人。(R-多点结构)

19 师:课文先写了什么?我们怎么制作竹节人的?你预习得不够透彻。(F-批评性反馈)

20 师:我们请下一位同学把两个思维火花连缀起来。你说,课文是怎么写的?(I-方法性问题,运用水平)

21 生$_4$:课文先写了我们制作的竹节人是什么样的,然后写我们玩的时候的样子。(R-多点结构)

22 师:我们玩得正开心,然后呢?(F-指导性反馈)

23 生$_4$:后来上课的时候,我们……(R-前结构)

24 师:我们玩得正痛快的时候,发生了什么?(I-事实性问题,记忆水平)

25 生$_4$:竹节人被老师没收了。后来我们到老师那里去,想拿回这个竹节人,发现老师也在玩竹节人。(R-多点结构)

26 师:这位同学终于把两个思维碎片连缀起来了,这就形成了课文的主要情节。我们平常要善于聆听别人的发言,能够将别人的信息连缀起来,这样才能获得比较全面的信息。(F-表扬性反馈+指导性反馈)

活动 1　回忆所学　感知策略

(一) 教材呈现

教材呈现如图 3-8 所示。

(二) 教学要点

(1)教师引导学生回顾三至五年级阅读策略。
(2)通过回忆阅读策略,引发学生对六年级阅读方法的关注。
核心问题:在六年级,我们要学习一种阅读方法,这种阅读方法是什么?
追问:
①你能从提示任务中捕捉到的最重要的信息是什么?
②第二个重要的信息是什么?

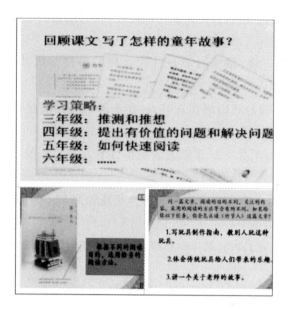

图 3-8 教材呈现 2

(3)梳理阅读方法后,指导学生带着不同的任务阅读《竹节人》。

核心问题:根据不同的阅读目的,你怎么读《竹节人》这篇文章?

追问:

①第一个阅读目的是什么?

②第二个阅读目的是什么?

③第三个阅读目的是什么?

(三)实录话轮标记

27 师:好,亲爱的同学们,刚才我们知道了故事的情节,现在我们要来学习阅读策略。回忆阅读策略,三年级我们学过——(I-事实性问题,记忆水平)

28 生齐:推测和推想。(R-单点结构)

29 师:四年级我们学过——(I-事实性问题,记忆水平)

30 生齐:提出有价值的问题和解决问题。(R-单点结构)

31 师:五年级呢?我们学习了什么阅读策略?(I-事实性问题,记忆水平)

32 生齐:如何快速阅读。(R-单点结构)

33 师:那到了六年级,我们要学习的阅读策略是——(I-事实性问题,记忆水平)

34 生齐:根据不同的阅读目的,选用恰当的阅读方法。(R-单点结构)

35 师:针对这句话,你能不能捕捉到最重要的信息?(I-事实性问题,记忆水平)

36 师:这句话中最重要的信息是——(I-理解性问题,理解水平)

37 生$_齐$:阅读目的不同,阅读方法也不同。(R-单点结构)

38 师:我们这节课就要学习如何根据不同的阅读目的来选择阅读方法。(F-改述式回音反馈)。

39 师:如果给你以下任务,你会怎么读《竹节人》这篇文章?屏幕上有三个阅读目的。第一个阅读目的,请读。(I-事实性问题,记忆水平)

40 生$_5$:写玩具制作指南,教别人玩这种玩具。(R-单点结构)

41 师:好,这里重要信息就是"写玩具制作指南"和"教别人玩"。(F-重复式回音反馈 Rv)

42 师:第二个阅读目的是什么?请说。(I-事实性问题,记忆水平)

43 生$_6$:体会传统玩具给人们带来的乐趣。(R-单点结构)

44 师:什么目的?体会乐趣。(F-重复式回音反馈 Rv)

45 师:第三个阅读目的是什么?请读一读。(I-事实性问题,记忆水平)

46 生$_7$:讲一个关于老师的故事。(R-单点结构)

47 师:什么目的?(I-事实性问题,记忆水平)

48 生$_7$:讲故事。(R-单点结构)

活动2 知晓任务 学习策略

(一)教材呈现

教材呈现如图 3-9 所示。

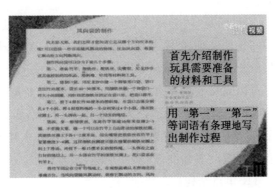

图 3-9 教材呈现 3

（二）教学要点

(1)教师引导学生思考,针对不同的阅读目的,应该采用什么样的阅读方法。
(2)教师适时指导学生关注不同的阅读内容。

（三）实录话轮标记

49 师:阅读目的不一样,那么阅读方法也不一样。针对同一篇文章,阅读目的不同,关注的内容也不同。(F-扩展性回音反馈)

50 师:下面我们来看看,根据你自己的阅读经验,针对这三个阅读目的,你会采用什么方法来完成呢?比如,要写玩具制作指南,你会怎么写?(I-方法性问题,运用水平)

51 生$_8$:我会写得比较详细,第一步写需要什么工具,然后写制作过程,比如一些制作手法和细节。(R-关联结构)

52 师:这是制作部分,可以!(F-对错反馈)

53 师:除了制作步骤,还要写什么?你说。(I-方法性问题,运用水平)

54 生$_9$:我觉得可以从课文里面吸取一些经验。(R-前结构)

55 师:你没说明白,没有说到点子上。(F-批评性反馈)

56 师:他的阅读经验告诉我们,玩具制作指南的写法类似于我们五年级学过的说明文。那既然是说明文,我们还需要介绍什么?(I-理解性问题,理解水平)

57 生$_{10}$:制作玩具需要准备的材料和工具。(R-单点结构)

58 师:我们在学习说明文的时候知道了,想要把思路弄清楚,就要用"第一、第二"这样的词语有条理地表达制作的过程。感谢刚才这位同学的回答,非常好!(F-指导性反馈+表扬性反馈)

59 师:第二个阅读目的是"体会传统玩具给人们带来的乐趣",关于这方面的内容,你们能不能像写说明文那样用"第一、第二、第三、第四"梳理出来呢?可以怎么写呢?你说。(I-方法性问题,运用水平)

60 生$_{11}$:我觉得可以先写他是怎么玩的,然后写他们有多爱玩。(R-多点结构)

61 师:你关注的是"怎么玩""多爱玩"的内容,对吧?(F-重复式回音反馈)

62 师:关注的内容不一样,关于"体会乐趣",得找到有乐趣的地方,如果是与乐趣无关的内容,我们还需要去细细地品吗?(I-方法性问题,运用水平)

63 生:不需要。(R-单点结构)

64 师:不需要,对了。(F-重复式回音反馈)

65 师:先找到有乐趣的地方,然后呢?(I-方法性问题,运用水平)

66 生₁₂：然后通过一件事，写出玩这样东西的乐趣。(R-单点结构)

67 师：不是"写出"，是要干什么？体会乐趣。(F-指导性反馈)

68 师：我们应该怎样做？(I-方法性问题，运用水平)

69 生₁₃：我觉得要抓住心理描写，只要体会到人物的心理活动，就能体会到乐趣，然后神态描写也是必不可少的一个因素。(R-关联结构)

70 师：也就是说，你的学习经验告诉我们，要先找到"有乐趣"的地方，然后把自己的心跟文中人物的心碰撞在一起，是不是这样的？关于"教制作和教玩"，我们可以把内容梳理清楚以后，有顺序地进行表达。而关于"体会乐趣"，我们通过品读以及设身处地地进入乐趣之中来完成任务。(F-改述式回音反馈＋指导性反馈)

71 师：第三个任务是"讲故事"，我们从二年级就开始看着图画讲故事了，三年级、四年级、五年级都一直在练习讲故事，那你们是按照什么顺序来讲故事的？(I-事实性问题，记忆水平)

72 生齐：起因、经过、结果。(R)

73 师：我们在二年级就已经按"起因、经过、结果"的顺序讲故事了。(F-改述式回音反馈)

74 师：到了五年级，我们的故事不仅要讲得细致，还要能够——(I-事实性问题，记忆水平)

75 生₁₄：让人看得懂。(R-单点结构)

76 师：能让人看得懂。(F-重复式回音反馈)

77 师：还要怎么样啊？(I-事实性问题，记忆水平)

78 生：生动。(R-单点结构)

79 师：要能够吸引别人，对吧？既要按顺序讲，还要通过自己生动形象的描绘，给大家以身临其境之感。(F-改述式回音反馈)

80 师："阅读小伙伴"提示我们——预备齐。(I)

81 生齐（读）：为完成"写玩具制作指南，教别人玩这种玩具"这个任务，可以先快速浏览全文，找到相关内容再仔细读。(R)

82 师：这是"阅读小伙伴"提供给我们的阅读经验，它告诉我们要关注这部分内容。(F-指导性反馈)

83 师：你们关注了吗？课文讲"制作和玩"的是哪些自然段？(I-事实性问题，记忆水平)

84 生齐：13 自然段。(R-单点结构)

85 师：13 自然段讲的是制作的过程，那玩的过程呢？(I-事实性问题，记忆水平)

86 生齐：14 自然段到 19 自然段。(R-单点结构)

87 师:好。(F-对错反馈)

88 师:继续关注"体会乐趣"。我们再来看"阅读小伙伴"给我们的提示,请读!(I)

89 生齐(读):体会传统玩具给人们带来的乐趣,读的时候要特别注意文章中写我们玩玩具的部分。(R)

90 师:当然,还可以关注老师没收玩具的内容,重点梳理起因、经过、结果。(F-指导性反馈)

91 师:课文讲老师没收我们玩具的过程是第几到第几自然段?(I-事实性问题,记忆水平)

92 生齐:20 自然段到……(R-单点结构)

93 师:20 自然段到结尾。这就叫"针对不同的阅读目的,关注不同的内容,采用不同的阅读方法"。(F-指导性反馈)

94 师:好,老师把这些阅读任务布置给大家,你们自由选择。(I)

95 生齐:选好了。(R)

活动 3　合作梳理　应用策略

(一) 教材呈现

教材呈现如图 3-10 所示。

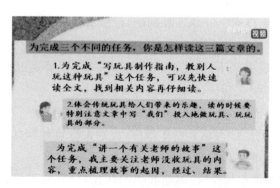

图 3-10　教材呈现 4

(二) 教学要点

(1)根据不同的阅读目的,指导学生现场分组。

(2)各小组认领任务,以小组为单位进行学习。

(三)实录话轮标记

96 师:现在我们组成小组,走近自己的学习小伙伴,开始吧。(I)

(小组讨论5分钟)(R)

97 师:我在巡视中发现同学们已经在捕捉信息、梳理信息了。起因找到了,经过找到了。(F-表扬性反馈)

98 师:大家可以试试怎样把这个故事讲得更生动、更能打动别人。(I-方法性问题,运用水平)

(学生按照要求练习讲故事)

活动4 互动交流 展示策略

(一)教材呈现

教材呈现如图3-11所示。

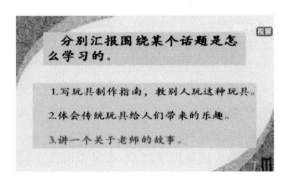

图3-11 教材呈现5

(二)教学要点

(1)不同小组针对不同的任务进行汇报。

(2)学生观看视频,了解制作玩具的过程。

(三)实录话轮标记

99 师:好,亲爱的同学们,把目光聚到我这儿来,我们在汇报当中再提高!我们先来汇报"怎么制作,怎么玩",你们小组是一个人汇报,还是全组一起来?(I-方法性问题,运用水平)

100 生$_{15}$:一个人汇报。(R)

101 师:好,请上台。让我们把目光放到他身上。下面的同学是评委,大家来评价他说得清不清楚。(I-理解性问题,理解水平)

102 生$_{15}$:我来向大家介绍竹节人的制作方法。首先是准备材料,要准备的材料是毛笔杆、一根纳鞋底的线,还有一些装饰品。制作过程是,第一步,把毛笔杆锯成寸把长的一截,第二步,在上面钻一对小眼,第三步,锯八截短的,第四步,用一根纳鞋底的线把它们穿在一起,还可以弄一些装饰品。(R-关联结构)

103 师:然后就要讲装饰品了,是吧?(F-指导性反馈)

104 生$_{15}$:可以在竹节人的手上系一根冰棍棒,然后在它背上刻上它的名字;也可以找两根针织机上废弃的钩针,做成窦尔敦的虎头双钩;还可以用铅皮剪一把偃月刀,用铁丝系一绺红丝线做一柄蛇矛,给那竹节人装上,再取一个更威风、更吓人、叫得更响的名号。(R-关联结构)

105 师:好,介绍完了。你可以请一位同学来评价你说的内容清不清楚。(I)

106 生$_{15}$:我想邀请蒋同学来评价。(R)

107 师:好,请蒋同学来评价,评价时可以用"我听了你的介绍"作为开头。(F-指导性反馈)

108 生$_{16}$:我听了你的介绍,我觉得你的思路挺清楚的,基本都讲全了。(R-多点结构)

109 师:你能说一下他的思路吗?(I-理解性问题,理解水平)

110 生$_{16}$:他是按照"制作材料、制作步骤、最后做一些装饰"的顺序来说的,所以我觉得挺清楚的。(R-关联结构)

111 师:她把制作的过程梳理得很清楚,大家都明白了,我们把掌声送给她。(F-表扬性反馈)

112 师:那关于玩的过程,谁能够上来向大家说明白?(I-方法性问题,运用水平)

113 生$_{17}$:好,现在我来教大家如何玩。(R)

114 师:请你在这个位置上表演。(I)

115 生$_{17}$:请大家跟我一起玩竹节人。(R)

116 师:桌子上有一条缝——(F-指导性反馈)

117 生$_{17}$:把竹节人下面的线嵌入桌子的裂缝里,然后在下面把线拉紧,接着用手把线一紧一松,这样竹节人就可以动起来了。(R)

118 师:上面的竹节人就开始——(I-事实性问题,记忆水平)

119 生$_{17}$:上面的竹节人就开始动了。然后,可以找自己的伙伴在另外一边也放一个竹节人,两个竹节人如果一起动的话,就可以开始搏斗了。(R-关联结构)

120 师:有补充吗?(I)

121 生₁₈:课文第10自然段说"有时其中一个的线卡住了,那'斗士'便显出一副呆头呆脑的傻样子,挺着肚子净挨揍"。(R-单点结构)

122 师:你的意思就是玩起来特别有意思,对吧?(F-改述式回音反馈)

123 师:同学们,请你们来评价一下他的表演。(I-理解性问题,理解水平)

124 生₁₉:他的表演让我明白了,玩竹节人的时候需要桌子上有一条裂缝,然后要把线穿进去,在桌子的下面把线一紧一松。(R-单点结构)

125 师:这样它们就能够——(I-接力式发起)

126 生₁₉:搏斗起来了。(R-多点结构)

127 师:搏斗起来了,好。谢谢你们,把掌声送给他们。刚才你们厘清了顺序。一位是用语言表达的,还有一位是用表演的方式向大家介绍的。(F-重复式回音反馈+表扬性反馈+改述式回音反馈)

128 师:那是不是这样的呢?让我们一起来验证一下。大家可以这样做……跟你们刚才想的一样吗?(I-事实性问题,记忆水平)

129 生齐:一样。(R-单点结构)

130 师:再来看看玩的过程。(播放玩竹节人的视频)秘密在哪儿?让我们把书翻到38页,我们读一读第16自然段。(I)

131 生齐:其实,竹节人的动作压根儿不由扯线人做主,那不过是在竹节间的线一紧一松间胡乱耸动而已,可看上去,却挺像是那么回事。(R)

132 师:读下去。(I)

133 生齐:黑虎掏心!泰山压顶!双龙抢珠!咚锵咚锵咚咚锵!咚咚锵!下课时,教室里摆开场子,吸引了一圈黑脑袋,攒着观战,还跺脚拍手,咋咋呼呼,好不热闹。常要等老师进来,才知道已经上课,便一哄作鸟兽散。(R)

134 师:把书放好,刚才我们在看视频时,真的体会到了无限的乐趣。下面就请乐趣组来汇报传统玩具所带来的乐趣。来,请你们组上来汇报,把你们体会到的乐趣与大家分享。(I)

135 生₂₀:请大家跟我看课文第17段和18段。(I-学生发起)

136 师:非常为大家着想,直接指出了位置。(F-表扬性反馈+重复式回音反馈)

137 生₂₀:请大家翻开语文书。(I-学生发起)

138 师:先读吧。(I)

139 生₂₀:"黑虎掏心!泰山压顶!双龙抢珠!咚锵咚锵咚咚锵!咚咚锵!"这里面有很多的感叹号,表示他们玩得特别开心。(R-关联结构)

140 师:这个"乐趣"原来是玩得开心。(F-改述式回音反馈)

141 师:你似乎看到了什么?(I-理解性问题,理解水平)

142 生$_{20}$:我似乎看到他们一边玩,一边嘴巴里面发出"咚锵咚锵"的声音。(R-关联结构)

143 师:同学们,他是怎么说体会的呀?先读句子,然后说感叹号给他带来的体会,并且把体会变成画面说清楚了。(F-改述式回音反馈)

144 师:你觉得那是什么乐趣?(I-理解性问题,理解水平)

145 生$_{20}$:是"玩得开心的乐趣"。(R-单点结构)

146 师:他采用的是品味关键词句、品读感叹号,并且设身处地地进入画面的方法,从而感受到了"玩之乐"。(F-改述式回音反馈)

147 师:好,接着说。(I)

148 生$_{21}$:请大家看第 19 自然段。"下课时,教室里摆开场子,吸引了一圈黑脑袋,攒着观战,还跺脚拍手,咋咋呼呼,好不热闹。"这句话说明竹节人很有趣,有很多同学都在玩,把大家都给吸引了过来。还有从后面的"常要等老师进来,才知道已经上课,便一哄作鸟兽散",我体会到他们玩得很入迷,要等老师进来了,他们才知道已经上课了。(R-关联结构)

149 师:她结合这一段的内容说出了一种痴迷的乐。第一位同学说的"乐",是玩的过程本身的"乐",这也是一种"痴迷的乐"。(F-改述式回音反馈)

150 师:还有没有同学汇报?你是从什么地方体会到"乐"的?(I-理解性问题,理解水平)

151 生$_{22}$:我是从玩的地方体会到的。(R-单点结构)

152 生$_{23}$:我来补充,我是从第 14 自然段体会到的。(R)

153 师:请说。(I)

154 生$_{23}$:他说"破课桌俨然一个叱咤风云的古战场","叱咤风云"体现出他们玩得很激烈,也可以看出他们觉得这个游戏十分有乐趣。(R-关联结构)

155 师:你把玩的过程展现出来了。你抓住了关键词来说自己的体会。(F-表扬性反馈)

156 师:制作过程的乐趣有吗?请说。(I-理解性问题,理解水平)

157 生$_{24}$:"竹节人手上系上一根冰棍棒,就成了手握金箍棒的孙悟空,号称'齐天小圣',四个字歪歪斜斜刻在竹节人背上,神气!找到两根针织机上废弃的钩针,装在竹节人手上,就成了窦尔敦的虎头双钩。把'金钩大王'刻在竹节人的胸口,神气!"这里有两个"神气",写出了他制作的时候非常开心。(R-关联结构)

158 师:这是因为制作成功而产生的一种自豪的快乐。(F-改述式回音反馈)

159 师:还有吗?制作过程中还有什么样的乐趣?(I-理解性问题,理解水平)

160 生$_{25}$:我找到的是第 15 自然段,15 自然段主要是讲这个同学给竹节人做

的装饰。"谁知弄巧成拙,中看不中用,没打几个回合,那粘上的脑袋连盔甲被它自己手里的大刀磕飞了,于是对方大呼胜利。"我觉得这里写得很生动幽默,使我们深切地感受到他们玩的时候非常快乐。(R-关联结构)

161 师:有一种意想不到的收获之乐。同学们,刚才五位同学的发言就是五个碎片,在五个碎片当中,我听到了各种不同的快乐。有玩之乐,有痴迷之乐,还有制作过程的自豪之乐、收获之乐等,这一切都是制作竹节人和玩竹节人的乐趣。(F-改述式回音反馈)

162 师:这么有趣的竹节人还吸引了谁?(I-事实性问题,记忆水平)

163 生齐:老师。(R-单点结构)

164 师:吸引了老师。(F-重复式回音反馈)

165 师:下面该故事组进行展示了,请上来。(I)

166 生26:下面给大家说的是老师玩的过程,请同学们看到第 22 自然段,上面写道"老师大步流星走过来……"(R)

167 师:你不要读课文,要讲故事,用"在我们正玩得起劲的时候"开头。(F-指导性反馈)

168 生26:在我们正玩得起劲的时候,老师发现了我们在玩,于是便把我们的竹节人给没收了。下课之后,我们想要到办公室窗户下的冬青丛里面找到被没收的竹节人,结果竹节人没有找到,却发现老师在办公室里面玩起了竹节人,我们看到这一幕觉得心满意足,于是便离开了。(R-多点结构)

169 师:你说得很对,把事情的起因、经过、结果讲清楚了,但是没有说出故事的感觉。你应该加入更多细节,比如老师没收东西的时候是什么样子,他是怎么玩竹节人的,要把故事讲得形象生动,你才能够感染大家。(F-指导性反馈)

170 师:好,请回到位置上。哪位同学能够形象地展现故事的情景?好,你来。(I)

171 生27:同学们,我现在给大家讲一讲这个故事——上课了,但是竹节人还是深深地吸引着我们……(R)

172 师:吸引着我们做什么?(F-指导性反馈)

173 生27:我们忍不住上课时偷偷地玩。(R)

174 师:偷偷地玩。(F-重复式回音反馈 Rv)

175 师:然后呢?(I-事实性问题,记忆水平)

176 生27:我们把课本竖在面前当屏风,趁老师转身在黑板上写字的工夫,我们赶紧把手伸到课桌下面,使劲拨动竹节人的线,嘴里还念念有词,就连后面的同学都看得入了迷。(R)

177 师:连后面的同学都看入迷了,好,形象起来了!(F-表扬性反馈)

178 生$_{27}$：可老师还是发现了我们。（R）

179 师：老师怎么发现的呀？（I-理解性问题，理解水平）

180 生$_{27}$：老师突然把目光投向我们，大步流星地走过来，伸手一拂，"屏风"就倒了，我们的竹节人也被没收了。下课后，我们眼巴巴地看着同学们重新开战，于是就想到办公室旁的冬青丛下面找到我们的竹节人。（R）

181 师：老师生气了，把玩具没收了。（F-改述式回音反馈）

182 生$_{27}$：可是一无所获。但是我们意外地发现，老师在他自己的办公桌上玩着刚才收去的竹节人。（R）

183 师：是怎么玩的？（I-事实性问题，记忆水平）

184 生$_{27}$：老师嘴里念念有词，全神贯注，用竹节人使出了黑虎掏心、泰山压顶、双龙抢珠等一系列招式。我们的怨恨和沮丧顿时化为乌有，于是悄悄地溜了。（R-关联结构）

185 师：要不要把掌声送给他？（F-表扬性反馈）

186 他刚才讲的好在哪？请你夸一夸他。（I-理解性问题，理解水平）

187 生$_{28}$：我夸夸你，你的故事讲得非常生动形象，让我们感觉像亲眼看到一样。（R-多点结构）

188 师：这就叫身临其境的感觉，因为他加上了自己想象的内容。（F-改述式回音反馈）

189 师：还有要表扬他的同学吗？（I）

190 生$_{29}$：他没有照搬课文里面的内容。（R）

191 师：不是照搬的，而是什么呢？（I-事实性问题，记忆水平）

192 生$_{29}$：而是用自己的话来组织这个故事。（R-多点结构）

193 师：是啊，这么有意思的文章，有些同学却没能将其中的乐趣生动地展现出来。（F-批评性反馈）

活动5　课堂小结　强化策略

（一）教材呈现

教材呈现如图3-12所示。

（二）教学要点

（1）让学生通过回顾本课所学，再次明白阅读目的不同，关注的内容和阅读的方法都不一样。

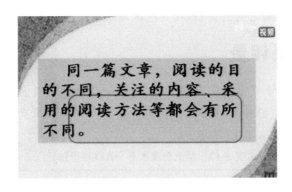

图 3-12　教材呈现 6

（2）教师进行拓展，引出"关联性强的内容要细细品读，关联性不强的内容要略读"的结论。

（三）实录话轮标记

194 师：亲爱的同学们，我们今天的学习是围绕着什么进行的？是围绕着阅读目的进行的。同一篇文章，预备读——(I)

195 师生齐（读）：同一篇文章，阅读的目的不同，关注的内容、采用的阅读方法等都会有所不同。(R)

196 师：所以我们以后读文章的时候可以先了解内容，大致了解以后，想一想自己的阅读目的是什么，然后带着自己的阅读目的去读，并找到相关的内容。(F-指导性反馈)

197 师：请看——与阅读目的关联性不强的内容，请读——(I)

198 师生齐：与阅读关联性不强的内容不需要逐字逐句地读，这样可以提高阅读速度。(R)

199 师：那么关联性强的这些内容我们应该怎么学？可以通过梳理顺序的方式把内容弄明白，也可以细细地品读，或者通过讲故事的形式加深理解。总之，带着目的去读书，能够使你的阅读效率大为提高。(F-指导性反馈)

第三部分　教 学 研 究

本课例教学研究采用定量研究与定性研究相结合的方式，利用 SOLO 分类理论进行学生思维表现性评价，并与教师提问类型、教学反馈方式、课堂话语结构等因素进行数据关联；通过典型案例分析，探索名师的提问艺术、反馈方式、课堂话语结构与学生思维发展之间的关系,及其所体现的新课程2.0的理念。

一、教学效果评量

"思维发展"是语文素养重要构成之一,是一节课教学效果的显著标志。本课例研究运用"小学生思维SOLO表现性评价量表",对本节课学生应答进行思维水平评价,统计数据如表3-12所示。

表3-12 学生思维水平SOLO评价统计

思维水平	低 阶 思 维			高 阶 思 维	
思维层次	前结构	单点结构	多点结构	关联结构	拓展结构
话轮编号	23、54	2、28、30、32、34、37、40、43、46、48、57、63、66、75、78、84、86、92、121、124、129、145、151、163	10、15、18、21、25、60、108、126、168、187、192	51、69、102、104、110、119、139、142、148、154、157、160、184	
频次	2	24	11	13	0
百分比	4%	48%	22%	26%	0
合计	74%			26%	

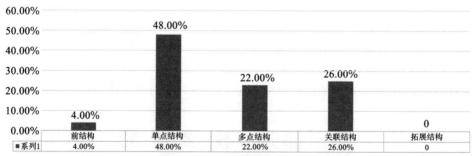

统计数据表明,本节课教学中,学生低阶思维占74%,高阶思维占26%,高阶思维的比例超过了20%的阈值。

二、规矩方圆:名师教学艺术研究

(一)课堂提问艺术

1. 核心问题 & 教学内容

本节课核心问题及对应的教学内容如表3-13所示。

表3-13 核心问题及对应的教学内容

核 心 问 题	话轮编号	教学内容(知识点)
1. 要写玩具制作指南,你会怎么写?	50	教玩:梳理顺序,说明过程
(1)除了制作步骤,还要写什么?	53	
(2)既然是说明文,我们还需要介绍什么?	56	
(3)要用"第一、第二"这样的词语有条理地表达制作的过程。	58	
2. 第二个阅读目的是"体会传统玩具给人们带来的乐趣",关于这方面的内容,你们能不能像写说明文那样梳理出来呢?	59	体会乐趣:品读词句,设身处地
(1)你关注的是"怎么玩""多爱玩"的内容,对吧?	61	
(2)"体会乐趣"时,我们要找到有乐趣的地方,其他地方我们还需要细细地品吗?	62	
(3)先找到有乐趣的地方,然后呢?	65	
(4)你的学习经验告诉我们,要先找到"有乐趣"的地方,然后把自己的心跟文中人物的心碰撞在一起,是不是这样的?	70	
3. 应该怎样讲故事?		讲故事:按照"起因、经过、结果"的顺序讲,还要讲得细致、生动。
(1)我们从二年级就开始看着图画讲故事了,那你们是按照什么顺序来讲故事的?	71	
(2)不仅要讲得细致,还要怎么样?	74	

本课教学当中,教师根据单元语文要素确定了三个知识点,并把它们转化成三个问题和若干个追问。如表3-13所示,教学围绕着这三个问题展开,在合作与探

究中,学生切实地领会了"根据不同的阅读目的,选用恰当的阅读方法"的阅读策略。

2. 问题类型 & 高阶思维

本节课的问题类型及引发高阶思维的频数如表3-14所示。

表3-14 问题类型 & 高阶思维

问题类型	事实性问题（记忆水平）	理解性问题（理解水平）	方法性问题（运用水平）	假设性问题（分析水平）	溯源性问题（创造水平）	合计
话轮编号	1、9、14、17、24、27、29、31、33、35、39、42、45、47、71、74、77、83、85、91、118、128、162、175、183、191	12、36、56、101、109、123、141、144、150、156、159、179、186	20、50、53、59、62、65、68、98、99、112			
数量	26	13	10	0	0	49
百分比	53.06%	26.53%	20.41%	0	0	
引发学生高阶思维（频数）	3	5	2			

(1) 数据统计说明。

如表3-14所示,本节课教学提问有三种类型,其中事实性问题占53.06%,理解性问题占26.53%,方法性问题占20.41%。引发学生高阶思维较多的是理解性问题和事实性问题,方法性问题也引发了学生的高阶思维。说明教师注重基础,善于利用书本中的知识进行勾连,在课堂上善于归纳阅读方法,重点指向语文要素,指导有方。

(2) 数据关联分析。

理解性问题及其引发的高阶思维如表3-15所示。

表3-15 理解性问题 & 高阶思维

理解性问题分类	话轮编号	引发的高阶思维
大家来评价他说得清不清楚。	101	关联结构
你能说一下他的思路吗？	109	关联结构

续表

理解性问题分类	话轮编号	引发的高阶思维
你似乎看到了什么？	141	关联结构
制作过程的乐趣有吗？	156	关联结构
制作过程中还有什么样的乐趣？	159	关联结构

教师围绕着"怎么制作、怎么玩"这个核心问题展开教学，学生能够联系上下文向大家介绍竹节人的制作方法，并运用表演的方式介绍竹节人的玩法。教师借此进一步推动学生思考，让学生说出制作过程中的乐趣。相关理解性问题涉及对课文内容的理解、语文要素的实施。教师指导学生用教材学方法，运用阅读策略对不同的内容进行阅读，并指导学生把内容讲清楚、讲明白，从而引发学生高阶思维的产生。

（二）教学反馈艺术

教学反馈统计如表3-16所示。

表3-16　教学反馈统计

教学反馈类型	对错反馈	表扬批评	指导性反馈	回音反馈				组合使用	合计
				重复	整合	改述	扩展		
话轮编号	11、13、52、87	19、55、97、111、155、177、185、193	5、8、16、22、67、82、90、93、103、107、116、167、169、172、196、199	41、44、61、64、76、164、174		38、73、79、122、140、143、146、149、158、161、181、188	49	26、58、70、127、136	
频数	4	8	16	7		12	1	5	53
百分比	7.55%	15.10%	30.19%	13.21%		22.64%	1.89%	9.43%	100%
合计		52.84%			37.74%			9.43%	

1. 数据统计说明

统计数据表明，本课教学中运用了7种反馈方式，其中基本反馈方式占52.84%，回音反馈占37.74%。

2. 本课教学运用反馈的倾向性与教学效果。

本课教学在基本反馈中侧重使用指导性反馈,在回音反馈中侧重使用改述式反馈。

在教学中,老师常用"你可以怎么样"的句式进行指导性反馈,向学生指明思考的方向,点拨学生思维的方法,让学生知道下一步该做什么,从而帮助学生明确自己的学习方向、提高学习效率。在改述式回音反馈中,老师常用"你是说……"这样的句式进行改述,先肯定学生的回答,然后对学生的回答进行梳理,使学生可以获取更多的信息,形成条理清晰的观点,最终达到理解的重构与思维的进阶。

【案例分析】

157 生$_{24}$:"竹节人手上系上一根冰棍棒,就成了手握金箍棒的孙悟空,号称'齐天小圣',四个字歪歪斜斜刻在竹节人背上,神气! 找到两根针织机上废弃的钩针装在竹节人手上,就成了窦尔敦的虎头双钩。把'金钩大王'刻在竹节人的胸口,神气!"这里有两个"神气",写出了他制作的时候非常开心。(R-关联结构)

158 师:这是因为制作成功而产生的一种自豪的快乐。(F-改述式回音反馈)

159 师:还有吗? 制作过程中还有什么样的乐趣? (I-理解性问题;理解水平)

160 生$_{25}$:我找到的是第 15 自然段,15 自然段主要是讲这个同学给竹节人做的装饰。"谁知弄巧成拙,中看不中用,没打几个回合,那粘上的脑袋连盔甲被它自己手里的大刀磕飞了,于是对方大呼胜利。"我觉得这里写得很生动幽默,使我们深切地感受到他们玩的时候非常快乐。(R-关联结构)

161 师:有一种意想不到的收获之乐。同学们,刚才五位同学的发言就是五个碎片,在五个碎片当中,我听到了各种不同的快乐。有玩之乐,有痴迷之乐,还有自豪之乐、收获之乐等,这一切都是制作竹节人和玩竹节人的乐趣。(F-改述式回音反馈)

在本环节的教学中,学生针对教师的问题进行了散点式的回答,此时教师运用改述式回音反馈,将这五位同学的回答进行归纳,肯定了不同学生的讲解,并指出所有的乐趣都是在制作竹节人以及玩竹节人的过程中产生的乐趣。教师在学生的回答中找到了促进学生思维提升的出发点,学生在教师的指导下逐渐形成高阶思维。

(三) 课堂话语 & 高阶思维

课堂话语分类及其引发的高阶思维如表 3-17 所示。

表 3-17 课堂话语 & 高阶思维

课堂话语类型	IRF 基本式	IRF 缺省式(IR)	IRF 增强式	Rv 回音式	合计
话轮编号	3~5、6~8、9~11、14~16、17~19、20~22、24~26、35~38、39~41、42~44、47~49、50~52、53~55、56~58、59~61、62~64、65~67、68~70、71~73、74~76、77~79、80~82、85~87、88~90、91~93、96~97、101~104、105~107、109~111、114~116、120~122、138~140、141~143、144~146、147~149、156~158、159~161、162~164、186~188、194~196、197~199	1~2、27~28、29~30、31~32、33~34、45~46、83~84、94~95、99~100、112~113、118~119	123~127、128~136、150~155、165~169、170~185、189~193	41、44	
频数	41	11	6	2	60
百分比	68.33%	18.33%	10%	3.33%	100%
高阶思维（频数）	9	1	2	0	12

1. 数据类型说明

数据统计结果表明,本节课的课堂话语类型主要有 IRF 基本式、IRF 缺省式和 IRF 增强式。其中 IRF 基本式的占比为 68.33%,IRF 缺省式的占比是 18.33%,IRF 增强式的占比为 10%。教师的课堂话语以 IRF 基本式为主,学生的高阶思维主要是由 IRF 基本式引发的。

2. 数据关联分析

IRF 增强式话语分类及其引发高阶思维的频次如表 3-18 所示。

表 3-18 IRF 增强式话语 & 高阶思维

IRF 增强式话语分类	话 轮 编 号	引发高阶思维次数
多追问对话	150~155	1
多反馈对话	170~185	1

3. 话语结构 & 思维水平

《竹节人》教学片段及话语结构和思维水平分析如表 3-19 所示。

表 3-19 教学片段及话语结构、思维水平分析

话轮	会　话	互动分析 师	互动分析 生$_{27}$
175	师:然后呢?	I	
176	生$_{27}$:我们把课文竖在面前当屏风,趁老师转身在黑板上写字的工夫,我们赶紧把手伸到课桌下面,使劲拨动竹节人的线,嘴里还念念有词,就连后面的同学都看得入了迷。		R
177	师:连后面的同学都看入迷了,好,形象起来了!	F	
178	生$_{27}$:可老师还是发现了我们。		R
179	师:老师怎么发现的呀?	I	
180	生$_{27}$:老师突然把目光投向我们,大步流星地走过来,伸手一拂,"屏风"就倒了,我们的竹节人也被没收了。下课后,我们眼巴巴地看着同学们重新开战,于是就想到办公室旁的冬青丛下面找到我们的竹节人。		R
181	师:老师生气了,把玩具没收了。	F	
182	生$_{27}$:可是一无所获。但是我们意外地发现,老师在他自己的办公桌上玩着刚才收去的竹节人。		R
183	师:是怎么玩的?	I	
184	生$_{27}$:老师嘴里念念有词,全神贯注,用竹节人使出了黑虎掏心、泰山压顶、双龙抢珠等一系列招式。我们的怨恨和沮丧顿时化为乌有,于是悄悄地溜了。		R
185	师:要不要把掌声送给他?	F	

续表

1.话语结构

教师发起提示性问题,引发学生思考,调动学生对课文内容的回忆。学生用自己的语言讲述了自己通过文本想象到的画面,学生的回答形成了关联结构,思维水平较高。教师顺势进行表扬性反馈,然后继续提问,学生继续用自己的语言展现"老师发现"和"老师怎么玩"的故事情景。学生在教师的指导下,大胆发挥想象力,给出了令人惊喜的答案,属于增强式话语结构中的多反馈对话。

2.思维水平

在以上话轮中,教师运用了两次表扬性反馈和一次改述式回音反馈,给了学生学习的信心和动力,同时也提升了学生的想象力与表达力,达到了训练学生思维的目的。此外,教师的提问恰到好处,能够及时激发学生发挥想象力,充分表达自己的想法。学生应答的思维水平在这一环节中以关联结构为主。

三、白璧微瑕:名师教学批评

(一)课堂提问中,事实性问题过多

本课的事实性问题统计如表3-20所示。

表3-20 事实性问题统计

事实性问题分类	话轮编号	引发的高阶思维
亲爱的同学们,我们现在看到的是一个一个的竹节,这一个一个的竹节形成了一个一个的什么?	1	无
这篇课文写了一个什么样的故事?还能回忆得起来吗?你说。	9、14、17、24、83、85、91、118、162、175、183	关联结构
好,亲爱的同学们,刚才我们知道了故事的情节,现在我们要来学习阅读策略。回忆阅读策略,三年级我们学过——	27、29、31、33、35、39、42、45、47、191	关联结构

续表

事实性问题分类	话轮编号	引发的高阶思维
第三个任务是"讲故事",我们从二年级就开始看着图画讲故事了,三年级、四年级、五年级一直都在练习讲故事,那你们是按照什么顺序来讲故事的?	71、74、77	无
那是不是这样的呢?让我们一起来验证一下。大家可以这样做……跟你们刚才想的一样吗?	128	无

1. 数据统计说明

在课堂教学当中,事实性问题的提出是基于学生对课文内容的理解,占据教师提问总数的 53.06%。事实性问题引发的高阶思维次数较少,仅"上面的竹节人就开始——"和"是怎么玩的"这两个问题引发学生将课文内容与自己的想象相结合,再用自己的语言表达,从而使学生达到了高阶思维。

2. 典型案例分析

在话轮 9、14、17 中,教师的提问都是围绕"课文写了一件什么事"展开的,学生只需从课文中提取信息,没有思维含量,因而学生应答的思维水平都是单点结构。在话轮 27、29、31、33、35、39、42、45、47 中,教师用事实性问题引导学生依次回忆三到六年级的阅读策略,明确《竹节人》这篇文章的三个阅读目的,学生只需提取信息,思维水平较低。

3. 教学改进建议

建议教师改变提问的方式,在学生充分朗读的基础上,指名学生分享与补充,可促进发言学生的思维水平达到多点结构。

此外,教师可以请一名学生朗读三到五年级的阅读策略,在回顾旧知的同时加深学生印象。再重点讲六年级阅读策略和《竹节人》这篇文章的三个阅读目的,这样课堂教学主次分明、详略得当。

(二) 课堂话语中,IRF 基本式话语过多

1. 数据统计说明

在本课的课堂话语中,IRF 基本式话语总共有 41 个,而引发高阶思维的次数只有 9 次。教学过程中,教师的问题越基础,引发学生高阶思维的频次就越少,过多运用 IRF 基本式话语,是这节课学生思维水平偏低的主要原因之一。

2. 典型案例分析

56 师:他的阅读经验告诉我们,玩具制作指南的写法类似于我们五年级学过的说明文。那既然是说明文,我们还需要介绍什么?

57 生$_{10}$:制作玩具需要准备的材料和工具。

58 师:我们在学习说明文的时候知道了,想要把思路弄清楚,就要用"第一、第二"这样的词语有条理地表达制作的过程。感谢刚才这位同学的回答,非常好!

从以上话轮可以知道,教师通过指导性反馈的方式来完善学生的回答,导致学生处于被动接受状态,缺乏思考和表达的主动性。

3. 教学改进建议

教师可以通过追问的方式引发学生思考,让学生自主完善回答,引发学生的高阶思维。

四、滴水窥海:学科专题研究

(一)专题名称

小学高年级语文要素之"根据不同的阅读目的,选择恰当的阅读方法"教学策略。

(二)核心概念

(1)语文要素:语文要素包括基本方法、基本能力、基本学习内容和学习习惯。统编教材把语文要素分成若干个知识或能力训练的"点",由浅入深,由易及难,分布并体现在各个单元导引、课后习题、语文园地、习作设计之中。

(2)阅读目的:读者通过阅读行为的实施,实现其阅读愿望,进而取得某种阅读效果的心理趋向和要求。本研究中所提出的阅读目的特指"写玩具制作指南,教别人玩这种玩具;感知竹节人给作者童年带来的快乐;创造性地讲一个有关老师的故事"。

(3)阅读方法:阅读方法是理解读物内容,从中接收信息所采用的手段或途径,有不同类别和层次。本研究中所用到的方法为:速读全文、提炼信息、梳理内容、品读词句、想象场景;厘清顺序、对比阅读等。

(三)课标链接

1. 课程理念

(1)立足学生核心素养发展,充分发挥语文课程育人功能。

(2) 构建语文学习任务群，注重课程的阶段性与发展性。

(3) 突出课程内容的时代性和典范性，加强课程内容整合。

(4) 增强课程实施的情境性和实践性，促进学习方式变革。

(5) 倡导课程评价的过程性和整体性，重视评价的导向作用。

2. 学业质量标准（5~6 年级）

乐于参与讨论，敢于发表自己的意见；能认真、耐心倾听，抓住要点，并作简要转述；能根据对象和场合，作简单的发言。养成留心观察周围事物的习惯，有意识地丰富自己的见闻，乐于表达自己独特的感受；能围绕学习活动展开调查，从多方面获取活动各阶段的材料，并用多种方式有条理地记录学习活动过程，表达参与活动的感受。

3. 教学建议

(1) 立足核心素养，彰显教学目标以文化人的育人导向。

(2) 体现语文学习任务群特点，整体规划学习内容。

(3) 创设真实而富有意义的学习情境，凸显语文学习的实践性。

(4) 关注互联网时代语文生活的变化，探索语文教与学方式的变革。

（四）教学策略

从教师的课堂实录中提炼出教学方法，并与《义务教育课程方案和课程标准（2022年版）》中的教学理念进行关联。

1. 创设情境

学习情境的设置要符合核心素养整体提升和螺旋发展的一般规律。语文学习情境源于生活中语言文字运用的真实需求，服务于解决现实生活的真实问题。创设情境，应建立语文学习、社会生活和学生经验之间的关联，符合学生认知水平；应整合关键的语文知识和语文能力，体现运用语文解决问题的过程和方法。本课中，教师拿出竹节人玩具，鼓励学生上台体验文中主人公玩竹节人的快乐，并将玩的过程用演绎和讲述的方式加以提炼，以真实的情境教学促进学生表达能力的提升，较好地诠释了情境教学法。

2. 建立联结

(1) 学习任务体现的连贯性。

新课标指出：义务教育语文课程结构遵循学生身心发展规律和核心素养形成的内在逻辑，以生活为基础，以语文实践活动为主线，以学习主题为引领，以学习任务为载体，整合学习内容、情境、方法和资源等要素，设计语文学习任务群。重点强调：学习任务群的安排注重整体规划，体现连贯性和适应性。厘清每个环节的内在逻辑,让学生的学习更有体系,不断发展学生能力。

本课中,教师充分利用教材中的资源,根据统编教材的编排意图,梳理单元语文要素间的逻辑关联并设计学习任务。如教师引导学生回忆三年级学习的阅读策略——推测和推想,四年级学过的"提出有价值的问题和解决问题",五年级学过的"如何快速阅读",引出六年级要学习的"根据不同的阅读目的,选择恰当的阅读方法",以旧引新,由易到难,层层递进。

(2)把握语文要素的系统性。

学生的核心素养是通过不同阶段的语文课程学习,由浅入深,逐步积累提升的。因此,课程设计必须体现语文学习的层级性和梯度。在新课标中,课程目标九年一贯整体设计,先提出义务教育阶段的九条语文学习总目标,然后按"识字与写字""阅读与鉴赏""表达与交流""梳理与探究"四个领域,分别提出义务教育四个学段的"学段要求"。在语文课程内容的规定上,每个学习任务群都从"学习内容"和"教学提示"两个方面进行具体的说明。

部编版小学语文教材根据语文学习规律和学生身心发展的语文能力,将语文学习的基本要素分成若干个知识和能力的训练点,统筹规划目标训练,并按照一定的梯度,落实在各个年级的教材内容当中。本课中,教师对教材单元进行深入钻研,把握语文要素的系统性和发展性,坚持课程设计的层级性,树立整体意识,厘清目标序列。

教师在引导学生阅读《竹节人》这篇文章时,整体把握教材,立足单元整体,带领学生梳理三到六年级的阅读策略,做到瞻前顾后、上下勾连、胸怀全局、心中有数,纵向线索非常清晰,从而稳步促进学生语文素养的提升;此外,教师引导学生系统思考,从而实现一课一得,将语文要素落到实处,提升学生的语文能力。

3. 深度理解

在本节课中,老师开展了五个学习活动来落实语文要素。在围绕"体会传统玩具给人们带来的乐趣"这个阅读目的开展阅读的时候,教师适时点评学生的阅读思维,并给学生展示自己的思维过程。这不仅为学生使用阅读策略做了一个具体的示范,对学生运用其他阅读方法完成阅读目的也是一种引导和启发。

另外,学生在阅读时需要根据阅读任务提取信息并整理信息。这个任务看起来简单,但对学生来说其实是个难点,需要教师具体、扎实地指导。在这个片段中,教师引导学生提取、整理信息时,首先要求学生明晰自己的阅读任务,发现隐藏的信息,关注有疑问的信息,让学生提取和整理的信息通俗易懂。这样的指导看似简单,但非常实用。

本节课，教师明晰了阅读策略的概念和价值，将"有目的地阅读"策略教学落到了实处。

4. 迁移应用

吉春亚老师执教的《竹节人》一课，明确了语文素养的重要性。"学语文是学表达。""要把学语文作为一种能力。"语文课堂并不只是对文本的解析，而是更注重对语文素养、思维的培养和训练。吉老师的本真语文课堂，带给孩子们不一样的学习经历。在教学过程中应设计有效的学生活动，让学生明白，面对不同的学习任务，要使用不同方法去解决。

第四部分　研学叙事

开篇

万芬老师说，茫茫人海中漫步，困惑烦恼不断逼近，成长路上难免坎坷，勇敢面对才能成就辉煌。作为一名教师，授人以鱼不如授人以渔。如何培养学生的思维能力是他们终其一生都要去思考的主题。暑假至今，高语组齐心协力，学习了吉春亚执教的《竹节人》，从如何培养学生高阶思维的角度去观摩和研究，在这个过程中，他们经历了困惑、体会了烦恼，同时也收获了成长。

困惑篇

张颖老师说，面对每周研学的任务，她本想着偷点懒不要紧，参加培训时就没有认真听专家授课，结果一面对专家布置的作业她就犯了难，单点结构、多点结构、关联结构等词语让她晕头转向，对话轮的定义更是难上加难。看来不用心确实无法掌握新的知识，这怎么对得起学校对自己的信任？怎么对得起一起研学的小伙伴？怎么对得起自己付出的时间呢？想清楚后，她决定以后一定要认真听讲，认真记笔记，把不清楚的地方记下来，再请教本组的组长或专家。后来，在紧张而繁忙的教学工作中，她找到了自己的节奏，学到了更多有用的知识，提升了自己的理念和想法，实现了教学相长。

张灿华老师说，还记得自己刚开始接触前结构、单点结构、多点结构、关联结构、拓展结构这些概念时，感觉一头雾水，也不懂为什么要研究学生在课堂上的思维水平。随着培训的不断推进，她几乎每周都面临换课的麻烦、周末完成作业的任务，有时候因为杂事缠身，培训过程中稍有走神，就无法跟上专家的授课节奏。对

于一些全新的概念,她开始感到抗拒,觉得分析学生们在课堂上的应答很枯燥无趣。

万芬老师说,困惑和烦恼是成长的烙印,只有勇敢面对才能迎难而上;成长路上难免跌倒,只有坚定信念才能继续向前。面对困惑,老师们难免会生出一些负面的想法。

烦恼篇

倪红敏老师说,接到学校名师研学的任务后,除了每天上课之外,有时还要参加专家的线上讲座。之后还要整理笔记、上交资料,及时完成各种任务。有时候感到力不从心,真的很想放弃。但是她想到自己小组里都是些年轻的教师,大家都很有上进心,每次接到任务都是迅速分工、合作完成,而她教龄较长,更要在小组中起到领头羊的作用,不拖小组后腿。于是,她咬咬牙坚持了下来。

一路走来,一把辛酸泪。但是回头再看,会觉得沿途的风景是那么美好。她希望自己能在一批年轻又充满活力的老师的带动下,把名师研学这条道路完美地走完。

王栋老师说,她跟倪老师有着相同的感受。这是她第三次参加名师研学,但是比前两次要困难得多。学习内容理论性强,很多专业术语拗口难懂,培训中很难跟上专家的思路,常常听着听着就犯困。放弃吗?不,正是因为理论性强,才要不断学习,强大的内驱力,让她一步步坚持下来。在接下来的培训中,她认真听讲,更详细地记录专家高屋建瓴的观点,对着学习笔记认真完成研学任务,遇到不懂的地方就和其他小伙伴一起讨论,有时学习直至深夜。功夫不负有心人,她逐渐掌握了专家介绍的理论,对这次名师研学的意义有了新的认识。接下来,她和研学小组的小伙伴们共同学习、团结协作,认真对待研学任务,直至完成《竹节人》这一课例的研究。

万芬老师说,成长路上难免坎坷,只有勇敢面对才能成就辉煌。困难是打不倒她们的,为了能够出色地完成任务,身为组长的她必须起到带头作用。她在大家共同撰写的案例初稿的基础上,从头至尾地逐字逐句进行修改,对相关结论反复揣摩,将有疑问的地方拿出来大家一起讨论。最终,她们集合全组人的智慧,圆满完成了这次研学任务。

收获篇

王栋老师说,这学期,她尝试运用高阶思维的理念去设计《两小儿辩日》这节课。《两小儿辩日》虽然是古文,却在字里行间呈现出了两个儿童针对同一问题的不同思维方式。她在课堂上改变了提问的方式,以拓展性问题为主,引导学生发散思维,把点状的思维联系起来,往高阶思维的方向去漫溯。尽管在实践的过程中还有很多不足,但是她相信在专家的引领和高语组其他老师的帮助之下,未来的路径会越来越明晰,教学策略会越来越多样。"苔花如米小,也学牡丹开。"研学之路虽然要花费时间和精力,但是这一过程带给她们更多的是收获与感动。研学之路漫漫,她们却满怀信心,因为只有磨砺才能让生命由幼稚走向成熟,由花种盛开成鲜花。

张灿华老师说,跟随名师一起成长,学习名师的课堂,让她认识到教师要不断思考、实践、反思,对那些习以为常、熟视无睹的事物用心去发现,对那些理所当然、天经地义的说辞反复琢磨,让课堂呈现思维火花的碰撞与展现。

万芬老师说,磨砺是一剂良药,虽然苦味弥漫,但仍要学会直面,只有这样,才能不断激发出自己的潜能,克服困难。相信小组里的每一位老师都可以持续成长,成为一名让自己满意的好老师!

四年级数学课《平均数》名师研学

武汉经济技术开发区薛峰小学数学研学小组[①]

第一部分 研学概述

一、研学课例

1. 课例信息

《平均数》是人教版小学数学四年级下册第八单元的第一课。本课程由浙江省小学数学特级教师俞正强在第五届悦远教育海峡两岸小学数学"核心素养"观摩研讨会上执教。

2. 课程内容

本课内容属于数学学习"统计与概率"领域中的"数据的收集、整理与表达"。《义务教育数学课程标准(2022年版)》对平均数的学业要求是:知道用平均数可以刻画一组数据的集中趋势,知道平均数的统计意义;知道平均数是介于最大数与最小数之间的数,能描述平均数的含义;能用平均数解决有关的简单实际问题(例42),形成初步的数据意识和应用意识。

平均数教学中要引导学生在熟悉的情境中理解平均数所具有的代表性,通过刻画一组数据的集中程度表达总体的集中状况,理解平均数的意义;也可以让学生经历收集体现社会发展或科技进步数据的过程,初步体会平均数的统计意义,形成初步的数据意识。

二、授课名师

俞正强,浙江省小学数学特级教师,浙江省春蚕奖获得者,北京师范大学教育

[①] 研学小组成员:李思(组长)、刘永平、朱佳佩、桑欣琪、冯军。

家书院兼职研究员;现任浙江省金华师范学校附属小学校长。首届教育部教学指导委员会数学专委会副主任委员,明远奖获得者,中国长三角最具影响力校长,中国数学种子课研究者。

三、研究内容

(1)名师优课的教学艺术。

(2)名师优课教学与新课程$^{2.0}$理念的一致性。

(3)名师优课教学数据分析。

(4)基于《义务教育数学课程标准(2022年版)》的主题研究。

第二部分　教学还原

一、教学流程图

《平均数》教学流程如图 3-13 所示。

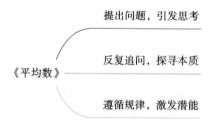

图 3-13　《平均数》教学流程图

二、课堂实录话轮分析

本课例研究运用课堂话语分析理论和 SOLO 分类理论对课堂话语进行话轮标记,并对学生的应答进行思维水平评价。话轮标记符号及其意义如下:

I=发起(问题驱动/任务驱动/接力驱动);

R=回应(前结构/单点结构/多点结构/关联结构/拓展结构);

F=反馈(对错反馈/表扬批评/指导式反馈/回音式反馈)。

活动 1　提出问题,引发思考

(一) 教材呈现

教材呈现如图 3-14 所示。

图 3-14　教材呈现 1

(二) 教学要点

(1)提问设计:了解学生对平均数的认知情况。
(2)学习方式:学生结合生活经验浅谈对平均数的认识。
(3)教学方法:教师通过谈话了解学生课前水平。

(三) 实录话轮标记

1 师:知道平均数的请举手。你从来没听说过？(I-事实性问题,记忆水平)

2 生$_1$:没有听说过。(R-单点结构)

3 师:你也没有？(I-事实性问题,记忆水平)

4 生$_2$:是的。(R-单点结构)

5 师:好,大多数小朋友听说过。(F-重复式回音反馈)

6 师:请问你是在哪里知道平均数这个知识的？(I-事实性问题,记忆水平)

7 生$_3$:在手机上知道平均数这个知识的。(R-单点结构)

8 师:自己在手机里看到的。(F-重复式回音反馈)

9 师:那平均数是一个什么样的数？(I-事实性问题,记忆水平)

10 生$_3$:具体的我没看。(R-单点结构)

11 师:只看到过平均数三个字,对不对？(I-事实性问题,记忆水平)

12 生₃：应该是。（R-单点结构）

13 师：好，那有没有比他知道得更多的？小伙子，你说。（I-事实性问题，记忆水平）

14 生₄：把所有的数加起来，然后除以数量，就是它们的平均数。（R-多点结构）

【点评：学生以问题"平均数是什么"为线索，介绍了平均数的求法。思维操作是信息提取，思维水平是多点结构。】

15 师：把所有的数加起来除以数量就是平均数，对吧？（F-重复式回音反馈）

16 师：你是从哪里学来的？（I-事实性问题，记忆水平）

17 生₄：我是自己了解的。（R-单点结构）

18 师：你是从哪个地方了解的？（I-事实性问题，记忆水平）

19 生₄：从书本上了解的。（R-单点结构）

20 师：你怎么想到去了解这个知识的？（I-理解性问题，理解水平）

21 生₄：因为我想学数学。（R-单点结构）

22 师：好，这位小朋友说，平均数就是把所有数加起来除以它们的个数。（F-改述式回音反馈）

23 师：除了知道这些知识之外，你还知道哪些？你说。（I-事实性问题，记忆水平）

24 生₅：嗯（沉默）。（R-前结构）

25 师：只知道这些吗？（F-整合式回音反馈）

26 师：你呢？你从哪里学的？（I-事实性问题，记忆水平）

27 生₆：爸爸告诉我的。（R-单点结构）

28 师：爸爸怎么会想到告诉你这个知识呢？（I-事实性问题，记忆水平）

29 生₆：因为我们聊天聊到这个。（R-单点结构）

30 师：在什么情况下聊到平均数的？（I-事实性问题，记忆水平）

31 生₆：做题目的时候。（R-单点结构）

32 师：做什么样的题目？（I-事实性问题，记忆水平）

33 生₆：算平均数。（R-单点结构）

34 师：谁教你算平均数？（I-事实性问题，记忆水平）

35 生₆：爸爸。（R-单点结构）

36 师：爸爸怎么突然教你算平均数了呢？（I-事实性问题，记忆水平）

37 生₆：因为作业有这个题目。（R-单点结构）

38 师：这个题目是谁选的？（I-事实性问题,记忆水平）

39 生₆：老师。（R-单点结构）

40 师：有的小朋友是从手机里学来的,有的小朋友是爸爸教的,有的小朋友是自己从书上看来的。（F-整合式回音反馈）

41 师：还有没有跟他们获得方式不一样的,有没有？（手指生₇）你不一样,你是怎么学来的？（I-事实性问题,记忆水平）

42 生₇：我是在课堂上学来的。（R-单点结构）

43 师：在什么地方上课？（I-事实性问题,记忆水平）

44 生₇：学校。（R-单点结构）

45 师：老师是怎么讲平均数的？（I-事实性问题,记忆水平）

46 生₇：把一些数加起来再除以它们的个数,就是平均数。（R-单点结构）

47 师：你的老师跟他的爸爸讲的一样。（F-整合式回音反馈）

48 师：那老师有没有说过为什么要算平均数？平均数有什么用？（I-理解性问题,理解水平）

49 生₇：在考试的时候,可以算语、数、英三门课的平均成绩。（R-单点结构）

50 师：可以算成绩的平均数。（F-重复式回音反馈）

51 师：请坐,像他一样在学校学过的请举手。（I-事实性问题,记忆水平）

52 师：好,放下！（F-重复式回音反馈）

53 师：同学们,那么今天这堂课我们要学什么呢？（I-事实性问题,记忆水平）

54 生齐：平均数。（R-单点结构）

55 师：你们那么多人都已经学过了,我该怎么办呢？（I-方法性问题,应用水平）

56 生₈：再教一遍。（R-单点结构）

57 师：你说。（I-方法性问题,应用水平）

58 生₉：让我们巩固一下。（R-单点结构）

59 师：怎么巩固呢？（I-方法性问题,应用水平）

60 生₁₀：再学一遍。（R-单点结构）

61 师：你愿意吗？（I）

62 生₁₁：愿意。（R）

63 师：我重复一遍,大家要在这节课上巩固一下平均数的知识。（F-重复式回音反馈）

64 师：这位同学,你有什么好的方法吗？（I-方法性问题,应用水平）

65 生$_{12}$：结合生活中的知识，更深入地了解平均数。（R-多点结构）

66 师：你来当老师，我来当学生，行不行？（I-事实性问题，记忆水平）

67 生$_{13}$：不行。（R-单点结构）

活动 2　反复追问，探寻本质

（一）教材呈现

教材呈现如图 3-15 所示。

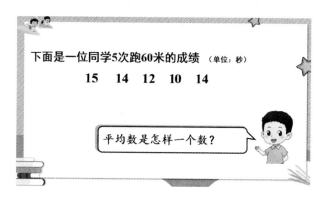

图 3-15　教材呈现 2

（二）教学要点

(1) 提问设计：深入追问，强化学生对每个数据特性的理解。

(2) 学习方式：学生通过思考，知道中间数才能代表一组数据的水平。

(3) 教学方法：教师通过连续追问，引导学生主动思维。

（三）实录话轮标记

68 师：同学们，我想跟大家商量个事情。大家能不能让自己回到二年级的时候？二年级的时候你学过平均数没有？（I-事实性问题，记忆水平）

69 生$_{14}$：没有。（R-单点结构）

70 师：没有。（F-重复式回音反馈）

71 师：老师有没有给你讲过平均数啊？（I-事实性问题，记忆水平）

72 生$_{15}$：没。（R-单点结构）

73 师：课本还没有提到是不是？（F-重复式回音反馈）

74 师：那你有没有听说过平均数呢？（I-事实性问题，记忆水平）

75 生₁₅:有听说过。(R-单点结构)

76 师:在哪听说过的?(I)

77 生₁₅:在网上看到的。(R)

78 师:网上也可以学到知识啊!(F-重复式回音反馈)

79 师:同学们,二年级的时候,我们都没有学过平均数。我这里有一份材料,大家看一下好不好?(I)

80 生齐:好。(R)

81 师:你们现在是几年级啊?(I)

82 生₁₆:二年级。(R)

83 师:你们是哪个班的?(I)

84 生₁₇:二(3)班。(R)

85 师:对了,二(3)班。同学们请看屏幕,学校要开运动会,班主任想了解孩子们跑步的水平。于是,这位小朋友请爸爸帮忙测一测自己的跑步水平,他选择的跑步距离是多少?(I-事实性问题,记忆水平)

次数	第1次	第2次	第3次	第4次	第5次
成绩/秒	15	14	12	10	14

86 生₁₈:60米。(R-单点结构)

87 师:跑了几次?(I-事实性问题,记忆水平)

88 生₁₈:5次。(R-单点结构)

89 师:5次跑步用的时间相同吗?(I-事实性问题,记忆水平)

90 生₁₉:不同。(R-单点结构)

【点评:学生对小朋友跑步的距离、次数和时间进行总结,思维操作是信息提取,思维水平是单点结构。】

91 师:他有的时候跑得快,有的时候跑得慢,跑得快就是时间用得少,跑得慢就是时间用得多。

92 师:他第1次跑了几秒?(I-事实性问题,记忆水平)

93 生齐:15秒。(R-单点结构)

94 师:第2次呢?(I-事实性问题,记忆水平)

95 生齐:14秒。(R-单点结构)

96 师:第3次呢?(I-事实性问题,记忆水平)

97 生齐:12秒。(R-单点结构)

98 师：第 4 次呢？（I-事实性问题，记忆水平）

99 生齐：10 秒。（R-单点结构）

100 师：第 5 次呢？（I-事实性问题，记忆水平）

101 生齐：14 秒。（R-单点结构）

102 师：哪一次跑得最快？（I-事实性问题，记忆水平）

103 生20：第 4 次。（R-单点结构）

104 师：哪一次跑得最慢？（I-事实性问题，记忆水平）

105 生21：第 1 次。（R-单点结构）

106 师：最慢的时候用了几秒？（I-事实性问题，记忆水平）

107 生22：15 秒。（R-单点结构）

108 师：最快用了几秒？（I-事实性问题，记忆水平）

109 生23：10 秒。（R-单点结构）

【点评：学生以"小朋友 5 次跑步的具体情况"为线索，对小朋友 5 次跑步所花的时间进行比较，思维操作是信息提取，思维水平是单点结构。】

110 师：正确，非常好。（F-对错反馈）

111 师：第二天他来上学了，他要填一张表格，向老师报告自己跑 60 米通常要花费的时间。他先填了 15 秒，然后他想了想，又把这个数字给擦掉了。你能不能告诉我，他是怎么想的？（I-理解性问题，理解水平）

112 生24：我觉得他应该在想，我要把我最快的数据填上去。（R-单点结构）

113 师：15 秒在他所有成绩中是什么水平？（I-事实性问题，记忆水平）

114 生25：最慢的。（R-单点结构）

115 师：他想告诉老师什么水平？（I-事实性问题，记忆水平）

116 生25：最快的。（R-单点结构）

117 师：他认为这个成绩是他所有成绩当中最慢的，是他跑得最慢的一次。（F-改述式回音反馈）

118 师：把自己最慢的成绩告诉老师，他愿意吗？（I）

119 生25：不愿意。（R）

120 师：他不愿意，是吧？（F-重复式回音反馈）

121 师：他觉得自己的水平怎么样啊？（I-事实性问题，记忆水平）

122 生26：要比 15 秒快。（R-单点结构）

123 师：所以要把这个 15 秒告诉老师，他甘心吗？（I）

124 生$_{26}$:不甘心。(R)

125 师:那他想把什么成绩告诉老师啊?(I-事实性问题,记忆水平)

126 生$_{26}$:最快的。(R-单点结构)

127 师:这就是他的想法。(F-重复式回音反馈)

128 师:他把 15 擦掉之后,又填了一个 10。你觉得可以吗?(I-事实性问题,记忆水平)

129 生$_{27}$:不可以。(R-单点结构)

130 师:为什么?(I-理解性问题,理解水平)

131 生$_{27}$:他填的不是他成绩的平均数。(R-关联结构)

132 师:你今年读几年级?(I-事实性问题,记忆水平)

133 生$_{27}$:二年级。(R-单点结构)

134 师:学过平均数没有?(I-事实性问题,记忆水平)

135 生$_{27}$:没有。(R-单点结构)

136 师:那你怎么知道平均数的?(I-事实性问题,记忆水平)

137 生$_{27}$:在学校学的。(R-单点结构)

138 师:你二年级学了没有?还没学啊!你还在二(3)班,记得吗?(F-批评性反馈)

139 师:同学们,他填了 10 之后又想了一下,你们猜接下来发生了什么事情?(I-理解性问题,理解水平)

140 生$_{28}$:他又把 10 擦掉了。(R-单点结构)

141 师:你猜对了,他真的又把 10 擦掉了。(F-对错反馈)

142 师:请问他是怎么想的?(I-理解性问题,理解水平)

143 生$_{28}$:他要填的是通常跑的成绩,而不是跑得最快的。(R-多点结构)

144 师:他是怎么想的?(I-理解性问题,理解水平)

145 生$_{29}$:因为他要填的是一个他可以跑出来的,而不是他跑得最快的。(R-关联结构)

146 师:他是怎么想的?(I-理解性问题,理解水平)

147 生$_{30}$:我觉得他是这样想的,他要填一个他平常能跑出来的成绩。假如填的是最快成绩的话,这个成绩可能在真正比赛中无法达到,所以,我觉得他应该是想填一个他能经常跑出来的成绩。(R-关联结构)

148 师:他是怎么想的?(I-理解性问题,理解水平)

149 生$_{31}$:他想要填一个自己能跑出来的最快成绩。(R-前结构)

150 师:那 10 秒是不是他跑出来的?(I-理解性问题,理解水平)

151 生$_{32}$:是。(R-单点结构)

152 师:这在他跑出来的所有成绩中属于什么样的水平?(I-事实性问题,记忆水平)

153 生$_{32}$:最快的。(R-单点结构)

154 师:是他最快的水平,对不对?(F-重复式回音反馈)

155 师:把自己最快的水平填上去,万一老师叫他再跑一次,跑出来的可能性大不大?(I-事实性问题,记忆水平)

156 生$_齐$:不大。(R-单点结构)

157 师:那万一他跑不出来,老师会说他做了什么啊?(I)

158 生$_齐$:说谎。(R)

159 师:危险大不大?(I)

160 生$_齐$:大。(R)

161 师:把10秒报给老师了,万一跑不出来他会有什么感觉啊?(I)

162 生$_齐$:失望、尴尬、不好意思。(R)

163 师:同学们,你们猜,他接下去会填几? 他把15给擦了,他认为这是最慢的,他不想要。他又把10给擦了,这是最快的,他不太敢填。你们猜他最后会填几?(I-理解性问题,理解水平)

164 生$_{33}$:我猜应该是12。(R-单点结构)

165 师:你猜?(I-理解性问题,理解水平)

166 生$_{34}$:我猜他应该会填14。(R-单点结构)

167 师:你猜?(I-理解性问题,理解水平)

168 生$_{35}$:我也觉得应该是14。(R-单点结构)

169 师:你猜?(I-理解性问题,理解水平)

170 生$_{36}$:我觉得应该是13。(R-单点结构)

171 师:你猜?(I-理解性问题,理解水平)

172 生$_{37}$:我觉得应该是14,因为14秒是他最有把握的。(R-关联结构)

173 师:三种出来了,一种猜14,一种猜12,一种猜13。(F-整合式回音反馈Rv)

174 师:我想请你发表评论,你认为哪一个答案的可能性最大?(I-理解性问题,理解水平)

175 生$_{38}$:14的可能性最大。(R-单点结构)

176 师:他认为在所有的答案中,14的可能性是最大的。(F-重复式回音反馈)

177 师:理由是什么? 请说。(I-理解性问题,理解水平)

178 生₃₈：他跑 14 秒的次数是最多的。(R-多点结构)

179 师：跑 14 秒的次数是最多的。(F-重复式回音反馈)

180 师：跑了几次？(I-事实性问题,记忆水平)

181 生₃₈：两次。(R-单点结构)

182 师：其他都跑了几次？(I-事实性问题,记忆水平)

183 生₃₈：一次。(R-单点结构)

184 师：14 的次数最多,因此他应该填 14。(F-重复式回音反馈)

185 师：请坐下。你评论一下,你认为他应该填多少？(I-理解性问题,理解水平)

186 生₃₉：我也认为是 14。(R-单点结构)

187 师：你呢？(I-理解性问题,理解水平)

188 生₄₀：我也支持 14。(R-单点结构)

189 师：你呢？(I-理解性问题,理解水平)

190 生₄₁：我也支持 14。(R-单点结构)

191 师：现在大多数小朋友都选择了 14,理由是什么？(I-理解性问题,理解水平)

192 生₄₁：次数最多。(R-单点结构)

193 师：有不同的理由吗？有不同的说法吗？都认为 14 的可能性最大吗？你说。(I-理解性问题,理解水平)

194 生₄₂：我认为他可能填 13,因为 10 是最快的,而 15 是最慢的,我认为填的数字应该更适中,这样显得更谦虚。(R-关联结构)

195 师：你说。(I)

196 生₄₃：我觉得应该填 13,因为所有数字加起来是 65,一共有 5 个数,用 65 除以 5 等于 13。(R-多点结构)

【点评：学生通过计算进行推理,思维过程是"15＋14＋12＋10＋14＝65——65÷5＝13",熟练地运用了平均数的计算方法解答问题。思维方式是计算推理,思维水平是多点结构。】

197 生₄₄：我也认为是 13,因为比 13 小的是 12 和 10,13－12＝1,13－10＝3,1＋3＝4；而比 13 大的是 2 个 14 和 1 个 15,14－13＝1,1＋1＝2,15－13＝2,2＋2＝4。这两个结果是一样的。(R-关联结构)

198 师:还有谁要发表跟他们不一样的评论?你说。(I-理解性问题,理解水平)

199 生$_{45}$:我觉得应该是 12,因为虽然 13 是中等的,但是他不一定每次都只能跑到 13 秒,有可能会偏快一点,所以我感觉应该填 12。(R-多点结构)

200 师:请坐。有的人说 13 更适中,适中是什么意思?(I-理解性问题,理解水平)

201 生$_齐$:平均数。(R-单点结构)

202 师:你们又回到了四年级。我现在问大家,这个小朋友最后填了几?(I-理解性问题,理解水平)

203 生$_齐$:13。(R-单点结构)

204 师:错,他最后填了 12。(F)

205 师:知道他选择 12 的理由是什么吗?他为什么不选 13?他说 14 是什么?(I-理解性问题,理解水平)

206 生$_齐$:最多。(R-单点结构)

207 师:虽然最多,但这一个水平在他所有水平中还是偏——(I-理解性问题,理解水平)

208 生$_齐$:偏慢。(R-单点结构)

209 师:对了,同学们,他说 14 是所有水平中偏慢的一个水平。虽然最多,但偏慢。(F-重复式回音反馈)。

210 师:与其偏慢的话,不如来一个?(I-理解性问题,理解水平)

211 生$_齐$:偏快的。(R)

212 师:他跟你们的想法一模一样,哪个是偏快的?(I-事实性问题,记忆水平)

213 生$_齐$:12。(R-单点结构)

214 师:12 是偏快的。与其选择偏慢的,不如选一个偏快的,因此他选了 12。(F-改述式回音反馈)

215 师:你们能理解他吗?(I-事实性问题,记忆水平)

216 生$_齐$:理解。(R-单点结构)

217 师:理解什么?(I-理解性问题,理解水平)

218 生$_{46}$:理解 12 是偏快的。(R-单点结构)

219 师:12 是什么水平?(I-事实性问题,记忆水平)

220 生齐:一个偏快的水平。(R-单点结构)

221 师:14 是一个什么水平?(I-事实性问题,记忆水平)

222 生齐:偏慢的水平。(R-单点结构)

223 师:15 是什么水平?(I-事实性问题,记忆水平)

224 生齐:最慢的水平。(R-单点结构)

225 师:15 是一个最慢的水平,10 是一个最快的水平,14 是一个偏慢的水平。(F-整合式回音反馈)

226 师:12 是一个什么水平?(I-事实性问题,记忆水平)

227 生齐:偏快的水平。(R-单点结构)

228 师:哪一个是不快不慢的水平?(I-事实性问题,记忆水平)

229 生齐:13。(R-单点结构)

230 师:13 是一个不快不慢的水平。(F-重复式回音反馈)

231 师:图中的小朋友他知道吗?他知道 14 偏慢、12 偏快,那他知不知道 13 不快不慢啊?(I-事实性问题,记忆水平)

232 生齐:知道。(R-单点结构)

233 师:既然他知道 13 是不快不慢的水平,那为什么他不选 13?(I-理解性问题,理解水平)

234 生47:不知道。(R-单点结构)

235 师:如果是你的话,会不会选13?(I-理解性问题,理解水平)

236 生47:不会。(R-单点结构)

237 师:你呢?(I-理解性问题,理解水平)

238 生48:我也不会选 13。(R-单点结构)

239 师:大家发现没有,不选 13 的人可多了。(F-整合式回音反馈)

240 师:为什么你不选13?(I-理解性问题,理解水平)

241 生48:我觉得他是二年级的,没学过平均数。(R-单点结构)

242 师:你认为他是二年级的,根本想不到 13 是不快不慢的水平。(F-重复式回音反馈)

243 师:我们再来一遍。14 是偏慢的,他想到没有?(I-事实性问题,记忆水平)

244 生齐:想到了。(R-单点结构)

245 师:12 是偏快的,他想到没有?(I-事实性问题,记忆水平)

246 生齐:想到了。(R-单点结构)

247 师:那么他能不能想到 13 是不快不慢的?(I-事实性问题,记忆水平)

248 生齐:能。(R-单点结构)

249 师:12 偏快、14 偏慢,而 13 在它们的中间,正好是不快不慢的水平。(F-整合式回音反馈)

250 师:那么这个 13 是不是他求出来的?(I-事实性问题,记忆水平)

251 生齐:不是。(R-单点结构)

252 师:他是根据 12 偏快、14 偏慢,中间的 13 肯定不快不慢想到的。既然他能想到,为什么不选择 13 呢?你说。(I-理解性问题,理解水平)

253 生$_{49}$:因为他认为他是可以跑 12 秒的,而 13 秒有点多了。(R-多点结构)

254 师:他为什么不选 13?你说。(I-理解性问题,理解水平)

255 生$_{50}$:因为他认为他曾经跑出过 12 秒,但是 13 秒他并没有跑到过,所以说他可能觉得选 12 更保险。(R-多点结构)

256 师:为什么他不选 13?还有其他说法吗?(I-理解性问题,理解水平)

257 生$_{51}$:他不选 13,可能是因为他想选一个比较快的成绩。(R-单点结构)

258 师:他想选一个比较快的成绩。(F-重复式回音反馈)

259 师:还有谁有不同的说法?(I-理解性问题,理解水平)

260 生$_{52}$:我认为他应该是觉得他跑的五次里面没有 13 秒这个成绩。(R-多点结构)

261 师:这是你的真实想法吗?这位同学一直是不支持选 13 的。(F-重复式回音反馈)

262 师:同学们,你们觉得哪位同学的想法与这位二年级小朋友的想法比较吻合?你说。(I-理解性问题,理解水平)

263 生$_{53}$:我觉得应该是他跑了五次都没有跑到 13 秒,所以他没有选 13。(R-多点结构)

264 师:他跑了五次,里面有没有 13 秒的成绩?(I-事实性问题,记忆水平)

265 生$_{53}$:没有。(R-单点结构)

266 师:这个 13 有没有跑出来过?(I-事实性问题,记忆水平)

267 生$_{53}$:没有。(R-单点结构)

268 师:没有跑出来过。(F-重复式回音反馈)

269 师:大家发现没有?尽管13代表他不快不慢的水平,可是他有没有跑出来过?(I-事实性问题,记忆水平)

270 生$_齐$:没有。(R-单点结构)

271 师:尽管他知道13能代表自己的水平,但是13怎么样啊?(I-事实性问题,记忆水平)

272 生$_齐$:没有跑出来过。(R-单点结构)

273 师:他敢填吗?(I)

274 生$_齐$:不敢。(R)

275 师:填了会有什么后果?(I)

276 生$_{54}$:不好意思。(R)

277 师:填了会有什么后果?(I)

278 生$_{55}$:会觉得不好意思。(R)

279 师:填了会有什么后果?(I)

280 生$_{56}$:觉得自己在撒谎。(R)

281 师:有没有一种撒谎的感觉?(I)

282 生$_{57}$:有。(R)

283 师:你同意吗?(I)

284 生$_{58}$:同意。(R)

285 师:你同意吗?(I)

286 生$_{59}$:同意。(R)

287 师:你同意吗?(I)

288 生$_{60}$:同意。(R)

289 师:你同意吗?(I)

290 生$_{61}$:同意。(R)

291 师:填13是在干什么?(I)

292 生$_{62}$:撒谎。(R)

293 师:填13是在撒谎,老师教导我们要怎样?(I)

294 生$_{62}$:诚实。(R)

295 师:那13能填吗?(I)

296 生$_{63}$:不能。(R)

297 师:能填吗?(I)

298 生$_{64}$：不能。（R）

299 师：你愿意填吗？（I）

300 生$_{65}$：不愿意。（R）

301 师：我们谁都不敢填，是不是啊？（F-整合式回音反馈）

302 师：结果这个小朋友填了几？（I-事实性问题，记忆水平）

303 生齐：12。（R-单点结构）

304 师：他填了 12。（F-重复式回音反馈）

305 师：我跟这个小朋友说，你填 13 是最保险的。他说我知道，可是老师，我怎么能骗人呢？他的想法跟你们一样吗？（I-事实性问题，记忆水平）

306 生$_{66}$：一样。（R-单点结构）

307 师：一样吗？（I-事实性问题，记忆水平）

308 生$_{67}$：一样。（R-单点结构）

309 师：完全一样。（F-重复式回音反馈）

310 师：好，同学们，现在我们来看一下这 5 个数字。15 这个数字代表他的什么水平？（I-理解性问题，理解水平）

311 生齐：最慢的水平。（R-单点结构）

312 师：最慢的水平。（F-重复式回音反馈）

313 师：这个 10 代表什么水平呢？（I-理解性问题，理解水平）

314 生齐：最快。（R-单点结构）

315 师：这个 14 代表什么水平呢？（I-理解性问题，理解水平）

316 生齐：偏慢。（R-单点结构）

317 师：这个 12 代表什么水平呢？（I-理解性问题，理解水平）

318 生齐：偏快。（R-单点结构）

319 师：13 代表什么水平呢？（I-理解性问题，理解水平）

320 生齐：不快不慢。（R-单点结构）

321 师：不快不慢，也就是什么水平？（I-事实性问题，记忆水平）

322 生齐：中等。（R-单点结构）

323 师：什么水平？（板书：真实水平）(I-事实性问题，记忆水平)

324 生齐：真实水平。（R-单点结构）

325 师：好，可是 13 能填吗？（I）

326 生齐：不能。（R）

327 师:为什么?(I-理解性问题,理解水平)

328 生$_{齐}$:他没有跑出来过。(R-单点结构)

329 师:没有跑出来过。(F-重复式回音反馈)

330 师:好,同学们,这5个数字当中,你觉得哪个数字最特别?(I-理解性问题,理解水平)

331 生$_{68}$:我觉得13最特别。(R-单点结构)

332 师:13最特别。(F-重复式回音反馈)

333 师:你认为呢?(I-理解性问题,理解水平)

334 生$_{69}$:我觉得10最特别。(R-单点结构)

335 师:10最特别。(F-重复式回音反馈)

336 师:你认为呢?(I-理解性问题,理解水平)

337 生$_{70}$:我认为13最特别。(R-单点结构)

338 师:13最特别。(F-重复式回音反馈)

339 师:你认为呢?(I-理解性问题,理解水平)

340 生$_{71}$:我也认为13最特别。(R-单点结构)

341 师:13最特别。(F-重复式回音反馈)

342 师:你认为呢?(I-理解性问题,理解水平)

343 生$_{72}$:我认为14最特别。(R-单点结构)

344 师:14最特别。(F-重复式回音反馈)

345 师:大家发现没有?每个数字都有它的特别之处,每个数字都很特别。在所有数字当中,哪个数字最特别?(I-理解性问题,理解水平)

346 生$_{73}$:我觉得14最特别。(R-单点结构)

347 师:理由呢?(I-理解性问题,理解水平)

348 生$_{73}$:因为14在这5个数字当中出现过两次。(R-多点结构)

349 师:出现次数最多。(F-改述式回音反馈)

350 师:你认为呢?(I-理解性问题,理解水平)

351 生$_{74}$:我认为13最特别。(R-单点结构)

352 师:理由呢?(I-理解性问题,理解水平)

353 生$_{74}$:因为它是平均数。(R-单点结构)

354 师:你是四(3)班的,我们是二(3)班的,你回去吧。(F-批评性反馈)

355 师:大家说,13有几个特别之处?(I-事实性问题,记忆水平)

356 生齐：两个。(R-多点结构)

357 师：它有两个特别之处，第一个是代表这个小朋友的真实水平，第二个是没有跑出来过。所以13是这组数字当中最特别的一个数。(F-整合式＋扩展式回音反馈)

358 师：13很特别，这么一个特别的数叫什么数？(I-事实性问题，记忆水平)

359 生齐：平均数。(R-单点结构)

活动3　遵循规律，激发潜能

（一）教材呈现

教材呈现如图3-16所示。

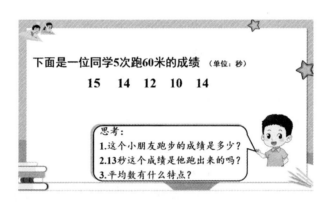

图3-16　教材呈现3

（二）教学要点

(1)提问设计：反复挖坑，强化学生对平均数虚拟性的理解。

(2)学习方式：学生在辩论中加深对平均数的两个本质特征的理解。

(3)教学方法：教师通过持续追问，引发学生思维的发散。

（三）实录话轮标记

360 师：我们回到四(3)班，请问这个13能填吗？(I-理解性问题，理解水平)

361 生$_{75}$：不能。(R-单点结构)

362 生$_{76}$：能。(R-单点结构)

363 师:请问13能填吗?(I-理解性问题,理解水平)

364 生$_{77}$:能。(R-单点结构)

365 师:能填。(F-重复式回音反馈)

366 师:你撒谎了吗?(I-事实性问题,记忆水平)

367 生$_{78}$:没有。(R-单点结构)

368 师:为什么没有撒谎?(I-理解性问题,理解水平)

369 生$_{78}$:因为我们回到了四(3)班,知道了平均数。(R-多点结构)

370 师:这样就不算撒谎了。(F-重复式回音反馈)

371 师:你跑过没有?(I-事实性问题,记忆水平)

372 生$_{78}$:没有。(R-单点结构)

373 师:没跑过。(F-重复式回音反馈)

374 师:那你还敢填?(I-理解性问题,理解水平)

375 生$_{78}$:这是平均数,所以敢填。(R-多点结构)

376 师:你是这样想的。(F-重复式回音反馈)

377 师:你呢?(I-理解性问题,理解水平)

378 生$_{79}$:因为用算平均数的方法算出来就是13,所以我敢填。(R-多点结构)

379 师:可是你没跑出来过啊?(I-理解性问题,理解水平)

380 生$_{79}$:但那是我的真实水平。(R-多点结构)

381 师:是啊,那是真实水平。(F-重复式回音反馈)

382 生$_{79}$:所有时间加起来再除以数量就等于13。(R-多点结构)

383 师:那应该填13吗?(I)

384 生$_{79}$:对啊。(R)

385 师:那不是无中生有吗?(I)

386 生$_齐$:不是,是真实水平。(R)

387 师:大家发现没有,我们回到四年级了,知道13是怎么来的了。先把这5个数加起来,然后呢?(I-理解性问题,理解水平)

388 生$_齐$:再除以5。(R-单点结构)

389 师:等于几?(I-事实性问题,记忆水平)

390 生$_齐$:13。(R-单点结构)

391 师:除了这样还可以怎么做啊?(I-理解性问题,理解水平)

392 生$_{80}$：摆一摆。（R-单点结构）

393 师：谁教的？（I）

394 生$_{80}$：老师。（R）

395 师：都是老师教的是吧？（F-重复式回音反馈）

396 师：现在问题来了，你怎么说服这个二年级的小朋友，让他敢填 13？下面老师扮演这位小朋友，请大家来说服我。（I-方法性问题，方法水平）

397 生$_{80}$：因为 13 秒是这些成绩当中不快不慢的一个，也代表你最真实的水平。（R-关联结构）

398 师：可是我没跑出来过啊！（I-理解性问题，理解水平）

399 生$_{80}$：我们可以用摆图的方法告诉你，这个水平是你比较真实的水平，所以你可以填。（R-拓展结构）

400 师：我知道 13 不快不慢，代表我的真实水平，我已经知道了。（F-重复式回音反馈）

401 师：可是我没跑出来过，这不是撒谎吗？（I）

402 生$_{80}$：不是啊。（R）

403 师：谁来说服我啊？（I-理解性问题，理解水平）

404 生$_{81}$：你只要跑一次试试，就知道可不可以得到这个成绩了。（R-关联结构）

405 师：你让我再跑一次吗？（F-改述式回音反馈）

406 师：这位同学，你说。（I-理解性问题，理解水平）

407 生$_{82}$：我认为这个成绩就是你的真实水平，在你所有成绩当中属于中等水平。（R-关联结构）

408 师：你说。（I-理解性问题，理解水平）

409 生$_{83}$：如果你继续跑下去的话，我认为 13 秒的出现次数会是最多的，所以我认为你可以填 13。（R-关联结构）

410 师：三位同学中有两位同学的想法是一样的，是吧？（F-整合式回音反馈）。

411 师：都是让我跑第几次啊？（I-事实性问题，记忆水平）

412 生$_{齐}$：第六次。（R-单点结构）

413 师：让我跑第六次。（F-重复式回音反馈）

414 师:同学们,我第六次有没有可能跑出 13 秒的成绩?(I-假设性问题,分析水平)

415 生齐:有。(R-单点结构)

416 师:可能性大不大?(I-理解性问题,理解水平)

417 生齐:大。(R-单点结构)

418 师:第七次跑,跑 13 秒的可能性大不大?(I-理解性问题,理解水平)

419 生齐:大。(R-单点结构)

420 师:你们觉得我有没有可能跑出 13 秒?(I-理解性问题,理解水平)

421 生齐:有可能!(R-单点结构)

422 师:就是我虽然没有跑过 13 秒,但确实能够跑出来。(F-改述式回音反馈)

423 师:是不是啊?(I-理解性问题,理解水平)

424 生齐:是!(R-单点结构)

425 师:因为它代表了我的——(I-事实性问题,记忆水平)

426 生齐:真实水平。(R-单点结构)

427 师:这样讲我能接受吗?(I-事实性问题,记忆水平)

428 生齐:能。(R-单点结构)

429 师:这个说法跟说平均数可以填的说法相比,你认为哪个说法比较好?(I-理解性问题,理解水平)

430 生$_{84}$:这个说法。(R-单点结构)

431 师:对,他的说法就是真实的说法。(F-改述式回音反馈)

432 师:好,同学们,我们今天把平均数讲完了。最后我想问你们一个问题,这堂课听老师讲平均数跟你们以前学习平均数有什么不一样?(I-理解性问题,理解水平)

433 生$_{85}$:以前我是自学的,感觉很枯燥;而老师讲得非常幽默,让我一下子就明白了。(R-关联结构)

434 生$_{86}$:以前老师讲平均数的时候,就是直接给出公式,让我们记住;这节课老师用幽默的语言让我们懂得了平均数是怎么来的,不用背,也不用记。(R-关联结构)

435 生$_{87}$:之前都是老师和家长告诉我们平均数是什么,但并没有结合生活中的知识来帮助我们更深入地理解平均数。今天我们在这堂课上学到了结合生活中

的知识来理解平均数,这样能让我们更好地记住知识点。(R-关联结构)

436 生₈₈:我觉得以前老师教我们的时候都会出很多道题目,而且每道题目都讲得很快。但是今天这堂课,老师用一道题目就让我们学懂了很多知识。(R-关联结构)

437 师:这四位同学分析了今天这节课学平均数的方法和以前学习方法的差别,你们还有没有不同的想法?(I-理解性问题,理解水平)

438 生₈₉:没有。(R-单点结构)

439 师:谁能总结一下他们的话?(I-事实性问题,记忆水平)

440 生₉₀:他们说,以前的课堂是枯燥的,只是让我们记住公式,而今天的课堂很有趣,用一道题目就让我们懂得了平均数。(R-关联结构)

441 生₉₁:他们说,这堂课上,老师是以契合我们生活实际的方式来让我们懂得什么是平均数的,而不是让我们背公式和拼命地做题目。(R-关联结构)

442 师:同学们,以前我们学的是怎么求平均数,而今天这节课我们懂得了什么是平均数。(F-整合式回音反馈)

443 师:现在把老师教的跟你们以前学的结合起来,你们就既懂得了什么叫平均数,又懂得了怎么求平均数,完整了没有?(I-事实性问题,记忆水平)

444 生齐:完整了。(R-单点结构)

第三部分 教 学 研 究

本课例教学研究采用定量研究与定性研究相结合的方式,利用 SOLO 分类理论进行学生思维表现性评价,并与教师提问类型、教学反馈方式、课堂话语结构等因素进行数据关联;通过典型案例分析,探索名师的提问艺术、反馈方式、课堂话语结构与学生思维发展之间的关系,及其所体现的新课程 2.0 的理念。

一、素养导向:教学效果评量

"思维发展"是一节课教学效果的显著标志。本课例研究运用"小学生思维 SOLO 表现性评价量表"对本节课学生应答进行思维水平评价,统计数据如表 3-21 所示。

第三章 典型案例

表 3-21 学生思维水平 SOLO 评价统计

思维水平	低阶思维			高阶思维	
思维层次	前结构	单点结构	多点结构	关联结构	拓展结构
话轮编号	24、149	2、4、7、10、12、17、19、21、27、29、31、33、35、37、39、42、44、46、49、54、56、58、60、67、69、72、75、86、88、90、93、95、97、99、101、103、105、107、109、112、114、116、122、126、129、133、135、137、140、151、153、156、164、166、168、170、175、181、183、186、188、190、192、201、203、206、208、213、216、218、220、222、224、227、229、232、234、236、238、241、244、246、248、251、257、265、267、270、272、303、306、308、311、314、316、318、320、322、324、328、331、334、337、340、343、346、351、353、359、361、362、364、367、372、388、390、392、412、415、417、419、421、424、426、428、430、438、444	14、65、143、178、196、199、253、255、260、263、348、356、369、375、378、380、382	131、145、147、172、194、197、397、404、407、409、433、434、435、436、440、441	399
频次	2	128	17	16	1
百分比	1.2%	78.0%	10.4%	9.8%	0.6%
合计	89.6%			10.4%	

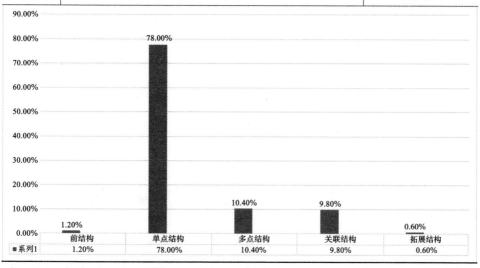

统计数据说明：

本节课高阶思维与低阶思维的比例是1∶8.6,虽然引发学生高阶思维的次数只有17次,但是综合语文、数学、音乐、科学等学科的案例研究情况来看,学生的思维发展已经达到一个较高的水平。本节课有一个特殊的背景:学生之前已经通过各种途径学过平均数,而俞正强老师想让学生回到没有学的状态,去探索平均数的意义。特别是本节课后半段——学生在"移多补少"的过程中,思维水平从低阶思维逐渐过渡到高阶思维。

二、规矩方圆:名师教学艺术研究

(一)课堂提问艺术

1. 核心问题 & 教学内容

本节课核心问题及对应的教学内容如表3-22所示。

表3-22 核心问题及对应的教学内容

核心问题	话轮编号	教学内容
大家发现没有?尽管13代表他不快不慢的水平,可是他有没有跑出来过?	269	1. 平均数代表一组数据的整体水平; 2. 平均数既可能在一组数据中出现,也可能是一个虚拟的数
你们觉得我有没有可能跑出13秒?	420	强化平均数的虚拟性

2. 问题类型 & 高阶思维

本节课的问题类型及引发高阶思维的频数如表 3-23 所示。

表 3-23 问题类型 & 高阶思维

问题类型	事实性问题（记忆水平）	理解性问题（理解水平）	方法性问题（应用水平）	假设性问题（分析水平）	溯源性问题（创造水平）	合计
话轮编号	1、3、6、9、11、13、16、18、23、26、28、30、32、34、38、41、43、45、51、53、66、68、71、74、85、87、89、92、94、96、98、100、102、104、106、108、113、115、121、125、128、132、134、136、152、155、180、182、212、215、219、221、223、226、228、231、243、245、247、250、264、266、269、271、302、305、307、321、323、355、358、366、371、389、411、425、427、439、443	20、36、48、111、130、139、142、144、146、148、150、163、165、167、169、171、174、177、185、187、189、191、193、198、200、202、205、207、210、217、233、235、237、240、252、254、256、259、262、310、313、315、317、319、327、330、333、336、339、342、345、347、350、352、360、363、368、374、377、379、387、391、398、403、406、408、416、418、420、423、429、432、437	55、57、59、64、396	414		
数量	79	73	5	1	0	158
百分比	50%	46.2%	3.16%	0.63%	0%	100%
引发学生高阶思维（频数）	2	14	1	0	0	17

(1) 数据统计说明。

统计结果表明:本课教学中,教师常用的提问类型是事实性问题(记忆水平),主要教学功能是引导学生在各种关于平均数的简单提问中进行进一步的概括,让学生理解平均数的概念。

(2) 数据关联分析。

①理解性问题 & 高阶思维(见表3-24)。

表3-24　理解性问题 & 高阶思维

理解性问题分类	话轮编号	引发高阶思维次数
你怎么想到去了解平均数的?	20、36	无
为什么要算平均数啊?平均数有什么用?	48	无
小朋友向老师报告自己的跑步水平时会填多少秒?他是怎么想的?	111、130、139、142、144、146、148、150、163、165、167、169、171、174、177、185、187、189、191、193、198、200、202	5
知道他选择12的理由是什么吗?他为什么不选13?他说14是什么?	205、207、210、217、233、235、237、240、252、254、256、259、262、310、313、315、317、319、327	无
这5个数字当中,你觉得哪个数字最特别?	330、333、336、339、342、345、347、350、352	无
请问这个13能填吗?	360、363、368、374、377、379、387、391、398、403、406、408	5
跑13秒的可能性大不大?这堂课听老师讲平均数跟你们以前学习平均数有什么不一样?	416、418、420、423、429、432、437	4

【案例分析】

193 师:有不同的理由吗?有不同的说法吗?都认为14可能性最大吗?

……

197 生$_{44}$:我也认为是13,因为比13小的是12和10,13−12=1,13−10=3,1+3=4;而比13大的是2个14和1个15,14−13=1,1+1=2,15−13=2,2+2=4。这两个结果是一样的。

针对教师的问题,学生运用"移多补少"的思想开展了一系列思维活动:

第一次推理是"补少"。学生观察跑步成绩表,通过比较发现比 13 小的数有 12 和 10(一步推理);然后通过计算 13－12＝1,13－10＝3,得出 1＋3＝4(两步推理)。

第二次推理是"移多"。学生观察跑步成绩表,通过比较发现比 13 大的数有 2 个 14 和 1 个 15(一步推理);然后通过计算 14－13＝1,1＋1＝2,15－13＝2,得出 2＋2＝4(两步推理)。

通过前面"补少移多"的两次推理,得出结论:将表格中的数以 13 为标准进行移多补少,移和补的数都是 4,所以平均数是 13。

这个推理过程的思维操作是复杂推理,思维水平是关联结构。

②方法性问题 & 高阶思维(见表 3-25)。

表 3-25 方法性问题 & 高阶思维

方法性问题分类	话轮编号	引发高阶思维次数
怎么说服这个二年级的小朋友,让他敢填 13？	396	1
你们那么多人都已经学过了,我该怎么办呢？	55、57、59、64	无

【案例分析】

396 师:现在问题来了,你怎么说服这个二年级的小朋友,让他敢填 13？下面老师扮演这位小朋友,请大家来说服我。

学生针对教师的问题,运用各种推理方法开展了一系列思维活动,如表 3-26 所示。

表 3-26 学生的思维活动

推理的环节	推理的过程
第一次推理:归纳（一步推理）	比 13 小的有 12 和 10,比 13 大的有 14 和 15,13 是这些数当中不快不慢的一个
第二次推理:假言（一步推理）	虽然 13 这个成绩没有出现,但也代表你最真实的水平
结论	所以填 13 不算撒谎
	13 代表真实的水平

学生在"不快不慢"与"真实"之间建立了意义关联,思维操作是复杂推理,思维水平是关联结构。

（二）教学反馈艺术

教学反馈统计如表 3-27 所示。

表 3-27 教学反馈统计

教学反馈类型	对错反馈	表扬批评	指导性反馈	回音反馈				组合使用	合计
				重复	整合	改述	扩展		
话轮编号	110、141	138、354		5、8、15、50、52、63、70、73、78、120、127、154、176、179、184、209、230、242、258、261、268、304、309、312、329、332、335、338、341、344、365、370、373、376、381、395、400、413	25、40、47、173、225、239、249、301、410、442	22、117、214、349、405、422、431		357	
频数	2	2	0	38	10	7	0	1	60
百分比	3.33%	3.33%	0%	63.33%	16.67%	11.67%	0%	1.67%	100%
合计		6.66%			91.67%			1.67%	

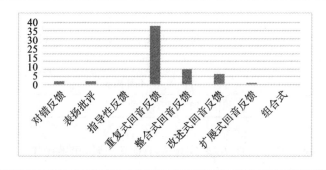

统计数据表明,本课教学中运用了 6 种反馈方式,其中基本反馈方式占 6.66%,回音反馈占 91.67%。高阶思维主要是由重复式回音反馈引发的。

(三)课堂话语 & 高阶思维

课堂话语分类及引发的高阶思维如表 3-28 所示。

表 3-28 课堂话语 & 高阶思维

课堂话语类型	IRF 基本式	IRF 缺省式(IR)	IRF 增强式	Rv 回音式	合计
话轮编号	3~5、6~8、23~25、48~50、51~52、68~70、71~73、118~120、139~141、240~242、302~304、310~312、371~373	1~2、64~65、66~67、155~156、157~158、159~160、161~162、443~444	9~15、16~22、26~40、41~47、53~63、74~78、79~110、111~117、121~127、128~138、142~154、163~173、185~204、205~230、231~239、243~301、305~309、313~329、330~344、345~359、360~365、366~370、432~442	174~184、374~395、396~422、423~431	
频数	13	8	23	4	48
百分比	27.1%	16.7%	47.9%	8.3%	100%
高阶思维(频数)	0	0	12	5	17

1. 数据统计说明

本课教学话语中,IRF 基本式出现的频次是 13,占总数的 27.1%;IRF 缺省式出现的频次是 8,占总数的 16.7%;IRF 增强式出现的频次是 23,占总数的 47.9%;Rv 回音式出现的频次是 4,占总数的 8.3%。从数据上来看,教师更倾向于运用 IRF 基本式和 IRF 增强式的话语,其中 IRF 增强式和 Rv 回音式引发了学生的高阶思维。

2. 数据关联分析

(1) IRF 增强式话语 & 高阶思维。

①IRF 增强式话语分类如表 3-29 所示。

表 3-29 IRF 增强式话语 & 高阶思维

IRF 增强式话语分类	话 轮 编 号	引发高阶思维
多应答对话	41~47、74~78、163~173、305~309、360~365	163~173
多反馈对话	9~15、16~22、53~63、121~127、231~239、330~344、345~359、432~442	432~442
多追问对话	26~40、79~110、111~117、128~138、142~154、185~204、205~230、243~301、313~329、366~370	128~138、142~154、185~204

②相关教学片段及互动分析如表 3-30 所示。

表 3-30 教学片段及互动分析 1

话轮	会 话	互动分析							
		师	生$_{39}$	生$_{40}$	生$_{41}$	生$_{42}$	生$_{43}$	生$_{44}$	生$_{45}$	生齐
185	师：请坐下。你评论一下,你认为他应该填多少?	I							
186	生$_{39}$：我也认为是 14。		R						
187	师：你呢?	I							
188	生$_{40}$：我也支持 14。			R					
189	师：你呢?	I							
190	生$_{41}$：我也支持 14。				R				
191	师：现在大多数小朋友都选择了 14,理由是什么?	I							
192	生$_{41}$：次数最多。				R				
193	师：有不同的理由吗?有不同的说法吗?都认为 14 的可能性最大吗?你说。	I							
194	生$_{42}$：我认为他可能填 13,因为 10 是最快的,而 15 是最慢的,我认为填的数字应该更适中,这样显得更谦虚。					R			
195	师：你说。	I							
196	生$_{43}$：我觉得应该填 13,因为所有数字加起来是 65,一共有 5 个数,用 65 除以 5 等于 13。						R		

续表

话轮	会　话	互动分析							
		师	生$_{39}$	生$_{40}$	生$_{41}$	生$_{42}$	生$_{43}$	生$_{44}$	生$_{45}$	生$_{齐}$
197	生$_{44}$:我也认为是13,因为比13小的是12和10,13−12=1,13−10=3,1·3=4;而比13大的是2个14和1个15,14−13=1,1·1=2,15−13=2,2·2=4。这两个结果是一样的。							R		
198	师:还有谁要发表跟他们不一样的评论?你说。	I								
199	生$_{45}$:我觉得应该是12,因为虽然13是中等的,但是他不一定每次都只能跑到13秒,有可能会偏快一点,所以我感觉应该是12。								R	
200	师:请坐。有的人说13更适中,适中是什么意思?	I								
201	生$_{齐}$:平均数。									R
202	师:你们又回到了四年级。我现在问大家,这个小朋友最后填了几?	I								
203	生$_{齐}$:13。									R
204	师:错,他最后填了12。	F								

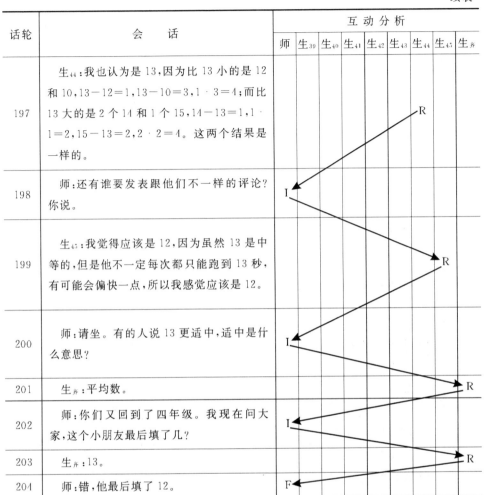

学生以问题"有不同的说法吗"为线索,提取信息进行逻辑推理,其思维过程如下:10是最快的,15是最慢的——填写适中的数字显得更谦虚一点——10、14、12、15这几个数字中,13处于中间的位置——所以应该填13。这显然是一个三步的复杂推理,思维水平是关联结构。

教师通过追问多名学生对成绩填写的猜测和让其陈述理由,一步步引导学生更好地理解平均数的本质,学生应答的思维水平达到了关联结构。

(2) Rv回音式话语 & 高阶思维。

Rv回音式话语中,引发高阶思维的是话轮396～422。相关的教学片段及互动分析如表3-31所示。

表 3-31　教学片段及互动分析 2

话轮	会　话	互动分析					
		师	生$_{80}$	生$_{81}$	生$_{82}$	生$_{83}$	生$_齐$
396	师:现在问题来了,你怎么说服这个二年级的小朋友,让他敢填 13?	I					
397	生$_{80}$:因为 13 是这些数当中不快不慢的一个,也代表你最真实的水平。		R				
398	师:可是我没跑出来过啊!	I					
399	生$_{80}$:我们可以用摆图的方法告诉你,这个水平是你比较真实的水平,所以你可以填。		R				
400	师:我知道 13 不快不慢,代表我的真实水平,我已经知道了。	F					
401	师:可是我没跑出来过,这不是撒谎吗?	I					
402	生$_{80}$:不是啊。		R				
403	师:谁来说服我啊?	I					
404	生$_{81}$:你只要跑一次试试,就知道可不可以得到这个成绩了。			R			
405	师:你让我再跑一次吗?	F					
406	师:这位同学,你说。	I					
407	生$_{82}$:我认为这个成绩就是你的真实水平,在你所有成绩当中属于中等水平。				R		
408	师:你说。	I					
409	生$_{83}$:如果你继续跑下去的话,我认为 13 秒的出现次数会是最多的,所以我认为你可以填 13。					R	
410	师:三位同学中有两位同学的想法是一样的,是吧?	F					
411	师:都是让我跑第几次啊?	I					
412	生$_齐$:第六次。						R
413	师:让我跑第六次。	F					
414	师:同学们,我第六次有没有可能跑出 13 秒的成绩?	I					
415	生$_齐$:有。						R
416	师:可能性大不大?	I					

续表

话轮	会　话	互动分析					
		师	生80	生81	生82	生83	生齐
417	生齐：大。						R
418	师：第七次跑，跑13秒的可能性大不大？	I					
419	生齐：大。						R
420	师：你们觉得我有没有可能跑出13秒？	I					
421	生齐：有可能！						R
422	师：就是我虽然没有跑过13秒，但确实能够跑出来。	F					

在教师发起问题之后，学生进行推理，体会到13秒虽然不是跑出来的真实成绩，但实际上是可以跑出来的，在思维水平上达到了"多点结构"。教师发现了学生的思维缺陷，在反馈中运用了回音式话语，对学生的话进行了"改述"，通过替换词语的方式让学生理解"真实水平""可能性大"和"平均数"的关系。

在教师的提问、引导、假设下，学生不断地思考，想办法帮助教师扮演的小朋友理解平均数的含义，学生的思维水平达到了多点结构，从而很好地理解了平均数的含义。

三、白璧微瑕：名师教学批评

通过前面的数据建构与对课堂实录的进一步分析可知，《平均数》一课的教学还存在一定的改进空间。

（一）课堂提问中，事实性问题过多

本课的事实性问题如表3-32所示。

表3-32　事实性问题统计

事实性问题分类	话轮编号	引发高阶思维
你是在哪里知道平均数这个知识的？（了解学生对平均数的认知）	1、3、6、9、11、13、16、18、23、26、28、30、32、34、38、41、43、45、51、53、66、68	无
分析小朋友5次跑步的具体情况	71、74、85、87、89、92、94、96、98、100、102、104、106、108	无
60米通常跑多少秒？	113、115、121、125、128、132、134、136、152、155	131

续表

事实性问题分类	话轮编号	引发高阶思维
分析哪一个答案的可能性最大	180、182、212、215、219、221、223、226、228、231、243、245、247、250、264、266、269、271、302、305、307	无
分析5个数(10、12、13、14、15)分别代表什么水平	321、323、355、358	无
平均数的特点和求法	366、371、389、411、425、427	无
这节课学习平均数和之前学习平均数的区别	439、443	440

1. 数据统计说明

79个事实性问题中,引发学生高阶思维的次数只有2次,大量的事实性问题并没有引发学生的高阶思维。

2. 典型案例分析

话轮1~67的授课内容如图3-17所示。

从话轮1~67中,我们知道俞老师授课班级的学生大多已通过各种途径学过平均数,在前22个话轮中,教师已基本了解情况,只需要继续问学生"平均数的作用"就可以了。但教师在生$_6$(第24个话轮)回答不出来的时候,便向学生"妥协"了,继续追问"从哪里知道平均数的"这个问题,直到第52个话轮结束,花费时间共计10分钟,这是一种明知故问的"假教"与"假学",在公开课中常见。

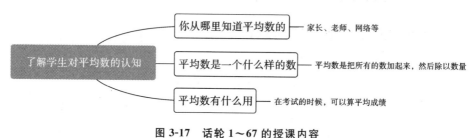

图3-17 话轮1~67的授课内容

3. 教学改进建议

教师在了解学情后,应与学生商量教与学的新方法,让教有所改、学有所获,既体现以学定教,又体现教学的民主。

(二)课堂反馈中,重复式回音反馈过多

1. 数据统计说明

38个重复式回音反馈中,引发学生高阶思维的次数只有3次(话轮184、395、

400),大量的重复式回音反馈并没有引发学生的高阶思维。

2. 典型案例分析

330 师:好,同学们,这 5 个数字当中,你觉得哪个数字最特别?(I-理解性问题,理解水平)

331 生$_{68}$:我觉得 13 最特别。(R-单点结构)

332 师:13 最特别。(F-重复式回音反馈)

333 师:你认为呢?(I-理解性问题,理解水平)

334 生$_{69}$:我觉得 10 最特别。(R-单点结构)

335 师:10 最特别。(F-重复式回音反馈)

336 师:你认为呢?(I-理解性问题,理解水平)

337 生$_{70}$:我认为 13 最特别。(R-单点结构)

338 师:13 最特别。(F-重复式回音反馈)

339 师:你认为呢?(I-理解性问题,理解水平)

340 生$_{71}$:我也认为 13 最特别。(R-单点结构)

341 师:13 最特别。(F-重复式回音反馈)

342 师:你认为呢?(I-理解性问题,理解水平)

343 生$_{72}$:我认为 14 最特别。(R-单点结构)

344 师:14 最特别。(F-重复式回音反馈)

在分析哪一个数字比较特别时,教师连续五次使用重复式回音反馈,使用频率过高,而且没有引发学生的高阶思维。

3. 教学改进建议

对于同一问题,教师可以先听完所有学生的发言,再统一进行反馈,这样可以提高课堂的教学效率,不会有过多的无用对话。

四、滴水窥海:学科专题研究

(一)专题名称:

创设"道德冲突"促进学生数学思考的策略。

(二)核心概念

1. 道德冲突

"道德冲突"是指在特定情境下,个体面临两种或两种以上道德原则、价值观念、行为准则的冲突,需要在其中做出选择的情况。在不同的文化、社会、历史背景下,道德冲突的表现形式和解决方式可能存在差异。道德冲突常常需要面对复杂的伦理和道德问题,对于个体和社会都具有重要的意义。

2. 认知冲突

"认知冲突"是指认知发展过程中原有认知结构与现实情境不符时在心理上所产生的矛盾或冲突。面对新知识或新问题,学习者能利用已有知识经验去解决时,心理上处于一种平衡状态。一旦学习者发现用已有的知识经验无法解决问题,或新知识与已有知识经验不一致,认知冲突就产生了。认知冲突可能会引发个体的认知失调或认知不安,也可能促使个体进行认知调整、升级或创新。在当今信息爆炸的时代,认知冲突是一种常见的现象,对于个体的思维、学习和发展都具有重要的影响。

3. 数学思考

在数学课程标准中,"数学思考"指的是学生基于数学知识和技能,运用逻辑思维、创新思维和批判性思维等能力,解决数学问题、探究数学规律、发现数学美感的过程。具体包括:理解数学概念和定义,分析和比较不同数学对象之间的关系,运用数学方法和策略解决问题,构建和验证数学模型,表达和沟通数学思想和结论等。通过数学思考,学生不仅能够掌握数学知识和技能,还能够培养创新意识、批判性思维和数学素养,为其终身学习和发展打下坚实的基础。

(三) 课标链接

(1) 统计与概率是义务教育阶段数学学习的重要领域之一,在小学阶段包括"数据分类""数据的收集、整理与表达"和"随机现象发生的可能性"三个主题。

(2) 学生应知道用平均数可以刻画一组数据的集中趋势,知道平均数的统计意义;知道平均数是介于最大数与最小数之间的数,能描述平均数的含义;能用平均数解决有关的简单实际问题,形成初步的数据意识和应用意识。

(3) 平均数教学要引导学生在熟悉的情境中理解平均数所具有的代表性,通过刻画一组数据的集中程度表达总体的集中状况。例如:某篮球运动员平均每场得分、某地区玉米或水稻的平均亩产、某班级学生的平均身高等,理解平均数的意义;也可以让学生经历收集体现社会发展或科技进步数据的过程,初步体会平均数的统计意义,形成初步的数据意识。

(四) 教学策略及其理念

1. 创设情境,引出课题

选择贴近学生生活实际的事件,通过创设二年级小朋友为了参加运动会填跑步成绩表的生活情境,引导学生明确"平均数常见于日常生活中,与我们的生活联系紧密",从而进一步引导学生思考什么是平均数。

2. 创造冲突,建构知识

根据跑步成绩表,创造道德冲突与认知冲突。

(1) 填 15 秒甘心吗？学生通过分析得知,15 秒是最慢的成绩,填上去不甘心。

(2) 填 10 秒可以吗？创设道德冲突情境:10 秒是最快的成绩,不是通常跑出来的成绩,再次跑出来的可能性不大,如果跑不出来会被认为说谎,会觉得不好意思。

(3) 对 14 满意吗？教师将知识判断引向经验判断,使学生得出与"真实水平"比,14 秒还是偏慢的结论。

(4) 敢填 13 吗？学生分析出 13 是不快不慢的,没有跑出来过。讨论至此,平均数的两个特征已经充分地呈现在学生面前了,用学生的语言来描述,就是"不快不慢"和"没有跑出来过"。"不快不慢"代表这组数的真实水平,"没有跑出来过"意味着它的"虚拟性"。"代表真实水平"与"虚拟"两个特征就这样出来了。

3. 迁移应用

深刻理解平均数的性质与意义,可以解决生活中的很多问题。

平均数是求整体平均水平的方法,学生可以将这个知识应用于求班级或者学校某个科目的平均分。例如,已知某班级学生期中考试的数学成绩,将每个人的成绩相加并除以总人数,可以求出该班级数学期中考试的平均分。

平均数还可以帮助学生判断数据的分布情况,例如数据集中程度或分散程度等。对于一组数据,如果平均数较小且数据分布比较密集,则可以判断这些数据较为集中;如果平均数较大且数据分布比较分散,则可以判断这些数据离散程度较大。这样的知识可以帮助学生更好地分析一些复杂的数据情况,例如地区人口分布、品牌市场占有率等。

第四部分　研　学　叙　事

一、心中有景,花香满径——蝶变

李思老师说,能够担任数学名师研学小组的组长,她在荣幸之余也倍感惶恐。作为青年教师,能否带领大家完成研学任务？团队里还有很多更有经验的老师,为何要将带领团队的任务交给自己？带着满心的疑惑,她开始了一次次的名师研学之旅。

寒假期间,老师们忙于各项事务,教研工作的进行也遇到了些许困难,数学组研学任务的完成情况不太理想。为此李思暗自下了很多功夫,但是都没有太大的成效。叔本华说过:"单个的人是软弱无力的,就像漂流的鲁滨孙一样,只有同别人在一起,他才能完成许多事业。"正当她苦恼之时,组内最有经验的刘永平老师挺身而出,和她一起规划任务、集合组员,牺牲自己的休息时间召开线上会议,组内成员群策群力、奋起直追。遇到问题，他们互帮互助；发现妙招，他们积极分享。在这样的努力之下，数学组后来者居上，终于率先完成任务。

二、循梦而行，向阳共生——互助

刘永平老师说，组长李思是一个细致认真的人，每一次培训前她都会提前做好规划，还会为大家准备一些培训材料。有了李思老师周全细致的安排，数学小组的成员每次都能够及时了解培训的主要内容，明确自己的职责和任务，这在很大程度上提高了大家的学习效率。

培训结束之后，对于大家不太理解的部分，组长都会耐心地进行讲解，对于她自己也不懂的知识点，她还会利用业余时间反复学习，或多方请教，弄清楚之后再来教组员。在小组成员的心里，李思组长就是他们的主心骨。

在这个研学小组里，刘老师的执教时间相对要长一些，所以在某些方面的经验会稍微多一些。面对一个这么认真负责的组长，刘永平老师觉得自己不能一味享受着她的无私奉献，也要在力所能及的范围帮她分担一些。因此，在分析课例时，她们一起研究讨论；放假期间，她们多次通过屏幕共享、语音通话等形式进行沟通。年轻教师的成长离不开自身的努力，同时也离不开有经验老师的带领和帮助。数学组成员就是在这种帮助与被帮助中共同进步和成长的。

三、芳华待灼，砥砺深耕——飞跃

桑欣琪老师说，第一次听说自己"被"加入名师研学小组的时候，完全不知道这个小组是做什么的，就这样稀里糊涂地参加了第一次的培训课程。

每星期都有培训，每星期都要完成作业。一开始，桑欣琪老师的内心非常抗拒——每天上课已经很忙了，怎么还要安排这么多事情？直到学校领导专门组织了一次会议，专门就这个培训的重要性和研学小组的成员进行了沟通，她才发现她之前的想法是错误的，培训不是一种负担，而是一次来之不易的学习机会，是教师生涯的指路明灯。

加入名师研学小组后，她对名师课堂进行学习，对名师的教学模式进行分析，学到了非常多的专业知识，曾经那些听起来高深莫测的词汇，也渐渐变得亲切起来。她逐渐认识到，高水平的学习是受到很多因素影响的，提问的开放性、教师的反馈方式等都直接影响着学生的思维水平。在教学中，不能只关注学生的学习成绩，更要在实现学科知识教学的同时，拓展学生的思维方式和方法，培养他们独立思考和创新的能力。此外，要结合学生的实际需求和课程设置，选择合适的教育内容和教学方式，使得课堂更加贴合学生需求，更有针对性，更能引发学生的高阶思维。

四、经营小家,心系大家——超越

冯军老师说,名师研学之旅既充满挑战性,又有一定的吸引力,自己对它的情感是比较复杂的。寒假期间,高密度的名师研学活动正在进行,而这段时间冯老师恰好要搬家,比较忙,既要搬东西又要打扫房间,常常无暇顾及研学群内的开会通知,甚至一度和小伙伴们"失联"。记得大年初五那次开会,他还在新房挂装饰画,学校打来了电话,问他怎么没有参会。当时他顿感羞愧,不能因为自己家里的事情耽误研学的进度啊!他意识到,身处研学团队,就要以高标准要求自己,同时要有高度的责任意识和团队意识,安排好自己的工作计划,做到工作生活两不误。

在紧张充实的研学过程中,冯老师知道了课堂提问和引导对于激发学生高阶思维的重要性,也明白了什么是教学反馈艺术,如何通过师生对话来引发学生的高阶思维。原来课堂教学的师生对话还有这么多的"门道",冯老师深深地感受到,必须像一块海绵一样,时刻吸收先进的教育教学理论,才能在新课改的浪潮中不被时代所淘汰。

五、春风有信,花开有期——创新

朱佳佩老师说,名师研学给她带来的困惑和大家是一样的,大量高深莫测的词汇扑面而来,如单点结构、多点结构、关联结构、拓展结构、回音反馈……让她晕头转向。但是经过多次的培训和专家的细致讲解,特别是通过所学的理论知识和方法对俞正强老师执教的《平均数》一课进行分析后,她感受到了俞正强老师授课方式的创新。

俞正强老师让四年级的学生假定自己在二年级来学习《平均数》一课,这种教学方式非常少见。俞正强老师通过提问来控制学习的内容和难度,但是不限制学生的思维,同时综合运用多种反馈方式——重复反馈、整合反馈、改述反馈等,对学生的思维进行调控。俞正强老师变不可能为可能,将教学内容与难度控制在二年级水平,逐步培养学生的高阶思维。

创新是无止境的,俞正强老师的《平均数》一课给朱老师埋下了创新的种子,让她在教授《年月日》一课时打开了思路。她通过前置性测试发现,很多学生在生活中都已经了解到年月日的有关知识,但是只停留在机械记忆的水平,所以她将本节课的重点放在对大月、小月的探究上,让学生通过探究活动掌握知识,同时补充有关大月、小月的历史演变故事,让学生从根本上了解大月、小月的来源。在练习环节,她运用二次作答技术引导学生分析连续两个月的天数和,将学生的思维水平引向高阶思维;紧接着在第二个练习中提出问题——"一个月有几个星期?最多有几个星期一?最多有几个星期二?"将学生的思维水平再往上提升,引导学生深入思考、归纳总结。

春已至,风有约,花不误,所有前期的痛苦、徘徊、迟疑都是为今天的灿烂绽放埋下的伏笔。初心不与年俱老,奋斗永似少年时。钻坚仰高,笃行致远,一个人可以走得很快,一群人才能走得更远。思想的碰撞,往往能擦出激励前行的火花,故步自封的教学,不是教师应该有的姿态。数学小组的成员们在专业发展的路上不断探索,汲他人之长,补自己之短,笃定前行。

四年级英语课《Seasons》名师研学

武汉经济技术开发区薛峰小学英语研学小组[①]

第一部分 研学概述

一、研学课例

1. 课例信息

《Seasons(季节)》是译林版英语四年级下册第五单元的一篇课文,教师对该单元的学习内容进行了整合与拓展。

2. 课程内容

本节课的主题是"季节",属于人与自然的范畴。教师创设各种情境,向学生介绍季节的相关信息,并运用绘本拓展学生对季节的认识,使其感知季节对人类生活的影响,从而引导学生尊重自然、珍惜时间。本课的核心知识是用 It's... 和 We can... 两个句型介绍季节的特点和人们在每个季节能够做的事情。

二、授课名师

孙丽,江苏省教科研先进个人、连云港市教科研名师,现任连云港市赣榆实验小学教务主任。

三、研究内容

(1)名师优课的教学艺术。

(2)名师优课教学与新课程[2.0]理念的一致性。

(3)名师优课教学数据分析。

(4)基于《义务教育英语课程标准(2022年版)》的主题研究。

[①] 研学小组成员:郑瑶(组长)、李姝、贺倩、李敏、孙玥。

第二部分 教学还原

一、教学流程图

《Seasons》教学流程如图 3-18 所示。

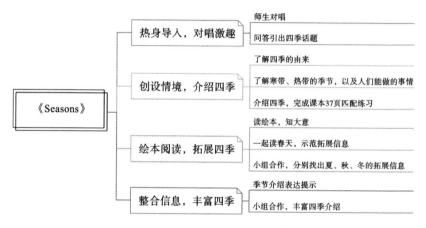

图 3-18 《Seasons》教学流程图

二、课堂实录与话语标记

本课例研究运用"话语分析理论"和"SOLO 分类理论"对课堂话语进行话轮标记,并对学生的应答进行思维水平评价。话轮标记符号及其意义如下:

I＝发起(问题驱动/任务驱动/接力驱动);

R＝回应(前结构/单点结构/多点结构/关联结构/拓展结构);

F＝反馈(对错反馈/表扬批评/指导性反馈/回音式反馈)。

活动 1 热身导入,对唱激趣

(一)教材呈现

教材呈现如图 3-19 所示。

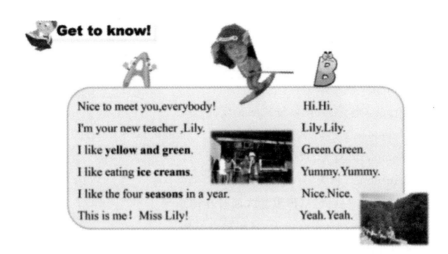

图 3-19　教材呈现 1

(二) 教学要点

(1) PPT 出示课件及歌词,提问:

①Which season do I like?

②What are the four seasons?

(2) 师生对唱,激发学生的学习兴趣。

(3) 请学生回答老师的问题,引出有关季节的话题。

(三) 实录话轮标记

(对唱引入)

1T:Very good. Now boys and girls,what do you know about me? What's my name? (非常好,同学们,关于我,你们知道什么呢? 我叫什么名字?)(I)

2S_1:Your name is Lily. (你的名字是 Lily。)(R)

3T:Yes,I'm Lily. A sticker for you. Put the sticker on your card. (F)
(是的,我是 Lily,奖给你一个贴纸,将贴纸粘在你的卡片上。)

4T:In this class,if you answer my question,you can get a sticker on your card. Which season do I like? You,please. (这节课,如果你回答我的问题,你就能获得一个可以贴在卡片上的贴纸。那么,我喜欢哪一个季节呢? 你来回答。)(I-事实性问题,记忆水平)

5S_2:You like all the seasons. (你喜欢所有的季节。)(R-单点结构)

6T:Yes,I like all the seasons. (是的,我喜欢所有的季节。)(F-重复式回音反

馈+对错反馈)

7T：I wanna a speaker. What are the four seasons？（我想请一位同学说说，四个季节分别是什么？）(I-事实性问题，记忆水平)

8S_3：Spring.（春天。）(R)

9T：Spring.（春天。）(F-重复式回音反馈)

10S_3：Summer.（夏天。）(R)

11T：Summer.（夏天。）(F-重复式回音反馈)

12S_3：Autumn.（秋天。）(R)

13T：Autumn.（秋天。）(F-重复式回音反馈)

14S_3：And winter.（还有冬天。）(R-单点结构)

（通过回音话语 Rv，引入了季节主题）

活动2 创设情境，介绍四季

（一）教材呈现

教材呈现如图3-20所示。

（二）教学要点

(1) PPT出示课件，教师提出问题：

①Why do we have four seasons? 为什么会有四季？

②Do they have the same seasons with us? 他们有和我们一样的季节吗？

③Can you talk about our seasons? 你们能说说我们现在的季节吗？

④What do you usually do? 你们通常做什么？

⑤What can we do for them? 我们能为他们做什么呢？

(2) 教师出示图片，让学生了解地球各地区的季节，顺势向学生介绍相应季节下人们能做的事情，引导学生感受不同地区的不同季节对人们生活的影响。

(3) 教师创设情境，提出问题：如何向只有一个季节的地区介绍我们这里的四季呢？引导学生发散思维并拓展其对四季的认识。

（三）实录话轮标记

15T：And winter. We have four seasons, great.（还有冬天。我们有四个季节，非常好。）(F-改述式回音反馈+表扬式反馈)

16T：Now I have a question, why do we have four seasons? Daisy.（现在，我

图 3-20　教材呈现 2

有一个问题,为什么会有四季呢?黛西。)(I-理解性问题,理解水平)

17S_4:The earth circles around the sun,so we have four seasons.(因为地球围绕太阳旋转,所以有了四个季节。)(R-关联结构)

18T:Oh great,super. You can get two stickers. The earth circles around the sun,so we have four seasons.(太棒了,你可以得到两个贴纸。地球围绕着太阳旋转,所以有了四个季节。)(F-重复式回音反馈+表扬式反馈)

19T:Look,when it goes around here,we have...(看,当它转到这里时,我们有了——)(I-事实性问题,记忆水平)

20S$_s$：Spring.（春天。）(R)

21T：When it goes around here,we have…（当它转到这里时,我们有了——）(I-事实性问题,记忆水平)

22S$_s$：Summer.（夏天。）(R)

23T：Yeah,when it goes around here,we have…（对,当它转到这里时,我们有了——）(I-事实性问题,记忆水平)

24S$_s$：Autumn.（秋天。）(R)

25T：Yeah,when it's here,we have…（是的,当它在这里时,我们有了——）(I-事实性问题,记忆水平)

26S$_s$：Winter.（冬天。）(R-单点结构)

27T：Yeah,so we have four seasons. Look,and now I want you to enjoy a video to know clearly why we have seasons. Okay,do you want to watch it?（是的,所以我们有了四个季节。现在我想让大家看一个视频,从而更清楚地了解为什么有四个季节,你们想看吗?）(I-事实性问题,记忆水平)

28S$_s$：Yes.（是的。）(R)

29T：Okay,boys and girls. Clear? Yes or no?（好的,同学们,你们现在明白了吗?）(I-事实性问题,记忆水平)

30S$_s$：Yes.（是的。）(R)

31T：OK,quickly response. Do they have the same seasons with us?（好的,快速反应。他们有和我们一样的季节吗?）(I-事实性问题,记忆水平)

32S$_s$：No.（不。）(R-单点结构)

33T：Smart.（真聪明。）(F-表扬式反馈)

34T：Now let's look and say. You please.（我们一边看一边说。请你来说。）(教师出示带问题的图片)(I-事实性问题,记忆水平)

35S$_5$：It's very hot.（非常热。）(R)

36T：Yes,it's very hot.（是的,非常热。）(F-重复式回音反馈＋对错反馈)

37T：Can you go on?（你能继续说吗?）(I-事实性问题,记忆水平)

38S$_5$：Maybe he can eat ice cream.（也许他可以吃冰激凌。）(R)

39T：Yeah.（是的。）(F-对错反馈)

40S$_5$：He can't skate.（他不能滑冰。）(R-多点结构)

41T：He can't skate,I think so. Very good,a good guessing! Thank you,a sticker.（他不能滑冰,我也这么认为。非常好,一个很好的猜测。谢谢你,奖给你一个贴纸。）(F-表扬式反馈)

42T:Okay,Lisa.(好的,Lisa,你来说。)(I-事实性问题,记忆水平)

43S₆:Maybe he can swim,he can't make a snowman.(也许他可以游泳,他不能堆雪人。)(R)

44T:Yes,he can't make a snowman.(是的,他不能堆雪人。)(F-重复式回音反馈 Rv)

45T:Why can't he make a snowman?(为什么他不能堆雪人?)(I-理解性问题,理解水平)

46S₆:Because snowman is in winter.(因为冬天才有雪人。)(R)

47T:Because snowman is in winter.(因为冬天才有雪人。)(F-重复式回音反馈 Rv)

48T:Why do we have snowmen in winter?(为什么冬天有雪人?)(I-理解性问题,理解水平)

49S₆:Winter is cold.(冬天是寒冷的。)(R-关联结构)

50T:Winter is cold. So sometimes it is snowy. So we have snow and then we can make a snowman. Good, a sticker for you.(冬天是寒冷的,所以有时候会下雪。我们有了雪之后就能堆雪人。很好,奖给你一个贴纸。)(F-改述式回音反馈＋表扬式反馈)

【点评:话轮42～50形成 IRF 闭环。此处教师用改述式回音反馈和表扬式反馈对学生的发言进行了归纳,教学方法不够恰当。教师与 S₆ 的对话连续用了两个回音结构,引导 S₆ 以PPT中的热带情境和问题为线索,进行逻辑推理:He can swim,he can't make a snowman——Because snowman is in winter——Winter is cold。学生从而能理解夏天为什么不能堆雪人,思维操作是因果分析,思维水平是关联水平。如果教师使用"指导性反馈",先表扬,后指导,引导学生使用语言结构"...so...and then...",教学效果应该会更好。】

51T:Okay,let me see,Liz,stand up,use your microphone.(Liz,请你用麦克风来说。)(I-事实性问题,记忆水平)

52S₇:It is very cold.(天气非常冷。)(R)

53T:It is very cold.(天气非常冷。)(F-重复式回音反馈)

54S₇:Maybe they can ski,skate,they can't swim.(也许他们可以滑雪、滑冰,他们不能游泳。)(R-多点结构)

55T:They can't go swimming,yes,a good guessing.(他们不能去游泳,这是

一个很好的猜测。)(F-指导性反馈)

56T:OK,I want to listen to Jack.(好的,我想听听Jack的想法。)(I)

57S_8:Maybe they can make a snowman,they can't eat ice cream.(也许他们能堆雪人,他们不能吃冰激凌。)(R-多点结构)

58T:They can't eat ice cream,yes,maybe.(他们不能吃冰激凌,也许是的。)(F-重复式回音反馈+对错反馈)

59T:OK,and now look where do we live? We live here,right? Can you talk about our seasons? Iris,stand up.(我们住在哪里?我们住在这里,对吗?你们能谈谈我们的季节吗?Iris,请起立。)(I-理解性提问,理解水平)

60S_9:In spring,it is warm. In summer,it is hot. In autumn,it is cool. In winter,it is cold.(在春天,天气是温暖的。在夏天,天气是炎热的。在秋天,天气是凉爽的。在冬天,天气是寒冷的。)(R-多点结构)

61T:Is it? Yes,you're right. A sticker. Very good.(对吗?你说得很对。很好,奖给你一个贴纸。)(F-对错反馈+表扬式反馈)

62T:And so what can we do? What do you usually do? OK,Justin.(所以我们能做什么呢?你们通常会做什么呢?Justin,你来说。)(I-事实性问题,记忆水平)

63S_{10}:In spring,we can ride bikes and we can go boating. In summer,we can eat ice cream and we can go swimming. In autumn,we can have picnics and we can go climbing. In winter,we can make a snowman and we can go skating.(在春天,我们可以骑自行车,我们能划船。在夏天,我们可以吃冰激凌,我们可以游泳。在秋天,我们可以野炊,我们可以爬山。在冬天,我们可以堆雪人,也可以滑冰。)(R-多点结构)

64T:Excellent. Two stickers for you.(非常棒。奖给你两个贴纸。)(F-表扬式反馈)

65T:And now boys and girls,we have four seasons. They want to know our four seasons. Can you tell them? Yes or no? Yes,but how? What can we do for them? (出示PPT)(同学们,我们有四个季节。他们想认识我们的四季,你们能告诉他们吗?能还是不能?能,但是怎样告诉他们——我们能为他们做什么呢?)(I-方法性问题,应用水平)

66S_{11}:We can take photos.(我们可以拍照。)(R-单点结构)

67T:We can take some photos for them,a good way.(我们可以拍一些照片给他们,这是一个好方法。)(F-重复式回音反馈+表扬式反馈)

68S_{12}:We can use some pictures.(我们可以用一些图片。)(R-单点结构)

69T:We can use some pictures. Yes,a good way. I like your way.(我们可以用一些图片,这是一个好方法,我喜欢你的方法。)(F-重复式回音反馈+表扬式反馈)

70T:OK. You please.(好的,请你说。)(I)

71S_{13}:We can write poems.(我们可以写诗。)(R-单点结构)

72T:And now look,what about making a poster? Yes,let's make a poster on the blackboard. OK,what do we need?(我们做一幅海报怎么样? 好的,让我们一起在黑板上做一幅海报。我们需要什么呢?)(I-方法性问题,应用水平)

73S_{14}:We need pictures.(我们需要图片。)(R-单点结构)

74T:We need to prepare some pictures.(我们需要准备图片。)(F-重复式回音反馈)

75T:Yes,what else? (是的,我们还需要什么呢?)(I-方法性问题,应用水平)

76S_{15}:We need to write some words.(我们需要写一些文字。)(R-单点结构)

77T:We need to write some words about seasons. Very good.(我们需要写一些关于季节的文字。很好。)(F-重复式回音反馈+表扬式反馈)

78T:We also need a name. Let's give our poster a name. What about Four Seasons Park? I have some pictures. They're here,but they are disordered. If you want to use these pictures,you need to match them. Let's put them on this poster. OK? Now open your books to page 37. Try to match! Ready? Go!(我们还需要给海报起一个名字。让我们给海报起个名字。"四季公园"这个名字怎么样? 我有一些图片,但是它们的顺序被打乱了。你们需要将它们匹配起来。现在,我们把这些图片贴到海报上吧! 把书本翻到第37页。开始吧!)(I-事实性问题,记忆水平)

(学生独自完成练习)(R)

79T:Are you ready? Now I want one group to come to the blackboard and match the pictures. If you are ready,you can check your answers in your groups. Try to use the sentence pattern. Can you say something about seasons?(你们准备好了吗? 现在我需要一个小组到黑板前匹配图片。其他同学如果准备好了,可以在小组内核对答案。讨论时请用黑板上的句式结构。你们能谈论一下四季吗?)(I-理解性问题,理解水平)

(学生在小组内核对答案,并谈论季节)(R)

80S_{16}:In spring,it is warm. We fly kites. In summer,it's hot. We eat ice creams. In autumn,it's cool. We go climbing. In winter,it's cold. We make a snowman.(春天很温暖,我们可以放风筝。夏天很热,我们可以吃冰激凌。秋天很凉爽,我们可以登山。冬天很冷,我们可以堆雪人。)(R-关联结构)

81T:Is he right? Big hands for him!(他对了吗？为他鼓掌！)(F-对错反馈＋表扬式反馈)

【点评:话轮79~81形成IRF闭环。此处教师用对错反馈和表扬式反馈,对学生的发言进行了评价和表扬。学生通过两个句型It's...和We...分别谈论了各个季节的温度和可以做的事情,达到了对人与自然的关系的认识。在季节的特点上,句子之间形成了意义关联,学生的思维操作是推理,思维水平是关联结构。】

82T:Now boys and girls,let's put the pictures on the poster. Can you put them on the right place? Rina,can you have a try? First spring. She puts,you say together.(同学们,让我们把图片贴到海报上吧！大家能把图片贴到正确的地方吗？Rina,你能试试吗？从春天开始。Rina来贴,其他同学说句子。)(I-理解性问题,理解水平)

83S_{17}:It's spring. It's warm. We fly kites. It's summer. It's hot. We eat ice creams. It's autumn. It's cool. We go climbing. It's winter. It's cold. We make snowman.(春天很温暖,我们可以放风筝。夏天很热,我们可以吃冰激凌。秋天很凉爽,我们可以登山。冬天很冷,我们可以堆雪人。)(R-关联结构)

84T:Thank you,Rina. You did a very good job.(谢谢你,Rina,你做得不错！)(F-表扬式反馈)

85T:Now,can you read?(你们可以读出PPT中的句子吗？)(I-事实性问题,记忆水平)

86Ss(齐读):It's spring. It's warm.(这是春天。春天是温暖的。)(R)

87T:Can you put them into one sentence? Mike.(你们可以把两个句子合并成一个句子吗？Mike,你来说。)(I-方法性问题,应用水平)

88S_{18}:It's warm in spring.(春天是温暖的。)(R-关联结构)

89T:Yes! It's warm in spring.(是的,春天是温暖的。)(F-重复式回音反馈)

90T:And this one?(那么这个呢？)(I)

91S_{19}:It's hot in summer. It's cool in autumn. It's cold in winter.(夏天很热。秋天很凉爽。冬天很冷。)(R-多点结构)

活动3　绘本阅读，拓展四季

（一）教材呈现

教材呈现如图 3-21 所示。

图 3-21　教材呈现 3

（二）教学要点

（1）提问：一起观看视频，看看四季公园里有些什么？

（2）以春天为示范，引导学生找出描述季节的天气特征、景物以及活动的单词、短语及句子，扩充有关季节的英文表达内容。

（3）分组阅读，在小组活动中，让学生迅速地找出故事中有关夏、秋、冬三个季节的词句，丰富学生的语库。

（三）实录话轮标记

92T：We can put the two sentences into one. Now I want to put more pictures or more activities on the poster. Let's read a book about the four seasons park. Okay, are you ready? Let's watch and enjoy first. Let's see what's in the four seasons park.（我们可以把两个句子合并成一个句子。现在我想在海报中加上更多的图片或者活动。我们来读一本关于四季公园的书吧！准备好了吗？让我们一起观看视频，看看四季公园里有些什么。）(I-事实性问题，记忆水平)

（学生观看视频）(R)

93T：Okay, boys and girls, what's in the four seasons park? There are four gardens? Right? What are they? You say.（同学们，四季公园里面有什么？有四个公园，对吗？它们是什么？你说。）(I-事实性问题，记忆水平)

94S_{20}：Spring, summer, autumn, winter.（春天，夏天，秋天，冬天。）(R-多点结构)

95T：And now I want you to find some words, phrases or sentences about seasons. First, let's read spring together. Let's look for the words, phrases or sentences together. What do you know about spring? Read by yourself. OK, what do you know?（现在，我想让你们找出一些关于季节的词语、短语和句子。首先，让我们一起读春天的内容，一起寻找词语、短语和句子。关于春天，你知道什么？请自己读。你知道什么？）(I-事实性问题，记忆水平)

96S_{21}：It's sunny.（春天天气晴朗。）(R-单点结构)

97T：Yeah, it's sunny, too, so let me write it here. It's warm and sunny.（是的，天气也是晴朗的，我把它写在这儿。板书：天气是温暖和晴朗的。）(F-改述式回音反馈)

98T：What else? OK, Liz, use your microphone.（还有什么？Liz，请你用麦克风说一说。）(I-事实性问题，记忆水平)

99S_{22}：It has beautiful flowers.（春天有漂亮的花。）(R-单点结构)

100T：We can see some beautiful flowers. Very good, flowers, I write it here.（我们可以看见一些非常漂亮的花，很好，我把它写在这里。）(F-重复式回音反馈)

101T：What else? Okay, you please.（还有什么？你来说。）(I-事实性问题，记忆水平)

102S_{23}：And some nice butterflies.（还有一些好看的蝴蝶。）(R-单点结构)

103T：And some butterflies, good. Butterflies are very beautiful, too. Yes or no?

(还有一些好看的蝴蝶,很好。蝴蝶也是非常漂亮的,是吗?)(F-重复式回音反馈)

104S_{23}:Yes.(是的。)(R)

105T:OK,some beautiful butterflies. Are you right?(对,一些漂亮的蝴蝶。你们都找对了吗?)(F-重复式回音反馈+对错反馈)

106T:And now,I want you to read back,read summer,autumn and winter by yourselves,can you?(现在我想让你们再读一遍,自己读有关夏天、秋天和冬天的内容,可以吗?)(I-事实性问题,记忆水平)

107S_s:Yes.(可以。)(R)

108T:Okay,now,Summer Group, you read a picture book about summer. Autumn Group, you read a picture book about autumn. Winter Group,you read a picture book about winter. So let's start,you can read and circle.(好的,现在夏天小组读关于夏天的绘本,秋天小组读关于秋天的绘本,冬天小组读关于冬天的绘本。你们可以边读边圈画,开始。)(I-事实性问题,记忆水平)

(学生按照教师要求自学,边读边圈画有关夏天、秋天、冬天的词句)(R)

109T:(巡视学生自学情况)Yes, you can read loudly. Yes,you,can use pencils to circle. Are you ready? Good. Can you circle the fruit? Yes and what else? Put on your sweater, yes. It doesn't matter,you can read it. Yes, Autumn Group is ready. Now let me see what do you know about summer. It's hot, we eat ice creams. Yes, and we can see a beautiful sea, it's really good. What's the weather like in winter? It's windy,good.(是的,你可以大声朗读。是的,你可以使用铅笔来圈画。准备好了吗?非常好。你可以圈出水果吗?是的,还有什么?穿上你的毛衣,是的。没关系,你可以读出来。秋天小组已经准备好了。现在让我来看看你们对夏天了解多少。天气很热,我们吃冰激凌,还有,我们可以看见一个漂亮的大海,非常棒。冬天天气怎么样?冬天常常刮风,没错。)(F-指导性反馈+表扬式反馈)

110T:Okay, let's check the answers. First I want to listen to Autumn Group.(好的,我们一起来核对答案。首先我想听听秋天小组的答案。)(I-事实性问题,记忆水平)

111S_{24}:In autumn, it's cool,there are many fruits in autumn.(秋天是凉爽的,在秋天有很多水果。)(R-多点结构)

112T:Yes,we can see many fruits.(是的,我们可以看见很多水果。)(F-重复式回音反馈)

113S_{25}:And we can see some orange trees.(我们也可以看见一些橙子树。)(R-单点结构)

114 T:Orange trees,golden trees,yes?(橙子树,金黄的树,对吗?)(F-改述式回音反馈)

115 S_{25}:Yes.(是的。)(R-单点结构)

116 T:Yes,you say the color,very good. The yellow trees,the golden trees.(你说了颜色,非常好！黄色的树,金黄的树。)(F-改述式回音反馈)

117 T:And what else? You please.(还有吗？你来说。)(I-理解性问题,理解水平)

118 S_{26}:And autumn is windy.(秋天多风。)(R-单点结构)

119 T:Yes,autumn is windy,too.(是的,秋天也是多风的季节。)(F-重复式回音反馈)

120 T:So shall we read it together? Windy.(我们能一起读一读吗？多风的。)(I)

121 S_s:Windy.(多风的。)(R)

122 T:Winter Group.(冬天小组。)(I)

123 S_s:Windy.(多风的。)(R)

124 T:Again.(再来一次。)(I)

125 S_s:Windy.(多风的。)(R)

126 T:Autumn Group.(秋天小组。)(I)

127 S_s:Windy.(多风的。)(R)

128 T:And Summer Group.(还有夏天小组。)(I)

129 S_s:Windy.(多风的。)(R)

130 T:Yes,it's windy in autumn.(是的,秋天多风。)(F-重复式回音反馈)

131 T:Go on, you please.(继续,你来说。)(I)

132 S_{27}:Put on sweaters.(穿上毛衣。)(R-单点结构)

133 T:Yes.(是的。)(F-对错反馈)

134 T:Why do we put on sweaters?(为什么要穿上毛衣?)(I-理解性问题,理解水平)

135 S_{28}:Because it's cool.(因为天气比较凉。)(R-单点结构)

136 T:Because it's a little cold,I think so,so we need to put on some warm clothes,put on the sweater.(因为有一点冷,我也这样认为,所以我们需要穿上温暖的衣服,穿上毛衣)(F-改述式回音反馈)

137 T:OK,Summer Group next. Elen please.(好的,接下来是夏天小组。Elen,请你说。)(I-事实性问题,记忆水平)

138S₂₉:Summer is rainy.(夏天多雨。)(R-单点结构)

139T:Summer is rainy. Yes or no?(夏天多雨,是吗?)(F-重复式回音反馈)

140S₂₉:Yes.(是的。)(R-单点结构)

141T:Yes,summer is rainy,let me write it here.(是的,夏天经常下雨,让我写在这里。)(F-重复式回音反馈)

142T:Go on,Peter,what do you know about summer?(继续,Peter,关于夏天你知道些什么?)(I-事实性问题,记忆水平)

143S₃₀:We can eat ice creams and go swimming in summer.(在夏天,我们可以吃冰激凌、去游泳。)(R-多点结构)

144T:We can eat ice creams and go swimming.(我们可以吃冰激凌和游泳。)(F-重复式回音反馈)

145T:Where do they go swimming in this picture book? In the swimming pool?(在这个绘本里,他们去哪里游泳?在游泳池里吗?)(I-事实性问题,记忆水平)

146S₃₁:In the sea.(在海里。)(R-单点结构)

147T:Yes,they go swimming in the blue beautiful sea. So,look,we go swimming in the sea.(是的,他们在蓝色的美丽大海里游泳。看,我们在海里游泳。)(F-改述式回音反馈)

148T:What else? Can you have a try?(还有吗?你能试一下吗?)(I-事实性问题,记忆水平)

149S₃₂:We take off the sweater.(我们要脱下毛衣。)(R-单点结构)

150T:We take off the sweater.(我们要脱下毛衣。)(F-重复式回音反馈)

151T:Why do we take off the sweater? You please.(为什么我们要脱下毛衣呢?你来说。)(I-理解性问题,理解水平)

152S₃₃:Because it's hot.(因为很热。)(R-单点结构)

153T:Because it's very hot,we take off the sweater. Okay,thank you,sit down.(因为很热,所以我们要脱毛衣。好,谢谢,请坐。)(F-整合式回音反馈)

154T:That's about summer,what about winter? It's your time,Ben,stand up.(这是关于夏季的,那么冬天呢?现在该你们说了,Ben,请你来。)(I-事实性问题,记忆水平)

155S₃₄:In winter,it's snowy. We can see snow,we make a snowman.(冬天会下雪,我们可以看到雪,我们可以堆雪人。)(R-关联结构)

156T:Very good. In winter,it is snowy,so we make a snowman.(非常好,冬天会下雪,所以我们可以堆雪人。)(F-表扬式反馈+重复式回音反馈)

【点评：话轮154~156形成IRF闭环。教师使用表扬式反馈肯定了学生的表现，同时用重复式回音反馈让其他学生再次关注这个回答并加深印象。】

157T：What else? Okay,you wanna try,please.（还有吗？好的,你想试一下,请你来。）(I-事实性问题,记忆水平)

158S₃₅：It's cold in winter,and we need to put on our coat.（冬天是寒冷的,我们需要穿上我们的外套。）(R-关联结构)

159T：Yes,we need to put on our warm coat because it's very cold.（是的,因为非常冷,我们需要穿上温暖的外套。）(F-重复式回音反馈)

活动4　整合信息，丰富四季

（一）教材呈现

教材呈现如图3-22所示。

图3-22　教材呈现4

（二）教学要点

（1）教师布置总任务,引导学生构思篇章的英语表达。

（2）教师给出语篇对比与要点提示,引导学生发现如何将介绍写得更丰富。

（3）小组合作,结合生活经验与课上所学完成季节简介,让学生学有所用,自主表达。

（三）实录话轮标记

160T：Good, boys and girls, we know a lot from this picture book. And now, I want you to make an introduction about each season. First, let's make an introduction about spring together. Look, I write two introductions about spring, can you choose one to put it on our poster? Which one do you want to choose? （同学们，我们从这个绘本中知道了很多季节的知识，现在我想让你们介绍一下每个季节。首先，让我们一起来介绍一下春天。看，我写了两个关于春天的介绍，你能选择一个放到海报中吗？你想选择哪一个？）(I-理解性问题，理解水平)

161S_{36}：I want to choose B.（我想选 B。）(R)

162T：Why? Why do you want to choose B?（为什么？为什么你想选 B 呢？）(I-理解性提问，理解水平)

163S_{36}：Because B is very beautiful.（因为 B 的句子非常美丽。）(R-关联结构)

164T：Yeah, because this introduction is very beautiful.（是的，因为这个介绍描述的春天非常美丽。）(F-重复式回音反馈)

165T：Um, I want to listen to you, Lucas.（好，Lucas，我想听听你的看法。）(I-理解性问题，理解水平)

166S_{37}：I want to choose B, too, because B uses some adjectives.（我也想选 B，因为 B 用了一些形容词。）(R-关联结构)

167T：Um, because B uses some beautiful words.（嗯，因为 B 用了一些美丽的词语。）(F-改述式回音反馈)

168T：Okay, let's read from sentence to sentence.（好的，让我们一句一句地朗读。）(I)

169S_{38}：It's warm in spring. It's warm and sunny in spring.（春天是温暖的。春天是温暖和晴朗的。）(R)

170T：Which sentence do you like? Read it.（你们喜欢哪一句？读出来）(I)

171S_{38}：It's warm and sunny in spring.（春天是温暖和晴朗的。）(R)

172T：OK.（对。）(F-对错反馈)

173S_{39}：I can see some flowers. I can see some beautiful flowers.（我可以看到一些花。我可以看到一些漂亮的花。）(R)

174T：Which one do you like?（你喜欢哪一句？）(I)

175S_{39}：I can see some beautiful flowers.（我可以看到一些漂亮的花。）(R)

176T：Now, boys and girls, when you make an introduction, try to use the words like sunny, beautiful, rainy, windy and snowy.（同学们,在介绍季节的时候,可以尝试使用以下词语:晴朗的、美丽的、下雨的、刮风的和下雪的。）(F-指导性反馈)

【点评:话轮174~176形成IRF闭环。此处教师用指导性反馈对学生的发言进行归纳总结,教学方法不够恰当。生$_{39}$的回应提取了文本相关信息,但是没有进行分类和归纳,也没有解释为什么喜欢这一句,此时学生的思维停留在单点结构,而教师的归纳替代了学生的思维过程。教师可以追问学生为何喜欢这一句,让学生尝试回答,先表扬后指导,则学生重新应答的思维水平可能达到关联结构,教学效果也就有所提升。】

177S$_{40}$:We go boating. We have picnics. We go boating and have picnics.（我们去划船。我们去野餐。我们去划船和野餐。）(R)

178T:Okay,which one do you like?（你喜欢哪一个?）(I)

179S$_{40}$:We go boating and have picnics.（我们去划船和野餐。）(R)

180T:So you can try to use "and" to make the sentences shorter,okay?（所以你可以试着使用"和"这个词来使句子更短,好吗?）(F-改述式回音反馈)

181T:Now continue.（现在继续。）(I)

182S$_{40}$:We fly kites. It's great fun.（我们放风筝。这很有趣。）(R)

183T:Do you like this one?（你喜欢这一句吗?）(I-事实性问题,记忆水平)

184S$_{40}$:Yes.（是的。）(R)

185T:And why?（为什么呢?）(I-理解性问题,理解水平)

186S$_{40}$:Because it's great fun.（因为它很有趣。）(R-关联结构)

187T:Yes,because it's great fun,it can tell your feelings. So try to use the sentence like this.（是的,因为它很有趣,它能表达出你的感受,所以,请试着使用这样的句子。）(F-扩展式回音反馈)

【点评:话轮185~187形成IRF闭环。此处教师用扩展式回音反馈,对学生发言进行扩展指导。生$_{40}$的回答提取了文本信息it's great fun,并且用because进行因果关联,学生的思维达到了关联结构。此时教师在总结学生发言的同时,用学生能理解的语言进行指导,达到了很好的教学效果。】

188T:The last one,what sentence?（最后一个是什么句子?）(I)

189Ss:I like spring. I like green spring.（我喜欢春天。我喜欢绿色的春天。）(R)

190T：So try to use the word like this，I like green spring. I like…（所以试着像这样使用单词，我喜欢绿色的春天。我喜欢……）(F-指导性反馈)

191S₄₁：Yellow summer.（黄色的夏天。）(R-单点结构)

192T：Yellow summer?（黄色的夏天吗?）(F-重复式回音反馈)

193S₄₂：Blue summer.（蓝色的夏天。）(R-单点结构)

194T：Maybe，that depends on you.（或许吧，这取决于你自己。）(F-对错反馈)

195T：So boys and girls，now it's time for you to write this introduction. Please take out this paper and try to write your introduction about each season，OK?（同学们，现在到了你们书写介绍的时间。请拿出这张纸，试着写下你们关于每个季节的介绍，好吗?）(I-理解性问题,理解水平)

（教师指导组内合作，提醒学生组内朗读，并配上一些动作）(R)

196T：OK，now boys and girls，you're ready! You can't wait to show yourself. This is my introduction about spring and now I want to listen to somebody introduce summer. Who wants to have a try? Lisa，stand up. Can you come here? Try to read it，and use your microphone. Okay，let's listen to her and do some actions.（同学们，你们都已经准备好了。你们都迫不及待地要展现自己了。这是我关于春天的介绍。现在我想听听有关夏天的介绍。谁想试一试? Lisa,请起立，能过来吗? 请试着读一读，用上麦克风。让我们来听听她所说的并做些相应的动作。）(I-理解性问题,理解水平)

197S₄₃：It's hot in summer. I can see a big red sun. I can eat yummy ice cream. I can go swimming with my friends.（夏天很热，我能看见一个大大的红色太阳，我能吃美味的冰激凌，我能和朋友们一起游泳。）(R-关联结构)

198T：Okay，now let me put it here. Let's read her introductions. It's hot，and can you give another word here?（好的，让我把它放在这里。让我们一起读一读她的介绍。很热，你们能在这里加一个词吗?）(F-指导性反馈)

199S₄₄：It's hot and rainy.（很热，而且会下雨。）(R-多点结构)

200T：I like this word，very good.（我很喜欢这个词。很棒。）(F-表扬式反馈)

201T：So let's read it together.（让我们一起来读一读。）(I)

202T&S：It's hot and rainy in summer. I can see a big red sun. I can eat yummy ice cream. I can go swimming with my friends.（夏天很热而且多雨。我能看见一个大大的红色太阳。我能吃美味的冰激凌。我能和朋友们一起游泳。）(R)

203T：Good. Boys and girls，you did a very good job.（好的，同学们，你们读得

很棒!)(F-表扬式反馈)

204 T:What about autumn? Your group,come here. Read it, OK?(秋天呢?请你们组上前来。读出来,好吗?)(I-理解性问题,理解水平)

205 S_{45}:It's cool in autumn. I can see some pretty flowers and some fresh fruit. I can go boating. I can fly kites. It's fun. I like yellow autumn.(秋天很凉爽,我能看见一些漂亮的花朵和一些新鲜的水果。我能划船,我可以放风筝,这很有趣。我喜欢黄色的秋天。)(R-关联结构)

206 T:You like yellow autumn,very good,pretty introduction. Thank you. Go back. So let me put it here.(你喜欢黄色的秋天,很好,很美的介绍。谢谢你,回去吧。让我把它放在这里。)(F-表扬式反馈)

207 T:And winter. Arena,please.(接下来是冬天,Arena,请你说一说吧。)(I-理解性问题,理解水平)

208 S_{46}:It's cold and snowy in winter. I can see some snowmen made by children and the white world. I go skating and play snowballs. I make a snowman. It's great fun. I like white winter very much.(冬天很冷,而且会下雪。我能看见一些孩子堆的雪人和白色的世界。我能滑冰、打雪仗。我可以堆雪人。这真是太有趣了。我非常喜欢白色的冬天。)(R-关联结构)

209 T:Very good,I like your introduction. Let me put it on this poster. Boys and girls,you did a very good job. You read it well. Look,here are three seasons. Actually, we have 24 Solar Terms in China,we show our respect for the nature. But now,people can also swim in winter and they wear T-shirts in winter,too. Because we have air conditioner and heater. So boys and girls, with the technology,we're enjoying different seasons. Now with your help, with your poster,they know a lot,they say... Read it together. They say:"Thank you very much. The four seasons are beautiful."Great! So we make a beautiful poster. Actually,a person's life also contains four seasons. Yes or no? And now you are in your spring time,so I hope you can cherish your time and study hard. Now, show me your cards. How many stickers do you get? Let me see, so many stickers. Okay, Summer Group won,let's give them a big hand. Boys and girls, I hope you can use stickers to make a poster after class.(非常棒,我很喜欢你的介绍。让我把它贴在海报上。同学们,你们做得很棒,读得很好。请同学们看,这里有三个季节。实际上,我们中国有二十四节气,我们会表达对自然的敬意。但现在

人们能在冬天游泳,在冬天穿短袖,因为我们有空调,有加热器。因为技术,我们能感受不同的季节。有了你们的帮助,有了你们的海报,他们知道了很多。让我们一起读出来。他们说:"谢谢。四季很美丽。"太棒了,我们做了一张美丽的海报。实际上,一个人的人生也有四季,对吗?你们现在在人生的春季。我希望你们能珍惜时间,努力学习。现在给我看看你们的卡片。你们得到了多少个贴纸?我看看,好多呀。好的,夏天组赢了,让我们给他们掌声鼓励。同学们,希望课下你们能用这些贴纸做海报。)(F-表扬式反馈)

第三部分 教学研究

本课例教学研究采用定量研究与定性研究相结合的方式,利用 SOLO 分类理论进行学生思维表现性评价,并与教师提问类型、教学反馈方式、课堂话语结构等因素进行数据关联;通过典型案例分析,探索名师的提问艺术、反馈方式、课堂话语结构与学生思维发展之间的关系,及其所体现的新课程 2.0 的理念。

一、素养导向:教学效果评量

"思维发展"是学科素养重要构成之一,是一节课教学效果的显著标志。本课例研究运用"小学生思维 SOLO 表现性评价量表"对本节课学生的思维水平进行评价,统计数据如表 3-33 所示。

表 3-33 学生思维水平 SOLO 评价统计

思维水平	低 阶 思 维			高 阶 思 维	
思维层次	前结构	单点结构	多点结构	关联结构	拓展结构
话轮编号	0	5、14、26、32、66、68、71、73、76、96、99、102、113、115、118、132、135、138、140、146、149、152、191、193	40、54、57、60、63、91、94、111、143、199	17、49、80、83、88、155、158、163、166、186、197、205、208	
频次	0	24	10	13	0
百分比	0	51.1%	21.3%	27.7%	0
合计		72.4%		27.7%	

续表

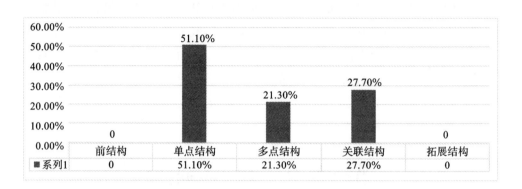

统计数据说明:

《Seasons》一课的教学,学生高阶思维的比例是 27.7%,超过 20%的阈值,表明本节课思维教学达到了较高水平。从思维水平分布来看,单点结构、多点结构、关联结构频次之比为 24∶10∶13,单点结构偏多,学生回答问题时习惯于使用一个信息点,学生回答问题的信息量需教师引导增加。

二、规矩方圆:名师教学艺术研究

(一)课堂提问艺术

1. 核心问题 & 教学内容

本节课核心问题及对应的教学内容如表 3-34 所示。

表 3-34 核心问题及对应的教学内容

核 心 问 题	话轮编号	教 学 内 容
核心问题 1:Which season do I like?(事实性问题,记忆水平)	4~6	这 2 个核心问题属于学习活动 1"热身导入,对唱激趣"。学习活动 1 中,第一个核心问题检测了学生对热身歌曲的理解和记忆情况。第二个核心问题引出了有关季节的话题。
核心问题 2:What are the four seasons?(事实性问题,记忆水平)	7~14	

续表

核心问题	话轮编号	教学内容
核心问题 1:Why do we have four seasons?（理解性问题,理解水平）	16~18	
核心问题 2:Do they have the same seasons with us?（事实性问题,记忆水平）	31~33	
追问：		这 5 个核心问题属于学习活动 2"创设情境,介绍四季"。
(1) Now let's look and say.（教师出示带问题的图片）（事实性问题,记忆水平）	34~44	教师通过出示图片以及提出问题,向学生介绍不同季节下人们能做的事情,引导学生感受不同地区的不同季节对人们生活的影响。
(2) Why can't he make a snowman?（理解性问题,理解水平）	45~47	
(3) Why do we have snowman in winter?（理解性问题,理解水平）	48~50	
核心问题 3:Can you talk about our seasons?（理解性问题,理解水平）	59~61	接着,教师创设情境,提出问题:如何介绍我们这里的四季呢?引导学生发散思维并拓展其对四季的认识。
核心问题 4:What do you usually do?（事实性问题,记忆水平）	62~64	
核心问题 5:What can we do for them?（方法性问题,应用水平）	65~71	
追问：		
What about making a poster? What do we need?（方法性问题,应用水平）	72~78	
核心问题 1:What's in the four seasons park?（事实性问题,记忆水平）	93~94	这 3 个核心问题属于学习活动 3"绘本阅读,拓展四季"。
核心问题 2:What do you know about spring?（事实性问题,记忆水平）	95~105	首先,一起观看视频,引出四季公园里的四个季节。
核心问题 3:I want you to read back, read summer, autumn and winter by yourselves, can you?（事实性问题,记忆水平）	106~159	接着,以先教师指导,后独立阅读的方式,引导学生找出描述四个季节的天气特征、景物以及活动的单词、短语及句子,扩充有关季节的英文表达内容。

续表

核心问题	话轮编号	教学内容
核心问题1：Look, I write two introductions about spring. Which one do you want to choose? （理解性问题，理解水平）	160～166	这2个核心问题属于学习活动4"整合信息，丰富四季"。 教师给出两个语篇，不断询问学生喜欢哪篇短文，喜欢其中的哪个句子，结合要点提示，引导学生进行对比和思考，学会如何将简介写得更丰富。
核心问题2：Which sentence do you like? （I） 追问： (1) Do you like this one? （事实性问题，记忆水平） (2) And why? （理解性问题，理解水平）	170～193	

在本次教学中，教师围绕着"四个季节分别是什么？""为什么会有四季呢？""他们有和我们一样的季节吗？""你们通常会做什么呢？""你们能谈论一下四季吗？"等核心问题展开，介绍了四季的名称、四季存在的原因和不同季节可以做的事情，涉及对课文内容的理解、英语要素（主题、语篇、语言知识、语言技能、文化知识、学习策略）的实施，让学生用教材学方法。

2. 问题类型 & 高阶思维

本节课的问题类型及引发高阶思维的频数如表3-35所示。

表3-35　问题类型 & 高阶思维

问题类型	事实性问题（记忆水平）	理解性问题（理解水平）	方法性问题（应用水平）	假设性问题（分析水平）	溯源性问题（创造水平）	合计
话轮编号	4、7、19、21、23、25、27、29、31、34、37、42、51、62、78、85、92、93、95、98、101、106、108、110、137、142、145、148、154、157、183	16、45、48、59、79、82、117、134、151、160、162、165、185、195、196、204、207	65、72、75、87			—

续表

（1）数据统计说明。

《Seasons》一课的教学，教师提问的类型包括事实性问题、理解性问题和方法性问题。事实性问题、理解性问题、方法性问题数量之比约为8：4：1。事实性问题的比例达到59.6%，超过50%。事实性问题太多，方法性问题过少，影响了学生的综合输出。而高阶思维主要是由理解性问题引发的。

（2）数据关联分析。

《Seasons》一课的教学，有2个事实性问题引发了学生的高阶思维，有9个理解性问题引发了学生的高阶思维，有2个方法性问题引发了学生的高阶思维，可见，引发高阶思维的教师问题总数达到13个。其中理解性问题的分类及引发高阶思维的次数如表3-36所示。

表3-36 理解性问题 & 高阶思维

理解性问题分类	话轮编号	引发高阶思维
介绍四季的气温特征和活动	59、79、82、117、160、195、196、204、207（共9个）	80、83、197、205、208（共5次）
思考不同季节开展不同活动的原因	16、45、48、134、151、162、165、185（共8个）	17、163、166、186（共4次）

【案例分析】

80S_{16}：In spring, it is warm. We fly kites. In summer, it's hot. We eat ice creams. In autumn, it's cool. We go climbing. In winter, it's cold. We make a snowman.（春天很温暖，我们可以放风筝。夏天很热，我们可以吃冰激凌。秋天很凉爽，我们可以登山。冬天很冷，我们可以堆雪人。）(R-关联结构)

生$_{16}$的思维过程如图3-23所示。

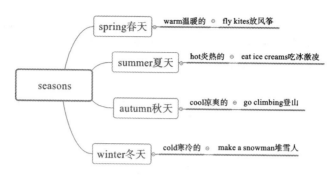

图 3-23　生$_{16}$ 的思维过程

"Can you say something about seasons"(你们可以谈论一下季节吗)是一个开放性问题,学生可以根据自身情况,选择不同的季节进行谈论。学生使用 In...(季节),it's...(气温特征)和 We...(活动)两个句型分别谈论了各个季节的气温和可以做的事情,达到了对人与季节的关系的认识,并且在季节的特点上,句子之间形成了意义关联。

(二) 教学反馈艺术

教学反馈统计如表 3-37 所示。

表 3-37　教学反馈统计

教学反馈类型	对错反馈	表扬式反馈	指导性反馈	回音反馈				组合使用	合计
				重复	整合	改述	扩展		
话轮编号	39、133、172、194	33、41、64、84、200、203、206、209	55、176、190、198	9、11、13、44、47、53、74、89、100、103、112、119、130、139、141、144、150、159、164、192	153	97、114、116、136、147、167、180	187	6、15、18、36、50、58、61、67、69、77、81、105、109、156	—

续表

教学反馈类型	对错反馈	表扬式反馈	指导性反馈	回音反馈				组合使用	合计
				重复	整合	改述	扩展		
频数	4	8	4	20	1	7	1	14	59
百分比	6.8%	13.6%	6.8%	33.9%	1.7%	11.9%	1.7%	23.7%	100%

1. 数据统计说明

从表 3-37 的数据可知,《Seasons》一课的教学 8 种反馈方式都用到了,其中基本反馈方式占 27.2%,回音式反馈占 49.2%。教师的重复式回音反馈次数最多,占比近 34%。组合使用的反馈占比 23.7%。表扬式反馈和改述式回音反馈占比相近,分别是 13.6% 和 11.9%。对错反馈和指导性反馈占比都是 6.8%。整合式回音反馈和扩展式回音反馈各出现了一次。

重复式回音反馈较多,这是英语学科的特点,英语课堂不是母语教学,所以教师常利用重复式回音反馈,让学生再听一遍,重复强化重点内容。改述最能体现教师的教学艺术,本次课有 7 次改述,通过这一方式让学生表达的内容条理更清晰,更有借鉴性。同时本节课有许多组合使用的反馈,多数是表扬式反馈与另一种相结合,在充分肯定学生,调动学生的积极性的同时,也给予一定指导。

2. 典型案例分析

149S_{32}:We take off the sweater.(我们要脱下毛衣。)(R-单点结构)

150T:We take off the sweater.(我们要脱下毛衣。)(F-重复式回音反馈)

151T:Why do we take off the sweater? You please.(为什么我们要脱下毛衣呢? 你来说。)(I-理解性问题,理解水平)

152S_{33}:Because it's hot.(因为很热。)(R-单点结构)

153T:Because it's very hot, we take off the sweater. Okay, thank you, sit down.(因为很热,所以我们要脱毛衣。好,谢谢,请坐。)(F-整合式回音反馈)

话轮 149~153 中,学生的回答涉及多方面信息,老师将学生的两次回答"we take off the sweater"和"because it's hot"整合成"because it's very hot, we take off the sweater",属于整合式回音反馈,能强化信息之间的关联性。老师在总结学生发言的同时,也是在引导学生建立逻辑关系,使学生进行因果分析,从而能输出一个逻辑关系完整的句子。这种反馈能有效推动学生进行更高级别的推理,对学生知识的构建起重要作用。

（三）课堂话语 & 高阶思维

课堂话语分类及引发的高阶思维如表 3-38 所示。

表 3-38 课堂话语 & 高阶思维

课堂话语类型	IRF 基本式	IRF 缺省式（IR）	IRF 增强式	Rv 回音式	合计
话轮编号	1～3、4～6、16～18、34～36、42～44、45～47、48～50、56～58、59～61、62～64、75～77、82～84、98～100、117～119、131～133、134～136、142～144、145～147、148～150、151～153、154～156、157～159、165～167、201～203、204～206、207～209	90～91	19～33、37～41、51～55、65～69、70～74、78～81、85～89、92～97、101～105、106～109、110～116、120～130、137～141、160～164、168～180、181～187、188～194、195～200	7～15	—
频数	26	1	18	1	46
百分比	56.52%	2.17%	39.13%	2.17%	100%
高阶思维（频数）	8	0	5	0	13

1. 数据统计说明

《Seasons》一课的教学中，课堂话语类型基本式、缺省式、增强式、回音式的比例为 26∶1∶18∶1，其中基本式和增强式为主要话语类型，且基本式偏多。基本式引发学生高阶思维 8 次，增强式引发学生高阶思维 5 次，表明本节课思维教学达到了较高水平。

2. 数据关联分析

（1）IRF 增强式话语 & 高阶思维（见表 3-39）。

表 3-39 IRF 增强式话语 & 高阶思维

IRF 增强式话语分类	话轮编号	引发高阶思维次数
多反馈对话	37～41、51～55、65～69、101～105、110～116、137～141、188～194	0

续表

IRF 增强式话语分类	话 轮 编 号	引发高阶思维次数
多追问对话	19~33、70~74、85~89、92~97、106~109、120~130、160~164、168~180、181~187、195~200	4
讨论后对话	78~81	1

（2）多追问对话案例分析。

181T：Now continue.（现在继续。）(I)

182S_{40}：We fly kites. It's great fun.（我们放风筝。这很有趣。）(R)

183T：Do you like this one?（你喜欢这一句吗？）(I-事实性问题，记忆水平)

184S_{40}：Yes.（是的。）(R)

185T：And why?（为什么呢？）(I-理解性问题，理解水平)

186S_{40}：Because it's great fun.（因为它很有趣。）(R-关联结构)

187T：Yes, because it's great fun, it can tell your feelings. So try to use the sentence like this.（是的，因为它很有趣，它能表达出你的感受，所以，请试着使用这样的句子。）(F-扩展式回音反馈)

话轮 185~187 形成 IRF 闭环。此处教师用扩展式回音反馈,对学生发言进行扩展指导。学生第一次回答教师问题只是做简单的概括与推理,理解不深刻,需要鼓励和引导其对问题做进一步思考。学生的回答提取了文本信息 it's great fun,并且用 because 进行因果关联,学生的思维达到了关联结构。此时教师使用多追问话语结构,在总结学生发言的同时,用学生能理解的语言进行指导,达到了很好的教学效果。

（3）讨论后对话案例分析。

78T：We also need a name. Let's give our poster a name. What about Four Seasons Park? I have some pictures. They're here, but they are disordered. If you want to use these pictures, you need to match them. Let's put them on this poster. OK? Now open your books to page 37. Try to match! Ready? Go!（我们还需要给海报起一个名字。让我们给海报起个名字。"四季公园"这个名字怎么样？我有一些图片,但是它们的顺序被打乱了。你们需要将它们匹配起来。现在,我们把这些图片贴到海报上吧！把书本翻到第 37 页。开始吧!）(I-事实性问题，记忆水平)

79T：Are you ready? Now I want one group to come to the blackboard and match the pictures. If you are ready, you can check your answers in your groups.

Try to use the sentence pattern. Can you say something about seasons?（你们准备好了吗？现在我需要一个小组到黑板前匹配图片。其他同学如果准备好了,可以在小组内核对答案。讨论时请用黑板上的句式结构。你们能谈论一下四季吗？）(I-理解性问题,理解水平)

80S_{16}:In spring,it is warm. We fly kites. In summer,it's hot. We eat ice creams. In autumn,it's cool. We go climbing. In winter,it's cold. We make a snowman.（春天很温暖,我们可以放风筝。夏天很热,我们可以吃冰激凌。秋天很凉爽,我们可以登山。冬天很冷,我们可以堆雪人。）(R-关联结构)

81T:Is he right? Big hands for him.（他对了吗？为他鼓掌！）(F-对错反馈＋表扬式反馈)

话轮 79～81 形成 IRF 闭环。讨论后的对话会产生"知识拼图效应",通过小组交流讨论,每个孩子都能从别人那里获取信息,可加深对知识点的理解。学生通过两个句型 It's... 和 We... 分别谈论了各个季节的温度和可以做的事情,达到了对人与季节的关系的认识。此外,在季节的特点上,句子之间形成了意义关联,思维操作是推理,思维水平是关联结构。教师的提问有一定的难度,学生需要经过小组讨论后才能回答,可引发更大范围的互动和对知识意义的社会建构,有效实现复杂推理,属于高水平的对话结构。

3. 话语结构 & 思维水平

《Seasons》教学片段及话语结构和思维水平分析如表 3-40 所示。

表 3-40　教学片段及话语结构、思维水平分析

话轮	会话	互动分析 师	生
42	T:Okay,Lisa.（好的,Lisa,你来说。）(I-事实性问题,记忆水平)	I_1	
43	S_6:Maybe he can swim,he can't make a snowman.（也许他可以游泳,他不能堆雪人。）(R)		R
44	T:Yes,he can't make a snowman.（是的,他不能堆雪人。）(F-重复式回音反馈 Rv)	Rv	
45	T:Why can't he make a snowman?（为什么他不能堆雪人？）(I-理解性问题,理解水平)	I_2	
46	S_6:Because snowman is in winter.（因为冬天才有雪人。）(R)		R
47	T:Because snowman is in winter.（因为冬天才有雪人。）(F-重复式回音反馈 Rv)	Rv	

续表

话轮	会　话	互动分析 师	生
48	T:Why do we have snowmen in winter?（为什么冬天有雪人?）(I-理解性问题,理解水平）	I_3	
49	49S_6:Winter is cold.（冬天是寒冷的。）(R-关联结构）		R
50	50T:Winter is cold. So sometimes it is snowy. So we have snow and then we can make a snowman. Good,a sticker for you.（冬天是寒冷的,所以有时候会下雪。我们有了雪之后就能堆雪人。很好,奖给你一个贴纸。）(F-改述式回音反馈·表扬式反馈)	F	

1. 话语结构

教师发起提问,请 Lisa 说出 PPT 出示的热带的季节特点与人们所能做的事情之后,学生应答的思维过程（推理过程）是"能游泳,不能堆雪人—雪人在冬天才有—冬天很冷"。这个推理过程是基于有关季节的知识经验进行的因果推理,并用语言信息在意义上进行关联,因而学生在思维水平上达到了"关联结构"。

教师发现学生的思维缺陷后,运用了重复式回音反馈,连续两次追问学生,让学生思考天气与人们能做的事情之间的关系,进行因果推理,因而,才有了学生精彩的回答。

2. 思维水平

学生在话轮 49 中的应答,其推理过程为"冬天很冷—雪人在冬天才有—在热带,天气很热,没有雪,不能堆雪人,能游泳",使"季节和天气"与"人们能做的事情"产生意义关联,思维逻辑链清晰,思维水平是关联结构。

3. 小结

该学生的思维水平之所以能够达到关联结构,正是因为教师在反馈中运用"回音式"话语,对学生的回答进行了追问,对具有因果关系的相关对象做出了提示,为学生指明了思维的方向。

三、白璧微瑕：名师教学批评

通过前面的数据建构与对课堂实录的进一步分析可知,《Seasons》一课的教学仍存在改进空间。

（一）课堂提问中，事实性问题过多

1. 数据统计说明

在老师的提问中，事实性问题有 31 个，其中有 2 个问题引发了学生的高阶思维。事实性问题大多属于简单的提问，如 Do you know...? Can you...? 学生的思维方式是提取信息。事实性问题过多，会造成课堂出现"碎问碎答"的现象，浪费时间。

2. 典型案例分析

174T：Which one do you like?（你喜欢哪一句？）(I)

175S_{39}：I can see some beautiful flowers.（我可以看到一些漂亮的花。）(R)

176T：Now, boys and girls, when you make an introduction, try to use the words like sunny, beautiful, rainy, windy and snowy.（同学们，在介绍季节的时候，可以尝试使用以下词语：晴朗的、美丽的、下雨的、刮风的和下雪的。）(F-指导性反馈)

点评：话轮 174～176 形成 IRF 闭环。此处教师用指导性反馈对学生的发言进行归纳总结，教学方法不够恰当。学生的回应提取了文本相关信息，但是没有进行分类和归纳，也没有解释为什么喜欢这一句，此时学生的思维停留在单点结构，教师的归纳替代了学生的思维过程。

3. 教学改进建议

教师可以追问学生为何喜欢这一句，让学生尝试回答，先表扬后指导，则学生重新应答的思维水平可能达到关联结构，教学效果也就有所提升。

（二）课堂会话中，单点结构过多

单点结构会话分类如表 3-41 所示。

表 3-41 单点结构会话

单点结构会话分类	话轮编号	备注
1. 主题事实性回答	5、14、26、32、140、146、149、152	回答与"季节"这一主题相关的常识
2. 方法性回答	66、68、71、73、76	讨论完成课堂任务所能使用的方法

续表

单点结构会话分类	话轮编号	备注
3. 任务反馈	96、99、102、113、115、118、132、135、138	完成阅读任务后,学生针对每个季节进行反馈
4. 语言操练	191、193	教师教授语言框架,学生进行语言操练

1. 数据统计说明

课堂会话有24个单点结构。单点结构的应答,大多是用简单的句子回答教师的问题,学生习惯于用简单或单一信息回答问题,而教师并没有意识到这一点。单点结构过多,会造成课堂的问答形式过于简单,达不到应有的教学效果。

2. 典型案例分析

在话轮96、99、102、113、115、118、132、135、138中,教师布置了让学生自行阅读绘本的任务,并给出问题:What do you know? 因为这个问题过于开放和宽泛,学生回答任何一个要点都是可以的,所以学生的回答较为零散。

3. 教学改进建议

如果教师能从多维度进行提问,在提出开放性问题的同时给出语言框架,那么学生的回答会更有条理。如果将这项任务设计成小组合作任务,由小组合作反馈,学生的回答就能涵盖更多要点,也更有关联性、系统性。

四、学科专题研究

(一)专题名称

英语语言学习中的学思结合教学策略研究。

(二)核心概念

英语课程标准中的"语言学习"是指学习者在学习英语的过程中获得语言学习能力,包括英语相关知识的掌握、运用和拓展以及英语学习策略的培养与运用等。通过语言学习,学生应该能够理解英语的规则和结构,掌握相应的词汇、语法、语音等基础知识,能够运用所学知识进行听、说、读、写的交际活动。此外,语言学习还要求学生能够自主学习和探究,灵活运用不同的学习策略和工具,提高自己的学习效果和学习兴趣。

英语课程标准中的"学思结合"是指在英语学习中,学生通过实践和思考,将所学知识和技能应用于实际活动中,形成对英语的深刻理解和有效运用能力。具体来说,学思结合包括三个方面的内容:一是学以致用,即将所学知识和技能应用于实际生活和学习中;二是学以促思,即通过实践和思考,加强对所学知识和技能的运用和理解;三是思以强学,即通过反思和总结,不断提高学习效果和自身的学习能力。学思结合是英语课程中的一个重要目标,实践和思考可以提高学生的英语交际能力和语言思维能力,培养学生主动学习和探究的意识,激发学生的学习兴趣和自信心,促进学生全面发展。

(三)课标链接

(1)发挥核心素养的统领作用。围绕核心素养确定课程目标,选择课程内容,创新教学方式,改进考试评价,指导教材建设,开展教师培训。

(2)构建基于分级体系的课程结构。课程以分级体系为依据,因地制宜,因材施教,确定起始年级和学习内容要求,灵活安排教学进度。

(3)以主题为引领选择和组织课程内容。内容的组织以主题为引领,以不同类型的语篇为依托,融入语言知识、文化知识、语言技能和学习策略等学习要求,以单元的形式呈现。

(4)践行学思结合、用创为本的英语学习活动观。坚持学思结合,引导学生在学习理解类活动中获取、梳理语言和文化知识,建立知识间的关联;坚持学用结合,引导学生在应用实践类活动中内化所学语言和文化知识,加深理解并初步应用;坚持学创结合,引导学生在迁移创新类活动中联系个人实际,运用所学知识解决现实生活中的问题,形成正确的态度和价值判断。

(5)注重"教—学—评"一体化设计。坚持以评促学、以评促教,将评价贯穿英语课程教与学的全过程。坚持形成性评价与终结性评价相结合,逐步建立主体多元、方式多样、素养导向的英语课程评价体系。

(6)推进信息技术与英语教学的深度融合。重视教育信息化背景下英语课程教与学方式的变革。

(四)教学策略

1. 创设情境

- 问题情境——思维定向

本节课中,教师用歌曲热身,并基于歌曲中的信息,以问题"Which season do I like"引入有关季节的话题。

- 故事情境——情感定向

教师出示图片,让学生了解地球各地区的季节,引导学生关注并感受不同地区有不同的季节。接着,教师出示只有一个季节的地区的图片,引导学生向该地区的人介绍我国的四季,促使学生发散思维并拓展其对四季的认识。总体来看,教师是通过呈现图片来创设情境、引入课题的。

2. 建立联结

本节课中,"spring, summer, autumn, winter"等单词和"I can eat ice cream. I can ski. I can't skate. I can't make a snowman"等句子对于学生来说是旧知。在教师出示不同季节的情境图片,引导学生思考不同季节能做什么事情时,学生需要在旧知与新知之间建立联结,输出"In summer, we can eat ice cream"这样的句子。这样既降低了新知识的学习难度,又可促进学生的思维发展。

3. 知识建构

名师教学的"知识建构"策略,一看学习方式(知识建构方式),二看"教""扶""放"(教授方法)的过程。

(1)从语言图式到多元观点。

教师在创设的热带情境下,利用学生已知的句型结构 In... it's... 和 We can... 帮助学生建构描述季节的语言图式,包括季节的气候特点、不同季节能做的事情。接着,教师将四季绘本课程资源融入本课的学习,鼓励学生发表多元化的观点。通过多次阅读与观察,以及小组讨论,学生的语言内容变得丰富,最后全班分享对季节的介绍,形成知识地图。学生的语言运用能力得到发展,自主阅读能力得到培养。

(2)从"授人以鱼"到"授人以渔"。

教师创设不同情境,教授学生描述季节,帮助学生将教材知识转化为语言运用能力。同时,教师利用各种各样的学习任务帮助学生拓展描述季节的语言资源,比如绘本故事学习、语言的对比选择等。在这个过程中,老师慢慢渗透方法,教授学生如何介绍季节,让学生为自主介绍四季做好充分准备。

4. 迁移应用

本课教师首先引入热带情境,指出热带的人只能体验夏天这一个季节,但他们想了解四季,借此提出任务,请学生为他们介绍四季。如何介绍呢?学生需要先了解有关四季的英文表达,才能更好地为别人做介绍。课堂上,学生首先结合特定的情境,仿照课本句式,简单表达;然后阅读绘本,丰富表达;最后完成介绍的任务,自主表达。学生在完成任务的整个过程中,自主调动已有的相关知识经验自觉进行相关知识的迁移,对任务进行分析和探究,对照自己的原有表达内容,或补充或辨析,从而对新知与旧知的认识更加全面,实现知识的有效迁移和应用。

第四部分　研学叙事

对于英语研学小组来说,名师研学之旅可谓荆棘丛生又收获满满,她们从迷茫到改观,再到认同,一路不断进步,不断成为更好的自己。

一、迷茫篇

李敏老师说,一开始加入研学小组时,如果要用一个字来形容她的状态,那就是"懵",每次培训,她都不知道专家在讲些什么。她时常会想,研究学生思维的意义是什么?她以前认为,思维是一种抽象的东西,是无法具化到教学实操上的,而如果没有日常教学的实际操练,这样的理论知识只不过是纸上谈兵而已。头几个月,她虽然无法理解,但还是拖着沉重的步伐,耐着性子继续坚持着研学之旅。

李姝老师说,初次接触这样的理论,她的内心是迷茫又抗拒的。为了检测老师们对理论的掌握程度,学校还组织了在线检测,并针对老师们出现的问题再次进行培训,力求人人不掉队。她不想掉队,于是不断说服自己,试一试,再试一试。

贺倩老师说,最初加入名师研学的她,热情、积极,可虽然付出了很多努力,对于一些理论还是无法理解,逐渐产生了放弃的念头。有一次,专家在学校给老师们进行了新一轮的培训并且布置了相应的作业,她由于不太理解培训的内容,没能及时完成作业。

郑瑶老师说,因为大家对概念不理解,同时也不理解名师研学的价值与意义,所以大家对作业总是一拖再拖。而她除了担任英语小组的组长外,还扮演着一个重要的角色——专家联络人。面对大家的不理解、不主动,她有些恐慌。她的性格比较内敛,也不太擅长给别人做思想工作,所以当任务推进不顺利的时候,她会觉得有些束手无策。但是现在她已经适应了这项工作,专家说她是连接专家、学校领导和教师的桥梁和纽带,她的工作让这三方的信息保持一致,大大节约了解释成本,提高了研学的效率。

二、领悟篇

孙玥老师说,通过品评名师的课例,她意识到了教师提问对引发学生高阶思维的重要作用。比如,在《Seasons》这节课开课之初,教师没有直接进入课堂主题,而是先抛出了一个问题:为什么会有四季?用一个简单的问题打开了学生的脑洞,不

仅让学生学到了课本中的语言知识，还激发了学生的思维，科普了更多的跨学科知识。在最后的活动任务中，教师也没有直接给学生布置任务，而是用巧妙的问题引导学生去品读语言，体会语言的美。

李敏老师说，随着时间的推移，再痛苦的事情仿佛也能被时间磨平。研学过程中，虽然她一开始十分不情愿，但通过不断研究课堂实录，她认识到，原来高阶思维也是可以具化成问答的，通过学生回答的话语，老师们可以分析学生的思维过程、运用思维的方式和达到的思维水平。此时她才彻底转变了自己的想法，从曾经的不看好到潜心研究，静心对待每一次的培训，循序渐进地学习。在这个过程中，她逐渐成长为能独立分析学生思维水平的优秀教师。

李姝老师说，在一次又一次的实操过程中，她对学生思维水平的评定标准更加明晰，也对新一轮培训的到来更加期待。大家从理论学习走向具体操作，从单项训练走向综合分析。密密麻麻的英语单词、密密麻麻的数字、接二连三的表格，在一次又一次的修改下，她和英语组其他老师最终完成了案例撰写的任务。

郑瑶老师说，在以往的学习中，她们都是仰望名师的教学艺术，但是这一次，她们也对名师的课堂教学开展了批评研究。通过对名师课堂的反复打磨，她们收获了更多经验。

三、升华篇

李敏老师说，分析学生的思维水平不仅仅是基于理论的学习，在研究过程中，她发现自己在日常教学中也会不自觉地分析课堂上学生的思维水平，从而判断自己的这节课有没有让学生达到更深层次的理解。完成研学任务的她，望着她们小组共同打磨出来的作品，感到有些难以置信，原来在不知不觉中，她已经学了这么有益于教学的东西；原来只要付出耐心、恒心、诚心，慢慢接触和理解新的知识，就能看到课堂教学不一样的一面。

李姝老师说，从迷茫困惑到茅塞顿开，从抗拒挣扎到接纳拥抱，在名师研学的过程中，她经历了痛苦、挣扎，也经历了蜕变、成长。观念的转变，思维的洗礼，这些终会是她专业成长的精神财富，助她在今后的教学工作中坚持学习，坚持创新，坚持钻研！

贺倩老师说，在整整一年的名师研学路上，忙碌而又充实，学习与成长并进，快乐与苦涩并存。回望最初，依然记得名师研学培训前的手忙脚乱，依然记得面对学生课堂问题时的无所适从，随着时间的推移，这些都在专家的指导下以及与同事的合作中渐渐退去。后来，她学会了用思维评价的方法分析学生的课堂话语，能够更加轻松地掌控英语课堂教学。她最终明白了，只有善于研究，坚持研究教育理论，才能形成自己的教育智慧，教科研是教师发展的必由之路。

孙玥老师说，如果永远只用旧有的观念去上课，课堂会越来越僵化，教师会很快进入职业倦怠期，对学生的引导作用也很有限。她们需要以学生为中心，通过反思和研究，从更多的视角完善她们的教，助力学生的学。

郑瑶老师说，人生是一段波澜壮阔的漫长旅程，沿途充满艰辛和挑战，却也蕴藏着一道道美景。没有人能轻易获得成功，每一个辉煌成就的背后都有着无数的辛酸和付出。

英语小组的成员们一直走在教育科研的康庄大道上，脚步矫健而坚定。她们的研学案例沉淀着智慧和汗水，不仅是对教育理念的重新思考，更是对教育方式的革新和尝试。

五年级科学课《热在水中的传递》名师研学

武汉经济技术开发区薛峰小学科学研学小组[①]

第一部分　研　学　概　述

一、研学课例

1. 课例信息

　　《热在水中的传递》是教科版小学科学五年级下册第四单元第五课。重庆市北碚区朝阳小学杨健伟老师在重庆市第十届小学科学优质课竞赛中执教了本课并荣获一等奖。

　　许多学生都观察过水加热的过程，他们已经知道水受热后温度会升高。学生在三年级的学习中也已经知道了水结冰时的温度和水沸腾时的温度，但他们不清楚，在加热试管和烧杯底部时，热量在水中是怎样传递到各个部分的。通过前面几课的学习，学生已经知道热是可以传递的，传递方式有三种。而本节课要让学生具体认识其中的一种热传递方式——热对流，并为下一课《哪个传热快》打下基础，起着承上启下的桥梁作用。所以，本节课有着重要的教学价值。

2. 课程内容

　　《热在水中的传递》一课所在的领域是物质科学之"能量的转化与守恒"。本课的核心概念是"热在水中是以对流的方式传递的。热可以在物体间和物体内传递，固体、液体、气体都能传热"。本课的教学内容是：学生通过实验认识热在水中的传递方式，再根据水和空气都是能流动的物体，进一步推想出热在气体中的传递方式，最后了解热对流在生活中的应用。探究活动共分两个部分，一是探究试管中发生的对流现象，二是探究烧杯中发生的对流现象。同时，教科书中的"拓展"栏提出

[①] 研学小组成员：罗虹霞（组长）、王春雷、黄伦、罗乐。

了问题:冬天在房间里使用取暖器时,房间里的空气是怎样逐步变热的?学生通过自主研究,画出空气受热后的运动路线图,再研究水的对流,整个探究活动也因此显得生动有趣,能更好地激发学生的探究欲望。

二、授课名师

杨健伟,重庆市北碚区朝阳小学教师,其教学特色是,课堂引入与主题息息相关,课中知识讲解细致,不断地引导学生自我思考,促进学生对知识点的掌握,提高学生自主学习能力,教授给学生学习科学的方法,在互动中启发学生的思维,提升学生思维能力。

三、研究内容

(1) 名师优课的教学艺术。

①慎思笃学。学生在思考中学习,每个活动都由问题导入,学生带着问题进入学习的过程。

②巧妙提问。教学生勤于思考,同时给学生足够的思考空间,让学生享受思考的乐趣。

③妙用提示。适当引导,让学生自己悟出来比不厌其烦地说教的效果要好得多。

④尊重个性。尊重每个学生的不同观点,重视每个学生的不同观点。

(2) 名师优课教学与新课程$^{2.0}$理念的一致性。

(3) 名师优课教学数据分析。

(4) 基于《义务教育科学课程标准(2022年版)》的主题研究。

第二部分 教学还原

一、教学流程图

《热在水中的传递》教学流程如图 3-24 所示。

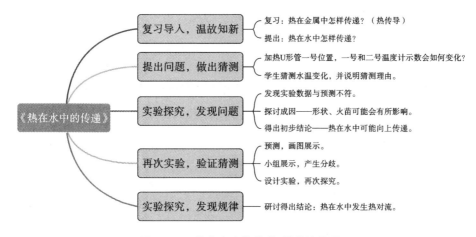

图 3-24 《热在水中的传递》教学流程图

二、课堂实录与话语标记

本课例研究运用话语分析理论和 SOLO 分类理论对课堂话语进行话轮标记,并对学生的应答进行思维水平评价。话轮标记符号及其意义如下:

I＝发起(问题驱动/任务驱动/接力驱动);

R＝回应(前结构/单点结构/多点结构/关联结构/拓展结构);

F＝反馈(对错反馈/表扬批评/指导性反馈/回音式反馈)。

活动 1 复习导入,温故知新

1 师:在上一节课中,我们学习了热在金属中的传递。如果我们加热金属条的左端,热会怎样进行传递呢?这位男生,请你说。(I-事实性问题)

2 生$_1$:较热的那一端会向较冷的那一端传递热量。(R-单点结构)

3 师:你能说得清楚一点吗?从哪一端开始?(I-事实性问题)

4 生$_1$:假如是从左端开始有热量,那它们就会向右边传递热量。(R-单点结构)

5 师:大家听明白了吗?和他想法一样的同学请举手。看来大家对相关知识都掌握得非常牢固。热量会从温度高的一端传向温度低的一端。(F-对错反馈＋重复式回音反馈)

6 师:如果我们加热的是金属条的这个位置(金属条的中间),热量会怎样进行传递呢?(I-假设性问题)

7 生₂:热量会从加热的那一个点开始,向两边扩散。(R-单点结构)

8 师:大家赞成吗?(I)

9 生齐:赞成。(R)

10 师:看来你们对上节课所学的知识确实掌握得很牢固。(F-表扬性反馈)

11 师:难度升级,如果我们加热的是金属圆盘的正中心呢?七组的这位女生,你来说。(I-假设性问题)

12 生₃:热量就会从圆的中心向外面扩散。(R-单点结构)

13 师:对的。(F-对错反馈)

14 师:再来最后一个问题,请你继续说。如果我们加热的是一个U形铁条的底端,热量会怎样传递?(I-假设性问题)

15 生₃:应该是从中间往两边扩散。(R-单点结构)

【点评:生₃以问题"如果我们加热的是金属圆盘的正中心或者U形铁条底端,热量会怎样进行传递"为线索,对上堂课所学的知识进行了回忆,思维操作是信息提取,思维水平是单点结构。】

16 师:大家听明白了吗?(I)

17 生齐:明白了。(R)

18 师:和她的想法一样吗?(I)

19 生齐:一样。(R)

20 师:对的。(F-对错反馈)我们把这样一种热沿着物体从高温处向低温处进行传递的热传递方式称为——(I-理解性问题)

21 生齐:热传导。(R-单点结构)

活动2 提出问题,做出猜测

22 师:对了,热传导。(F-对错反馈)

23 师:热在金属这类固体中是以"热传导"的方式传递的,在液体中是怎样进行传递的呢?今天我们借助水,一起来研究热在水中的传递。为了研究这一个问题,老师给大家带来了一管水,水里面有一号、二号两只温度计。如果我们加热水的这个位置(一号温度计下面的试管),猜测一下,一号温度计和二号温度计的示数会相等吗?六组的男生说一下。(I-假设性问题)

24 生₄：我认为它们显示的温度应该是相等的。大家可以看到,虽然那个温度计(注:一号温度计)离酒精灯要近一点,但是它们两个热传递的路程应该是相同的,所以说传播时间也是相同的,所以热量(注:温度)应该也是相同的。(R-关联结构)

25 师：好,你能上来画一画吗?你认为热是怎样传递的?(I-理解性问题)

26 生₄：我认为一号温度计应该在这个位置,二号温度计在这个位置。(R-关联结构)

【点评：生₄以问题"如果我们加热水的这个位置,猜测一下,一号温度计和二号温度计的示数会相等吗"为线索,关注到了热传递的几个要素——温度计的位置、热传递路程、传递时间,并对三个要素的关系进行了分析,从而可以画出热传递路径,得出正确结论。思维操作是复杂推理,思维水平是关联结构。】

27 师：哦,好(F-对错反馈)。大家明白了吗?(I)

28 生齐：明白了。(R)

29 师：有没有和他想法一样的?请举手。还有一些同学有不一样的想法,来说说你的想法。(I)

30 生₅：我觉得一号温度计可能会更快地接收到火源产生的热量,而二号温度计过一段时间才可以接收到。(R)

【点评：生₅预测了两个温度计的信息,并对传热快慢做出判断,思维操作是归纳推理,思维水平是多点结构。】

31 师：所以说,你认为一号会比二号快。(F-改述式回音反馈)

32 师：老师还有一个问题,一号温度计的示数会比二号高,是高很多还是高一点呢?(I)

33 生₆：我觉得是高一点。(R-单点结构)

34 师：其他同学呢?是认为高一点还是高很多?(I-理解性问题)

(生齐：高一点)(R)

35 师：你能上来画一画吗?(I-理解性问题)

36 生₆：从图上可以知道,二号温度计在这个位置,一号温度计在这个位置,如果在这里加热,因为直线距离是最短的,那么热从这上去应该比这样沿折线过来的时间要短一些。(R)

【点评：生₆以问题"一号温度计的示数会比二号高很多还是高一点"为线索，先指出两个温度计的位置，再做出假设。但最后没有得出结论，没有完成逻辑推理，思维水平是多点结构。】

37 师：现在我们有了两种不一样的想法。（F-整合式回音反馈）

38 师：还有没有不一样的想法？（I-理解性问题）

39 生₇：我觉得应该是二号温度计的示数高一些。因为虽然说直线距离最短，但是加热的这个点到二号温度计的距离还是要比到一号温度计短一些的，所以我觉得二号温度计的示数要高一些。（R-关联结构）

40 师：你需要上来画一下吗？（I）

41 生₇：加热的点在这里，然后一号温度计在这里，二号温度计在这里，二号温度计到加热点的距离要短一些。（R）

【点评：生₇对两个温度计的位置进行了对比，并进行了分析推理，但在表达上缺乏对距离和时间的联系。思维操作是复杂推理，思维水平是关联结构。】

活动3　实验探究，发现问题

42 师：同学们，真实情况到底是怎样的呢？在装水的U形试管里，热是怎样传递的？我们继续讨论能不能得出结论？（I-事实性问题）

43 生₈：不能。（R）

44 师：那接下来我们就一起做实验。（F-指导性反馈）

45 师：我需要两位同学上来帮我一下。这位女生和这位男生，我需要你们来帮我读一下温度计的示数。请你们侧着身子，对着同学们，你（男生）读一号温度计，你（女生）读二号温度计。我们先看一下这两位同学读温度计的方式是否标准。（I-事实性问题）

（生读温度计）（R）

46 师：他们都已经蹲下了身子，视线和温度计平齐，看起来还是比较专业的。（F-表扬性反馈）

47 师：接下来我们进行第一次读数，一号同学请读数。（I）

48 生₉：一号温度计是23摄氏度。（R-单点结构）

49 师：二号呢？（I）

50 生₁₀：22.5摄氏度。（R-单点结构）

51 师：22.5摄氏度。我们保留整数好不好？也就是23摄氏度。（F-改述式回

音反馈)

52师:接下来我们进行加热。这是加热用的酒精灯,老师提前把它的灯帽取下来了。这个是点火器,点火的时候一定要注意安全。我们每隔20秒进行一次读数。当我说读数的时候,两位同学就告诉我温度计的示数。(I-事实性问题)

53生$_9$:一号温度计还是23摄氏度。(R-单点结构)

54生$_{10}$:我这也是23摄氏度。(R-单点结构)

55师:还是23摄氏度,没有变化。(F-重复式回音反馈)。

56师:再等待一会儿。时间正在流逝,请读数。(I-事实性问题)

57生$_9$:一号温度计是29摄氏度。(R-单点结构)

58生$_{10}$:二号温度计是23摄氏度。(R-单点结构)

59师:请同学们继续观察。两位同学请读数。(I)

60生$_9$:一号温度计是35摄氏度。(R-单点结构)

61生$_{10}$:二号温度计还是23摄氏度。(R-单点结构)

62师:感谢两位同学,请你们下去。(F-表扬性反馈)。

63师:同学们,你们发现了什么?请你说。(I)

64生$_{11}$:我发现一号温度计的示数在不停地上升,二号温度计的示数一直没变。(R-多点结构)

65师:嗯,你们也发现了吗?和我们的预测一样吗?(I-事实性问题)

66生$_齐$:不一样。(R-单点结构)

67师:不一样。我们发现,一号温度计的示数比二号高,而且高很多。(F-改述式回音反馈Rv)

68师:谁能解释一下这个现象?小组讨论一下。(I)

(小组讨论)

69师:哪位同学来跟我们交流一下?你们怎么解释这个现象?我们请七组的女生说一下。(I-理解性问题)

70生$_{12}$:我们小组觉得,因为酒精灯在垂直的温度计下面,热往上面是直线传递,在拐弯的地方拐不过去了,所以就停留在了那个地方。(R-关联结构)

【点评:生$_{12}$以问题"你们怎么解释这个现象"为线索,从直线和曲线两个角度对热的传递进行了推测,推理过程是:酒精灯在垂直的温度计(一号温度计)下面(观察到的事实)—热往上面是直线传递—拐弯的地方(二号温度计)拐不过去了—所以(热量)就停留在了那个地方。推理过程中没有得出结论,思维水平是关联结构。】

71师:大家听明白她的想法了吗?我找一位同学来补充一下。(I-理解性问题)

72生₁₃:我来补充一下,因为拐弯的地方热量消散了,所以二号温度计的示数就没有上升。(R-关联结构)

【点评:生₁₃在生₁₂应答的基础上,关注到了拐弯的地方热量消散这一信息,做了进一步的推理并得出结论。思维方式是复杂推理,思维水平是关联结构。】

73师:哦,是这个意思吗?刚才这位同学是这个意思吗?那你们是不是认为试管的形状影响了实验结果?(F-扩展式回音反馈Rv)

74师:还有没有不一样的想法?还有哪些因素影响了实验结果?六组的男生。(I-理解性问题)

75生₁₄:我们小组认为火苗传递热量是有一定范围的,一号温度计是在那个范围之内的,二号温度计可能在那个范围以外,或者所在范围的热量比较少,所以二号温度计比一号温度计的示数低很多。(R-关联结构)

【点评:生₁₄首先提出热的传递是有一定范围的这一假设,然后对一号温度计和二号温度计所处的范围进行演绎推理。思维操作是假言推理,思维水平是关联结构。】

76师:听懂他的说法了吗?你认为是火苗影响到热的传递,是吗?(F-扩展式回音反馈)

(师板书:火苗)

【点评:缺乏对热在水中传递规律的总结,导致后面的学生回答问题时说不到点子上。】

77师:请同学们想一想,假如我们把这一管水换成金属,结果还会是现在这样吗?(I-假设性问题)

生齐:不会。(R)

78师:这是不是说明一个问题,热在水中的传递与热在金属中的传递一样吗?(I-事实性问题)

79生齐:不一样。(R-单点结构)

80师:好,同学们,我们现在可以得到一个非常重要的结论。热在水中的传递方式与热在金属中的传递方式一样吗?(I-理解性问题)

第三章 典型案例

81 生_齐:不一样。(R-单点结构)

82 师:对,不一样。(F-对错反馈)

83 师:那热在水中的传递方式是怎样的呢?这位男生,你最先举手,请你说。(I)

84 生_15:可以得出一个结论,热在水中传递时,热量会一直向水的表面发散,不会往其他地方扩散。(R-单点结构)

【点评:生_15以问题"热在水中的传递方式是怎样的呢"为线索,得出"热向水的表面发散"的结论,思维操作是简单推理,思维水平是单点结构。】

85 师:我找一个同学来解释一下他的话。(I)

86 生_16:他说的是热只会往水的表面扩散,而不往其他的地方扩散,我觉得他说的是错。因为在加热的时候水中会产生气泡,虽然气泡向上浮看起来就像是热在向水面传递,但这只是因为加热后空气会进入水里面,由于空气比水轻,气泡就会浮到水的表面。所以气泡其实是空气进入水之后产生的。我觉得热在水中的传递路径应该是直线。(R)

87 师:是向哪个方向的直线?(I-事实性问题)

88 生_16:是向上的直线。(R-单点结构)

【点评:生_16否定了生_15的观点,提取了气泡和热量两个信息,并对二者的关系进行了推测。推理过程中用到的部分经验知识是错误的,但是得出了自己的结论,思维水平是关联结构。】

89 师:这位同学,刚刚你说的是这个意思吗?这位同学不仅说出了他的想法,还和大家一起分享了想法背后的原因。(F-表扬性反馈)

90 师:现在我们就得到了一个初步的结论,热在水中可能是——(I)。

91 生_齐:向上传递的。(R-单点结构)

活动4 再次实验,验证猜测

92 师:真的是这样吗?要知道热在水中的传递方式,还需要我们进行实验探究,从而做进一步的观察。老师为了帮助大家探究,把一管水换成了面积更大、更容易观察的一杯水。热在水中是如何传递的呢?请小组长分发桌上的记录单,大家把自己的想法画在记录单上,画完之后,可以相互交换意见。(I-理解性问题)

(学生实验 R)

93 师:好,表扬同学们能够安安静静地进行观察并记录。把你的想法画上去,画完之后小组之间可以相互交流。(F-表扬性反馈+指导性反馈)。

94 师:画完的同学可以拿上来给我们分享一下。我们请第六组的同学上来给我们分享一下你们是怎么想的。(I)

(小组展示)

95 生$_{17}$:我觉得热在水中可能是从火苗这里先沿直线传递,再往周围扩散,然后其他地方也会有一部分热量沿直线传递。(R)

【点评:生$_{17}$以问题"热在水中是如何传递的"为线索,从直线和周围两个维度对热在水中的传递路线进行分析,思维操作是归纳推理,思维水平是多点结构。】

96 师:还有补充的吗?我们再请第七组给我们分享一下。(I-理解性问题)

97 生$_{18}$:我们小组觉得,热在中间的那个地方是沿直线往上传递的,然后在其他地方应该是沿弯曲的两边往上传递的。(R-多点结构)

【点评:生$_{18}$以问题"热在水中是如何传递的"为线索,从直线和曲线两个维度对热在水中的传递路线进行分析,思维操作是归纳推理,思维水平是多点结构。】

98 师:好,先请你们下去,谢谢。现在我们是不是有了两种想法?(F-整合式回音反馈)

99 师:还有不一样的想法吗?(I-理解性问题)请第八组的同学上来。同学们,让我们一起听一听第八组的想法。

(小组展示)

100 生$_{19}$:我觉得热是先从中间这个点往两边扩散,然后再往上升的。(R-多点结构)

【点评:生$_{19}$从水平方向和垂直方向两个维度对热在水中的传递路线进行分析,思维操作是归纳推理,思维水平是多点结构。】

101 师:其他同学有没有补充的?还有没有不一样的想法?现在我们有了三种不一样的想法。(F-整合式回音反馈)

102 师:那么哪一种想法是符合真实情境的呢?(I-理解性问题)

103 生$_齐$:第一种。(R-单点结构)

活动5　实验探究，发现规律

104 师:这也是我们的推测,需要再次进行实验。我们怎样才能看到水中的变化呢?请你起来说一下。(I-方法性问题)

105 生$_{20}$:可以放一些东西进去,在水沸腾的时候,就可以看到这些东西的运动轨迹,从而判断出热在水中是怎样传递的。(R-拓展结构)

【点评:生$_{20}$以问题"我们怎样才能看到水中的变化"为线索,提出"放些东西进去并观察其运动轨迹",在假设的基础上进行演绎推理(假言推理)——加热至水沸腾,观察"东西"受热后的运动轨迹,从而推断热在水中的传递路径。这种方法虽然带有假设性质,但想法大胆创新,且操作过程完整,表达条理清晰,思维操作是演绎推理,思维水平是拓展结构。】

106 师:大家听明白了吗?有没有补充的?好,这位同学。(I)

107 生$_{21}$:我认为可以放一些茶叶。因为加热的时候,茶叶会随着气泡往上升。我们看到茶叶是怎样上升的,就可以知道热在水中到底是怎么传递的。(R-关联结构)

【点评:生$_{21}$的回答显然受到了生$_{20}$的启发,把生$_{20}$所说的"东西"具化为"茶叶",对茶叶运动轨迹与热量传递路径进行演绎推理,得出结论。思维操作是演绎推理,思维水平是关联结构。】

108 师:嗯,大家听明白了吗?还有没有人补充?(I-方法性问题)

109 生$_{20}$:我觉得气泡不能代表热量传递的方向。我以为可以在烧杯内部的不同地方放温度计。(R-多点结构)

【点评:生$_{20}$首先做了一个否定判断——"气泡不能代表热量传递的方向",这是一个合情推理,即基于生活经验进行的推理;然后提出自己的假设——"可以在烧杯内部的不同地方放温度计",但是没有沿着假设做进一步的演绎推理,方法的操作过程没有展开,思维水平判定为多点结构。】

110 师:他有了一个与大家不一样的想法,他认为可以放温度计。(F-重复式回音反馈)

111 师:那我们采取哪一种方法呢?(I-理解性问题)

112 生$_齐$:茶叶。(R-单点结构)

113 师:大家都认为可以放茶叶。(F-重复式回音反馈)

114 师:按照大家的想法,如果我们把茶叶放进去,会出现什么样的情况呢?比如说这一种(手指黑板第一种猜测图示),我们请六组的一位女生来说一说。(I-假设性问题)

115 生$_{22}$:如果是第一种情况,在火源正上方的茶叶可能会先上升(注:沿直线上升),不在火源正上方的那些茶叶,可能会直接往上升,会有一点点的偏差(注:沿曲线上升)。(R-多点结构)

【点评:生$_{22}$做了两个假言判断,形成推理,但没有形成意义关联,因此思维水平是多点结构。】

116 师:有没有人补充?你来说。(I)

117 生$_{23}$:我补充一下刚才那位同学的发言,我觉得在火源正上方的茶叶会先向上升,这是因为有气流(注:气泡)把它推到接近水面的位置,它会翻滚着向两边扩散。另外,不在火源正上方的那些茶叶可能会一直在靠近杯底的地方翻滚。(R-关联结构)

【点评:生$_{23}$在生$_{22}$的基础上,对不同位置的茶叶的运动方向做了推测,并对原因进行分析。生$_{23}$的应答内容仍然在前面同学发言的框架内,没有突破。因此,思维操作是假言推理+因果分析,思维水平是关联结构。】

118 师:如果是这种情况(手指第二张图),它会怎么动?(I-假设性问题)

119 生$_{24}$:如果是这种情况的话,可能是最中间的茶叶往上面升,然后两边的茶叶沿弧线慢慢地往上升。(R-多点结构)

【点评:生$_{24}$从正对火源中心的茶叶与火源两边的茶叶两个维度对茶叶的轨迹进行了描述,思维操作是归纳推理,思维水平是多点结构。】

120 师:如果是这种情况呢?请你继续回答(手指第三张图)。(I-假设性问题)

121 生$_{24}$:如果是这种情况的话,所有茶叶都会一起往上升。(R-单点结构)

【点评:生$_{24}$对黑板上的图片信息进行了归纳,思维操作是归纳推理,思维水平是单点结构。】

122 师:大家还有疑问吗?真实情况是怎样的呢?接下来我们进行实验探究。老师要强调一下,在实验过程中我们应从下往上组装器材,同时需要注意安全。有

第三章 典型案例

三条安全提示：第一，不要用手直接触摸可能比较热的地方；第二，观察结束后，连续两次盖灭酒精灯；第三，如果酒精灯不小心被打翻了，请立即用湿毛巾扑灭，并且告诉老师。现在给大家三分钟的时间上来领取材料进行实验。（I）

（小组领取实验材料，教师巡视指导 R）

123 师：（教师巡视至小组跟前）好，表扬你们小组，看来你们小组已经观察到了一些现象，接下来把你们观察到的现象画下来。（F-表扬性反馈）

124 师：通过实验我们观察到什么现象？把你们看到的画下来。（I-理解性问题＋事实性问题）

（学生做实验 R）

125 师：我们看看这两组同学的发现和我们的是不是一样。我们先来看这一组的，请第八组的同学上来，站到这边来。（I-理解性问题）

126 生$_{25}$：我们在做这个实验的时候，观察到……（R）

127 师：先停一下，同学们，我们一起看一看，他们观察到的和我们一样吗？（I-理解性问题）

128 生$_{25}$：我们基本上都在观察一片大的茶叶，我们看到他们小组的那片茶叶先是快漂浮到最顶上了，不知道是不是火候的原因，然后变成弧形掉了下去，最后快接触瓶底的时候又漂了起来。这是我们观察到的现象。（R-多点结构）

129 师：同学们，你们发现了吗？（I-事实性问题）

130 生$_{26}$：我觉得热是从杯子底部顺着两边传递上去的。（R-多点结构）

【点评：该小组（生$_{25}$、生$_{26}$）从大的茶叶与弧形的茶叶两个维度对茶叶的运动轨迹进行了描述，并将茶叶运动轨迹与热的传递进行了联系，思维操作是提取信息，思维水平是多点结构。】

131 师：你们发现的现象和他们一样吗？有没有人补充？（I-理解性问题）

132 生$_{27}$：我们发现的现象跟刚刚那组其实是差不多的。但是我们觉得热是往旁边传递的。最开始四周的茶叶都往上升，然后慢慢地又开始斜着上升，最后往上升的那些茶叶都掉下来了。（R-关联结构）

133 生$_{28}$：我们觉得茶叶掉下去的原因是上面的温度要比下面的低一些，所以它后面就掉下去了，然后又升起。（R-关联结构）

134 师：还有人补充吗？请你说。（I-事实性问题）

135 生$_{29}$：我觉得旁边的温度比中间的温度要低一点，所以我们看到旁边的那些碎屑上升的高度都比中间的要低一点。（R-关联结构）

【点评:教师用问题"你们发现的现象和他们一样吗"引发了一个小组多名学生(生$_{27}$、生$_{28}$、生$_{29}$)的观察与思考。

学生	观察到的现象	原因分析(溯因推理)
生$_{27}$	茶叶先往上升,再斜着升,最后落下	热是往旁边传递的
生$_{28}$	茶叶先升起,再掉落,再升起	上面的温度比下面的温度低
生$_{29}$	旁边的茶叶比中间的茶叶升得低	旁边的温度比中间的温度低

三位同学针对不同的现象分别提出了自己的解释,进行了复杂推理,思维水平都达到了关联水平,说明教师的提问具有针对性与引导性。】

136 师:嗯,好,谢谢你们。同学们,我们看到的现象是不是都有一个共同点,茶叶都先向上升,然后往下?(F-整合式回音反馈)

137 师:我们观察到的现象和我们的预测一样吗?那怎么来解释这个现象呢?热在水中到底是怎么传递的? 来,请你说。(I-理解性问题)

138 生$_{30}$:我认为火就像我们之前看到的那个暖气灶一样,水就相当于中间的空气。热气要往上升,冷气要往下降,这个热量先是把茶叶推上去,但是上面的空气又冷了,所以茶叶又会降下来。(R-关联结构)

【点评:生$_{30}$以暖气灶类比茶叶轨迹实验,以热气上升、冷气下降为依据,对茶叶的运动轨迹进行了解释,思维操作是类比推理+演绎推理,思维水平是关联结构。】

139 师:大家听明白了吗? 赞成还是补充,或者是反驳? 这位同学,请你站起来说。(I-理解性问题)

140 生$_{31}$:我想补充一下他的意见,我觉得除了中间的茶叶会一直上升以外,在旁边一些热量较低的地方,茶叶也会不断上升,茶叶先上升后下降与水的流动有关,所以说它也有可能在水流的扰动中往下降。(R-关联结构)

【点评:生$_{31}$对生$_{30}$的观点进行了补充,在生$_{30}$的基础上,将茶叶下降的轨迹与水流的扰动进行联系,对茶叶下降的原因进行了解释,思维操作是复杂推理,思维水平是关联结构。】

141 师:好,大家听明白了吗? 谁来给我们总结一下,热在水中到底是怎样传

递的？(I-理解性问题)

142 生$_{32}$：首先,热量从中间往上传递,也会向两边传递,但是传递速度要稍微慢一些,所以茶叶后来会往两边落。再过一会儿,两边的温度也上来了,往下落的茶叶就越来越少。(R-关联结构)

【点评：生$_{32}$提取了茶叶轨迹和热量两个信息,并对二者的关系进行了推测,得出结论,思维操作是复杂推理,思维水平是关联结构。】

143 师：大家觉得他的回答能不能解释我们观察到的现象？可以,是吧。首先我们可以得出一个结论——热是往上传递的。(F-对错反馈＋改述式回音反馈)

144 师：那为什么茶叶会往下呢？这位男生,请你说。(I-理解性问题)

145 生$_{33}$：因为上面的温度比较低,温度高的地方茶叶是往上的,温度低了,茶叶就会下降。(R-关联结构)

146 师：你的意思是不是上面比较冷,冷了茶叶就会下降？老师还有一个疑问,在这个过程中水动了没有呢？大多数同学认为没动。其实这个过程中水也在动,热往上,水也往上,其实就是热水一起往上,并且上方的冷水一起往下,我们在科学上把这种现象叫作热对流。热水向上,而冷水向下,它们相互不停地进行对流,这就是热在水中传递的方式,叫作热对流。(F-扩展式回音反馈)

147 师：好,希望同学们用我们今天学到的方法仔细研究这个问题——热在空气中是怎么传递的呢？请同学们和家长一起去解决这个问题。(I)

第三部分　教学研究

本课例教学研究采用定量研究与定性研究相结合的方式,利用SOLO分类理论进行学生思维表现性评价,并与教师提问类型、教学反馈方式、课堂话语结构等因素进行数据关联;通过典型案例分析,探索名师的提问艺术、反馈方式、课堂话语结构与学生思维发展之间的关系及其所体现的新课程2.0的理念。

一、素养导向：教学效果评量

"思维发展"是一节课教学效果的显著标志。本课例研究运用"小学生思维

SOLO 表现性评价量表"对本节课学生应答进行思维水平评价,统计数据如表 3-42 所示。

表 3-42 学生思维水平 SOLO 评价统计

思维水平	低阶思维			高阶思维	
思维层次	前结构	单点结构	多点结构	关联结构	拓展结构
话轮编号	—	2、4、7、12、15、21、33、48、50、53、54、57、58、60、61、66、79、81、84、88、91、103、112、121	64、97、100、109、115、119、128、130	24、26、39、70、72、75、107、117、132、133、135、138、140、142、145	105
频次	0	24	8	15	1
百分比	0	50%	16.67%	31.25%	2.10%
合计		66.67%		33.35%	

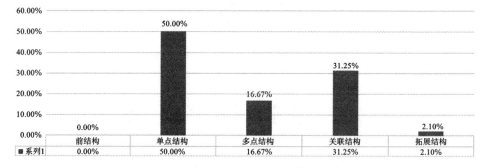

统计数据说明:

(1)高阶思维与低阶思维的比例为 1∶2,说明本节课教学中,学生的思维发展水平以低阶为主,或由低阶思维向高阶思维过渡。教师在努力启发引导学生进行高阶思维的发展。

(2)高阶思维的比例突破了国内高阶思维的阈值 20%,达到了 33.35%,说明本节课学生的思维发展达到了较高的水平。

二、规矩方圆：名师教学艺术研究

（一）课堂提问艺术

1. 核心问题 & 教学内容

本节课核心问题及对应的教学内容如表3-43所示。

表3-43　核心问题及对应的教学内容

核 心 问 题	话轮编号	教 学 内 容
热在水中是怎样传递的？		
1.1 在装水的U形试管里，热是怎样传递的？（演示实验验证）	42	
1.2 一号温度计的示数比二号温度计高，是什么原因？	67	热在水中是向上传递的
1.3 如果把水换成金属，热传递的过程还是一样的吗？热在水中是怎样传递的？	77	
2.1 （把试管换成烧杯，装水）热在水中是如何传递的？把想法画在记录单上。	92	
2.2 如果进行实验，我们怎样才能看到热在水中的传递？	104	热在水中传递的路线
2.3 按照三种不同的想法，放了茶叶会有什么不同的现象？（预测）	114	
2.4 通过实验我们观察到什么现象？（实验结果）	123	
3. 归纳结论	141	在加热的过程中，热水会往上走，冷水往下走，这种现象叫作热对流。 热在水中的传递叫作热对流

关联分析：本课中，教师通过回顾旧知，引出本节课整体探究的核心问题"热在水中是如何传递的"，课堂中的所有问题都是围绕这个总问题设计的。

核心问题1：教师出示实验装置，提问，"在装水的U形试管里，热是怎样传递的？"学生进行初步猜测，得出三种可能的结论。之后，教师进行实验演示，得出实验现象——一号温度计的示数比二号温度计高。教师继续提问，"谁能解释一下这个现象？"在学生的讨论发言中，推测出可能是试管的形状影响了实验结果，引出问题"如果把水换成金属，热传递的过程还是一样吗？热在水中是怎样传递的？"在学生的思考讨论中，得出初步判断"热在水中是向上传递的"。

核心问题2：为了进一步研究热在水中的传递方式，引出问题"（把试管换成烧杯，装水）热在水中是如何传递的？"学生先进行思考，然后把想法画下来，最后在交流中得出三种不一样的猜测。接下来进行实验验证，提出问题"如果进行实验，我们怎样才能看到热在水中的传递？"根据学生发言，得出可以放茶叶的结论。教师继续提问，"按照三种不同的想法，放了茶叶会有什么不同的现象？"教师关注全部学生的发言，问题设置突出本节课难点，重在培养学生的演绎推理能力。在实验验证后，进入交流环节，教师提出问题"通过实验我们观察到什么现象？（实验结果）"学生发现茶叶在水加热的过程中都是先往上、再向下的。

核心问题3：在学生讨论结束之后，教师提出问题"热在水中到底是怎样传递的？（归纳结论）"在学生的讨论发言中，得出结论"在加热的过程中，热水会往上走，冷水往下走，这种现象叫作热对流"。

2. 问题类型 & 高阶思维

本节课的问题类型以及引发高阶思维的频数如表3-44所示。

表3-44　问题类型 & 高阶思维

问题类型	事实性问题（记忆水平）	理解性问题（理解水平）	方法性问题（运用水平）	假设性问题（分析水平）	溯源性问题（创造水平）	合计
话轮编号	1、3、42、45、52、56、65、78、87、124、129、134	20、25、34、35、38、69、71、74、80、92、96、99、102、111、124、125、127、131、137、139、141、144	104、108	6、11、14、23、77、114、118、120	—	—
数量	12	22	2	8	0	44
百分比	27.3%	50.0%	4.5%	18.2%	0	100%

续表

问题类型	事实性问题（记忆水平）	理解性问题（理解水平）	方法性问题（运用水平）	假设性问题（分析水平）	溯源性问题（创造水平）	合计
引发学生高阶思维（频数）	1	10	2	2	0	16

（1）数据统计说明。

教师提问以理解性问题（50.0%）和事实性问题（27.3%）为主，假设性问题（18.2%）和方法性问题（4.5%）次之，溯源性问题完全没有。其中高阶思维主要由理解性问题引出。

（2）数据关联分析。

理解性问题及其引发的高阶思维见表3-45。

表3-45 理解性问题与高阶思维

理解性问题	话轮编号	引发高阶思维
我们把这样一种热沿着物体从高温处向低温处进行传递的热传递方式称为——	20	
你认为热是怎样传递的？	25	26 关联结构：我认为一号温度计应该在这个位置，二号温度计在这个位置。
其他同学呢？是认为高一点还是高很多？	34	
你能上来画一画吗？	35	
还有没有不一样的想法？	38	39 关联结构：我觉得应该是二号温度计的示数高一些。因为虽然说直线距离最短，但是加热的这个点到二号温度计的距离还是要比到一号温度计短一些的，所以我觉得二号温度计的示数要高一些。
哪位同学来跟我们交流一下？你们怎么解释这个现象？	69	70 关联结构：我们小组觉得，因为酒精灯在垂直的温度计下面，热往上面是直线传递，在拐弯的地方拐不过去了，所以就停留在了那个地方。

续表

理解性问题	话轮编号	引发高阶思维
大家听明白她的想法了吗？我找一位同学来补充一下。	71	72 关联结构：我来补充一下，因为拐弯的地方热量消散了，所以二号温度计的示数就没有上升。
还有没有不一样的想法？	74	75 关联结构：我们小组认为火苗传递热量是有一定范围的，一号温度计是在那个范围之内，二号温度计可能在那个范围以外，或者所在范围的热量比较少，所以二号温度计比一号温度计的示数低很多。
热在水中的传递方式与热在金属中的传递方式一样吗？	80	
热在水中是如何传递的呢？	92	
还有补充的吗？我们再请第七组给我们分享一下。	96	
还有不一样的想法吗？	99	
那么哪一种想法是符合真实情境的呢？	102	
那我们采取哪一种方法呢？	111	
通过实验我们观察到什么现象？把你们看到的画下来。	124	
我们看看这两组同学的发现和我们的是不是一样。我们先来看这一组的，请第八组的同学上来。	125	
他们观察到的和我们一样吗？	127	

续表

理解性问题	话轮编号	引发高阶思维
你们发现的现象和他们一样吗？有没有人补充？	131	132 关联结构：我们发现的现象跟刚刚那组其实是差不多的。但是我们觉得热是往旁边传递的。最开始四周的茶叶都往上升，然后慢慢地又开始斜着上升，最后往上升的那些茶叶都掉下来了。 133 关联结构：我们觉得茶叶掉下去的原因是上面的温度要比下面的低一些，所以它后面就掉下去了，然后又升起。
我们观察到的现象和我们的预测一样吗？那怎么来解释这个现象呢？热在水中到底是怎么传递的？	137	138 关联结构：我认为火就像我们之前看到的那个暖气灶一样，水就相当于中间的空气。热气要往上升，冷气要往下降，这个热量先是把茶叶推上去，但是上面的空气又冷了，所以茶叶又会降下来。
大家听明白了吗？赞成还是补充，或者是反驳？	139	140 关联结构：我想补充一下他的意见，我觉得除了中间的茶叶会一直上升以外，在旁边一些热量较低的地方，茶叶也会不断上升，茶叶先上升后下降与水的流动有关，所以说它也有可能在水流的扰动中往下降。
好，大家听明白了吗？谁来给我们总结一下，热在水中到底是怎样传递的？	141	142 关联结构：首先，热量从中间往上传递，也会向两边传递，但是传递速度要稍微慢一些，所以茶叶后来会往两边落。再过一会儿，两边的温度也上来了，往下落的茶叶就越来越少。
那为什么茶叶会往下呢？	144	145 关联结构：因为上面的温度比较低，温度高的地方茶叶是往上的，温度低了，茶叶就会下降。

以上理解性问题的答案存在多种可能性，已有知识不能给予学生明晰的思维线索，存在较大的思维空间。

（二）教学反馈艺术

教学反馈统计如表 3-46 所示。

表 3-46　教学反馈统计

教学反馈类型	对错反馈	表扬批评	指导性反馈	回音反馈				组合使用	合计
				重复	整合	改述	扩展		
话轮编号	13、20、22、27、82	10、46、62、89、123	44	55、110、113	37、98、101、136	31、51、67	73、76、146	5、93、143	—
频数	5	5	1	3	4	3	3	3	27
百分比/(%)	18.5	18.5	3.7	11.1	14.8	11.1	11.1	11.1	100
合计/(%)		40.7			48.1			11.1	100

1. 数据统计说明

统计数据表明,本课教学中运用了 8 种反馈方式,其中基本反馈方式占 40.7%,回音反馈占 48.1%。高阶思维主要是由回音反馈引发的。

2. 数据关联分析

对部分引发高阶思维的反馈方式做进一步分类,研究具体的反馈类型与高阶思维之间的关联关系。

(1) 改述式回音反馈 & 高阶思维(见表 3-47)。

表 3-47　改述式回音反馈 & 高阶思维

改述式回音反馈	话轮编号	引发的高阶思维
所以说,你认为一号会比二号快。	31	无
22.5 摄氏度。我们保留整数好不好?也就是 23 摄氏度。	51	无
不一样。我们发现,一号温度计的示数比二号高,而且高很多。	67	关联结构
大家觉得他的回答能不能解释我们观察到的现象?可以,是吧。首先我们可以得出一个结论——热是往上传递的。	143	关联结构

【案例分析】

反馈类型特征与效果:改述式回音反馈是在不改变学生回答的原意的基础上,将学生的回答用更准确的话语表述出来。在进行改述式回音反馈的过程中,教师将学生的回答规范化并加以引导,从而引发学生的高阶思维。

分析学生高阶思维的复杂推理过程如下。

72 生$_{23}$:我来补充一下,因为拐弯的地方热量消散了,所以二号温度计的示数就没有上升。(R-关联结构)

生13关注到了拐弯的地方热量消散这一信息,做了进一步的推理并得出结论。推理过程为:酒精灯在垂直的一号温度计下面,热量往上面是直线传递—在拐弯的地方,热量拐(传递)不过去了—所以(热量)就停留在了那个地方—拐弯的地方热量消散了,二号温度计的示数就没有上升。思维方式是复杂推理,思维水平是关联结构。

话轮63~72中,教师巧妙地应用了改述式回音反馈,引发了学生一系列的高阶思维。案例中,教师提出了一个开放性问题:"同学们,你们发现了什么?"试图让学生对观察到的实验现象进行总结性描述。但生11只描述了两个不同温度计的示数变化,并没有对两个温度计示数的高低进行比较,思维水平是多点结构。于是教师对学生的话语进行了改述:"我们发现,一号温度计的示数比二号高,而且高很多。"经过教师的改述,学生对实验现象有了充分的认识,在此基础上,教师提出问题——谁能解释一下这个现象,引发学生对温度变化的深入思考。在此过程中,教师的及时改述不仅避免了继续在实验数据对比上耗费时间,还起到了启发学生思考,让学生思维向更深处进阶的作用。正是这种及时的改述反馈,为学生高阶思维的产生给足了时间和空间。

(2)扩展式回音反馈 & 高阶思维(见表3-48)。

表3-48 扩展式回音反馈 & 高阶思维

扩展式回音反馈	话轮编号	引发的高阶思维
哦,是这个意思吗?刚才这位同学是这个意思吗?那你们是不是认为试管的形状影响了实验结果?	73	关联结构
听懂他的说法了吗?你认为是火苗影响到热的传递,是吗?	76	无
其实这个过程中水也在动,热往上,水也往上,其实就是热水一起往上,并且上方的冷水一起往下,我们在科学上把这种现象叫作热对流。	146	无

【案例分析】

反馈类型特征与效果:扩展式回音反馈是在引入外部信息的基础上,针对学生的回答进行更深层次的引导,从而引发学生的高阶思维。

分析学生高阶思维的复杂推理过程如下。

75 生14:我们小组认为火苗传递热量是有一定范围的,一号温度计是在那个范围之内,二号温度计可能在那个范围以外,或者所在范围的热量比较少,所以二号温度计比一号温度计的示数低很多。(R-关联结构)

生14首先提出热量的传递是有一定范围的这一假设,然后对一号温度计和二号温度计所处的范围进行演绎推理。推理过程是:酒精灯传递热量是有一定范围的(假设)——一号温度计在那个范围之内—二号温度计可能在那个范围以外(或者那个范围的热量比较少)—所以二号温度计比一号温度计的示数低很多。思维操作是假言推理,思维水平是关联结构。

在话轮69～75中,生$_{12}$、生$_{13}$对问题"为什么一号温度计示数比二号高很多"做出了回答,但他们仅停留在对"形状"这一要素的分析上。为了继续拓展学生思维,让学生能从更多方面发散思维,教师对两位学生的回答进行了总结改述并提出扩展性问题——"还有哪些因素影响了实验结果",引导学生继续思考。在老师的这种及时扩展下,生$_{14}$首先提出假设,然后进行演绎推理。正是因为教师及时做出了扩展式回音反馈,才激发了学生从不同方面去思考除了形状外的其他要素对温度变化的影响,学生思维在此得到了充分的发散。在此过程中,教师关注到学生在探究和实践过程中的真实表现与思维活动,发挥了评价的诊断功能、激励作用和促进作用,关注了个体差异,改进了学习过程,这正是教师反馈的艺术性所在。

(三) 课堂话语 & 高阶思维

课堂话语分类及引发的高阶思维频数如表3-49所示。

表3-49 课堂话语 & 高阶思维

课堂话语类型	IRF 基本式	IRF 缺省式(IR)	IRF 增强式	Rv 回音式	合计
话轮编号	3～5、11～13、20～22、45～46、49～51、74～76、92～93、99～101、111～113、122～123、144～147	1～2、47～48、90～91、102～103	6～10、14～20、23～27、27～31、32～37、38～44、52～55、56～62、77～82、83～89、94～98、104～110、114～121、124～136、137～143	63～68、69～73	—
频数	11	4	15	2	32
百分比	34%	13%	47%	6%	100%
高阶思维(频数)	1	0	13	1	15

1. 数据统计说明

通过对话轮编号进行统计发现,本案例中话轮占比较大的是IRF基本式和

IRF 增强式，IRF 缺省式占比较小。其中 IRF 增强式占比最大，达到 47%，且以教师的追问链和一个问题多人回答为主。高阶思维主要由这些 IRF 增强式的课堂话语引发，这说明了教师在课前精心设计了问题，这些开放性的问题能启发学生从不同方向思考问题。同时，教师在课中善于适时、恰当地进行追问，引发了学生对问题的深入思考，思维水平得到了提高。

2. 数据关联分析

IRF 增强式话语分类及引发高阶思维的次数如表 3-50 所示。

表 3-50　IRF 增强式话语 & 高阶思维

IRF 增强式话语分类	话 轮 编 号	引发高阶思维次数
多应答对话	6～10、14～20、56～62	0
多追问对话	23～27、27～31、32～37、38～44、52～55、77～82、83～89、104～110、114～121、124～136、137～143	13
讨论后对话	94～98	0

从表 3-50 中数据可以看出，本案例中的多追问对话占比最大。在这些话轮中，教师精心设计了开放性的问题，涉及多个方面的信息，教师恰当的追问有效地实现了更高级别的推理，对学生知识的构建起到了重要作用。

104 师：这也是我们的推测，需要再次进行实验。我们怎样才能看到水中的变化呢？请你起来说一下。(I-方法性问题)

105 生$_{20}$：可以放一些东西进去，在水沸腾的时候，就可以看到这些东西的运动轨迹，从而判断出热在水中是怎样传递的。(R-拓展结构)

106 师：大家听明白了吗？有没有补充的？好，这位同学。(I)

107 生$_{21}$：我认为可以放一些茶叶。因为加热的时候，茶叶会随着气泡往上升。我们看到茶叶是怎样上升的，就可以知道热在水中到底是怎么传播的。(R-关联结构)

108 师：嗯，大家听明白了吗？还有没有人补充？(I-方法性问题)

109 生$_{22}$：我觉得气泡不能代表热量传递的方向。我认为可以在烧杯内部的不同地方放温度计。(R-多点结构)

110 师：他有了一个与大家不一样的想法，他认为可以放温度计。(F-重复式回音反馈)

在此案例中，教师提出"我们怎样才能看到水中的变化？"这一开放性问题，引发学生思考。生$_{20}$首先提出"放些东西进去并观察其运动轨迹"的假设，在假设的基础上进行演绎推理(假言推理)。这种方法虽然带有假设性质,但想法大胆创新,且操作过程完整,表达条理清晰,思维操作是演绎推理,思维水平是拓展结构。教师继续追问,鼓励学生继续思考,生$_{21}$受到生$_{20}$的启发,把生$_{20}$所说的"东西"具体化为"茶叶",对茶叶运动轨迹与热量传递路径进行演绎推理,得出结论。思维操作是演绎推理,思维水平是关联结构。

在本节课中,这样的追问话语是很多的,这也反映出教师的教学艺术。从表3-50中也可看出,教师的不断追问确实引发了学生的高阶思维,在此过程中学生的思维能力得到了很好的锻炼和提升,这也是本节课值得我们学习的地方。

3. 话语结构 & 思维水平

《热在水中的传递》教学片段及话语结构和思维水平分析如表 3-51 所示。

表 3-51　教学片段及话语结构、思维水平分析

序号	会　话	互动分析					
		师	生$_4$	生$_5$	生$_6$	生$_7$	生$_齐$
1	师:热在金属这类固体中是以"热传导"的方式传递的,在液体中是怎样进行传递的呢?今天我们借助水,一起来研究热在水中的传递。为了研究这一个问题,老师给大家带来了一管水,水里面有一号、二号两只温度计。如果我们加热水的这个位置(一号温度计下面的试管),猜测一下,一号温度计和二号温度计的示数会相等吗?	I$_1$					
2	生$_4$:我认为它们显示的温度应该是相等的。大家可以看到,虽然那个温度计离酒精灯要近一点,但是它们两个热传递的路程应该是相同的,所以说传播时间也是相同的,所以热量应该也是相同的。		R				
3	师:好,你能上来画一画吗?你认为热是怎样传递的?	R,I$_2$					
4	生$_4$:我认为一号温度计应该在这个位置,二号温度计在这个位置。		R				
5	师:哦,好。大家明白了吗?	I$_3$					
6	生$_齐$:明白了。						R

续表

序号	会 话	互动分析					
		师	生$_4$	生$_5$	生$_6$	生$_7$	生$_齐$
7	师:有没有和他想法一样的?	I_4					
8	生$_5$:我觉得一号温度计可能会更快地接收到火源产生的热量,而二号温度计过一段时间才可以接收到。			R			
9	师:所以说,你认为一号会比二号快。那一号温度计的示数会比二号高,是高很多还是高一点呢?	R_VI_5					
10	生$_6$:我觉得是高一点。				R		
11	师:其他同学呢?是认为高一点还是高很多?	I_6					
12	生$_齐$:高一点。						R
13	师:你能上来画一画吗?	I_7					
14	生$_6$:从图上可以知道,二号温度计在这个位置,一号温度计在这个位置,如果在这里加热,因为直线距离是最短的,那么热从这上去应该比这样沿折线过来的时间要短一些。				R		
15	师:现在我们有了两种不一样的想法,还有没有不一样的?	R_VI_8					
16	生$_7$:我觉得应该是二号温度计的示数高一些,因为虽然说直线距离最短,但是加热的这个点到二号温度计的距离还是要比到一号温度计短一些的,所以我觉得二号温度计的示数要高一些。					R	
17	师:你需要上来画一下吗?	I_9					
18	生$_7$:加热的点在这里,然后一号温度计在这里,二号温度计在这里,二号温度计到加热点的距离要短一些。					R	

续表

序号	会话	师	生$_4$	生$_5$	生$_6$	生$_7$	生$_齐$
19	师：同学们，真实情况到底是怎样的呢？在装水的U形试管里，热是怎样传递的？我们继续讨论能不能得出结论？	I$_{10}$					
20	生$_齐$：不能。						R
21	师：那接下来我们就一起做实验。	F					

1. 话语结构

教师回顾上节课"热在金属中的传递"的相关内容后发起提问并进行实验展示，让学生思考并进行猜测，学生进行了多应答话轮。生$_4$的观点是一号温度计和二号温度计的示数是相等的。教师发现了生$_4$回答的不足，于是让生$_4$画图展示。生$_5$的观点是一号温度计会更快地接收到火源产生的热量，教师发现生$_5$没有阐述结论，所以运用改述式回音反馈引导生$_5$补充结论（一号温度计的示数比二号高一点）。教师在这里追问："现在我们有了两种不一样的想法，还有没有不一样的想法？"生$_7$提出了第三种观点，他认为二号温度计的示数高一些。讨论中出现了三种不同的猜测，于是教师向学生们抛出问题，以此引出后续的实验。

2. 思维水平

学生在本次话轮中出现了三种不同的猜测，教师与学生的对话是多应答对话，同时教师进行了回音反馈，引导学生思维的发展。针对热在水中的传递实验，学生阐述了不同的观点和理由，思维水平是关联结构。

3. 小结

教师提出问题之后，学生积极思考回答问题。但是学生的表述会有不同的缺陷，教师运用回音策略，在帮助学生梳理思路的同时，引导学生进一步完善自己的观点，使得学生的推理达到高阶思维中的关联水平，让学生的思维更加清晰。

三、白璧微瑕：名师教学批评

在课堂提问中，事实性问题过多。

1. 数据统计说明

教师在本堂课中共提出12个事实性问题，其中只有一个引发了学生的高阶思维。课中的实验需要以温度计的示数作为热量传递的依据，教师采用了多个关于温度计示数的事实性问题，这些问题可以推进教学环节，但无法引发学生的高阶思维。

2. 典型案例分析

78 师：这是不是说明一个问题，热在水中的传递与热在金属中的传递一样吗？(I-事实性问题)

79 生齐：不一样。(R-单点结构)

80 师：好，同学们，我们现在可以得到一个非常重要的结论。热在水中的传递方式与热在金属中的传递方式一样吗？(I-理解性问题)

81 生齐：不一样。(R-单点结构)

82 师：对，不一样。(F-对错反馈)

83 师：那热在水中的传递方式是怎样的呢？这位男生，你最先举手，请你说。(I)

教师进行演示实验之后，学生已经发现热在水中的传递跟之前预测的不一样，就是热在水中的传递方式和热在金属中的传递方式不同。在这里教师没有对实验现象进行总结，只是自己说出了一个结论，问学生是否赞同，并且重复两遍，最后才引到关键问题(话轮 83)"那热在水中的传递方式是怎样的呢？"以至于后面的学生答不到点子上，经历了八个话轮才得出结论。

3. 教学改进建议

教师在提出事实性问题时，要思考问题能否引发学生的高阶思维。可以让学生进行小组讨论，针对单点和多点结构的问题进行交流后统一意见，让全班学生尽可能多地参与课堂，减少只有少部分学生展示却没有引发高阶思维的环节。

四、滴水窥海：学科专题研究

（一）专题名称

科学大概念与高阶思维教学策略研究。

（二）核心概念

1. 学科核心概念

《义务教育科学课程标准(2022 年版)》中指出："科学课程设置 13 个学科核心概念，是所有学生在义务教育阶段应该掌握的学科课程的核心内容。"本课中的学科核心概念是"能的转化与能量守恒"。

2. 关键词

（1）热传递：热传递是物理学中的一个物理现象，是指由温度差引起的热能传递现象。热传递中用热量量度物体内能的改变。热传递主要存在三种基本形式：热传导、热辐射和热对流。只要在物体内部或物体间有温度差存在，热能就必然以以上三种方式中的一种或多种从高温处向低温处传递。

（2）热传导：热传导简称导热。两个相互接触且温度不同的物体，或同一物体的各不同温度部分间在不发生相对宏观位移的情况下所进行的热量传递过程称为导热。物质传导热量的性能称为物体的导热性。热传导是固体热传递的主要方式。在气体或液体等流体中，热的传导过程往往和对流同时发生。

（3）热量：热量是物体内能改变的一种量度。若两区域之间尚未达到热平衡，那么热便在它们中间从温度高的地方向温度低的地方传递。

（4）直线传播：一般情况下光沿直线传播，这里的意思是热量的传播路径是直线。

（5）水沸腾：沸腾是指液体受热超过其饱和温度时，在液体内部和表面同时发生剧烈汽化的现象。一般情况下，水沸腾时温度为 100 ℃（标准大气压下），会产生大量气泡和水蒸气。

（6）热对流：热对流是热传递的三种方式之一，指由流体的宏观运动而引起的流体各部分之间发生相对位移，冷、热流体相互掺混所引起的热量传递过程。

（三）课标链接

（1）课程理念：倡导以探究和实践为主的多样化学习方式，让学生主动参与、动手动脑、积极体验，经历科学探究以及技术与工程实践的过程。

（2）内容要求：能的形式、转移与转化。举例说出生活中常见的热传递现象，知道热从温度高的物体传向温度低的物体，从物体温度高的部分传向温度低的部分。

（3）学业要求：会用已有知识和经验对热传递方式做出推测，设计实验，寻找证据，得出结论。

（4）教学建议：教师要创设情境让学生认识能的各种形式，理解能的转化和转移的各种方式，根据能的转化和能量守恒定律，分析、解释和判断生产生活中的相关问题。

（四）教学策略

从教师的课堂实录中提炼出教学方法，并与《义务教育课程方案和课程标准（2022年版）》中的教学理念进行关联。

1. 创设情境

复习上节课《热在金属中的传递》,教师拿出金属条、金属圆片和U形金属,依次提问:如果加热金属条的一端、加热金属条中间、加热金属圆片的中间及加热U形金属的中间,热会怎样传递?通过层层递进的问题,让学生回顾热传导现象:热在金属中由温度高的地方向温度低的地方传递。

2. 建立联结

(1) 类比迁移。

热在金属这类固体中的传递叫作"热传导",那么,热在液体中是怎样进行传递的呢?今天我们借助水,一起来研究热在水中的传递。

教师通过过渡性谈话,建立起热在固体中传递与热在液体中传递之间的关联。

(2) 类比推理。

教师在前面复习了热在U形金属中的传递现象,接着提出新知:在加入水的U形试管中,热又是怎样传递的?这样,教师引导学生通过已知推理未知,建立了新、旧知识之间的联系,也让学生对后面的新知识产生浓厚的探究兴趣。

3. 深度理解

首先,在加热U形管的实验中,教师引导学生关注到加热点与两个温度计的距离相等,不同点是一个路径是直线,一个路径是曲线,引发了学生的思维碰撞,进一步提升学生的兴趣,引发学生思考。

教师通过猜测—实验—解释,明确了热在水中的传递受形状影响,并得出热在水中是向上传递的这个结论。

然后,在加热烧杯的实验中,教师引导学生猜测热量的传递路线,并引导学生自己设计出实验方法:在不断加热的水中加入茶叶,通过观察茶叶的运动轨迹,推测热在水中的传递方式,将不可视的热的传递转变为可视的茶叶的轨迹变化。学生最终观察到茶叶都是先往上后往下的。之后教师引导学生解释茶叶的轨迹,得出茶叶向上是因为热量的传递是向上的,温度降低后茶叶就会落下。

4. 归纳总结

教师总结出热在水中的传递方式——热对流。教师通过一系列的问题设计与实验设计,将不可见的热量的传递可视化,将抽象的概念具体化,一步步化繁为简,让学生理解热在水中的传递。

第四部分 研学叙事

2022年6月,薛峰小学承办了以"走进新课程,践行新课标"为主题的市级科学智慧教研活动，学校科学组全体成员在专家的指导下全力以赴，为全市同仁们带来了一节精彩的展示课"温度不同的物体相互接触"。几个月的磨砺让科学组在新课标的理解和应用上都走在了前列，罗虹霞老师有幸在专家的指导下撰写了"温度不同的物体相互接触"这一课的案例，该案例获得市级专家的高度好评！这些活动的开展为一年后的科学小组名师研学活动打好了基础。

罗虹霞老师说，2023年伊始，科学组成员有幸全体加入名师研学的战队，他们选择的名师课程《热在水中的传递》是由重庆市朝阳小学杨健伟老师在重庆市第十届小学科学优质课竞赛中执教的。从接到这次研学任务到顺利完成案例撰写，科学组经历了春夏秋冬的历练，曾面临迷茫、有过抱怨，也曾坚持不懈地探索，最终实现了成长，并有所收获。

一、初次学习的迷茫

黄伦老师说，作为一名新进教师，他没有参加上一次名师研学的项目，所以这次名师研学O2O的项目对他来说是一次全新的挑战，让他充满了憧憬。但是参加过几次培训后，他发现名师研学的过程与他想象的完全不同，并没有他想象中轻松，需要花费大量的时间与精力去学习与理解，且时常需要利用周末的休息时间完成作业，这使他产生了一些抵触情绪，觉得这种研学是一种负担。

王春雷老师说，作为第一次名师研学的见证者，她感到自己收获颇丰，而这一次名师研学的过程中，经常出现一些新的词汇和概念，让她有些摸不着头脑，总感觉噱头大于实际。此外，此项活动要耗费大量的精力，由于平时工作事务繁杂，研学作业通常都要在周末或者节假日完成，大大挤占了休息时间，且对于专家布置的作业，经常不知道如何下手。她不禁感到迷茫：名师研学真的有用吗？自己的付出值得吗？

罗虹霞老师说，因为有过一次在专家指导下撰写案例的经历，所以接到此次案例撰写的任务时，她在短暂迷茫之后就欣然接受，也相信只要付出努力，一定可以做好。在主动接受的心态下，很多困难就会迎刃而解。

二、心态转变，渐入佳境

黄伦老师说，成长来自心态的改变，更来自坚持，只有不断突破自我，才能真正地渐入佳境。作为一名新教师，入职不久就能参与学校的核心项目，可见领导对他的期望。但是由于心态问题，他一开始不够积极主动，导致没能及时完成专家布置的作业。学校领导和他进行了一次深入的谈话，他也进行了深刻反省，意识到这项活动并不是一个负担,而是一个学习的机会,作为一名新老师,可以参加这个项目实属不易,应该珍惜这样的学习机会,首先应该端正态度,沉下心来,循序渐进地进行学习。

王春雷老师说自己也深有同感,她一开始不知道怎么完成作业,心里非常着急,后来在小组成员的帮助下,在专家的指导下,她终于顺利完成了专家布置的作业,也感受到了团队的温暖。她进行了自我反思,之后不会做就学,不懂就问。她也发现,有些工作是急不得的,越急越容易出错,做学问最重要的是细水长流,坚持不懈。自此,她能够坦然面对各项学习任务,也能享受学习的过程。

罗虹霞老师说,此次研学过程促进了自身的专业成长。通过研究名师案例,她发现《热在水中的传递》这节课紧紧围绕两条逻辑主线展开。一条是教师的知识传授线,教师围绕相关知识点设计了一个个核心问题,引导学生设计对应的实验并探究出热传递的原理,使学生在知识层面获得了成长。另一条是学生的思维成长线,课程中,学生通过解决层层递进的问题,思维不断成长。而促进这两条线相融合的正是教师在特定情境下的提问及反馈艺术。这些认识让她今后的教学思路更加明晰。

三、收获成长

王春雷老师说,科学小组的成员们逐渐认识到名师研学对于他们的成长是至关重要的。在参加活动的过程中,他们静下心来虚心学习,认真完成每次专家布置的任务。在这种坚持中,他们获得了真正的成长。

黄伦老师说,开始时,他并没有意识到名师研学活动对他们的实际帮助。但是随着时间的推移,他发现自己不仅能从学生的回答中推断出其对知识的掌握程度,还能看出学生的思维水平;他还发现原来提问和反馈中蕴含着如此多的艺术,好的提问与反馈能够发展学生的思维。黄老师意识到培训中学到的理论知识原来都可以运用到实际教学当中,这让他收获颇丰。

作为青年教师,科学小组的成员们深知自己还有很多地方需要学习。他们相信路虽远,行则将至,事虽难,做则必成!名师研学虽已结束,但他们的成长之路仍在继续。

四年级音乐课《南国红豆——粤韵之美》名师研学

武汉经济技术开发区薛峰小学音乐研学小组[①]

第一部分 研学概述

一、研学课例

1. 课例信息

  本课例围绕地方戏曲展开。粤剧具有浓郁的岭南文化特色,是我国华南地区流传最广的地方剧种。著名剧作家田汉把它概括为"热情如火、缠绵悱恻",周恩来也曾誉之为"南国红豆"。其丰富优美的唱腔,独特瑰丽的服装、脸谱,吸收了本土艺术八音、木鱼、粤讴的传统音乐,别具一格的粤剧例戏,以精美见称的舞台布景,无不彰显岭南文化特有色彩。经过数百年兼收并蓄,粤剧不但流行于粤、桂、港、澳、台地区,并且随着粤籍侨民散居各地而传播到五大洲。

2. 课程内容

  《南国红豆——粤韵之美》的教学内容属于"造型·表现"领域。教师在苏州给学生普及粤剧经典唱段,学生有苏州评弹的知识背景,但对于粤剧较为陌生,教师以乐器为切入点,营造良好的学习氛围,激发学生的学习兴趣。

二、授课名师

  叶雅乔老师在常规课堂上渗透地方戏曲教学,将地方戏曲的语言特色和唱腔特色融入音乐教学。

[①] 研学小组成员:何韵聪(组长)、裴蕾、韩芳。

三、研究内容

（1）名师优课的教学艺术。

（2）名师优课教学与新课程$^{2.0}$理念的一致性。

（3）名师优课教学数据分析。

（4）基于《义务教育音乐课程标准（2022年版）》的主题研究。

第二部分　教学还原

一、教学流程图

《南国红豆——粤韵之美》的教学流程如图3-25所示。

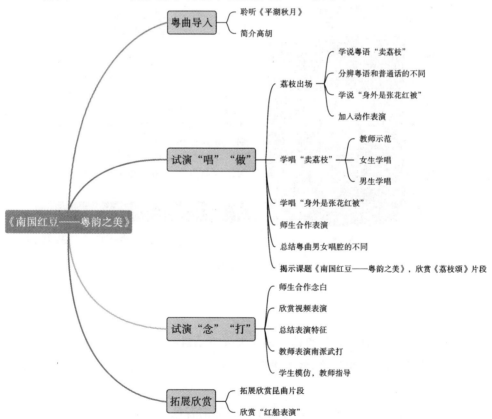

图3-25　《南国红豆——粤韵之美》的教学流程图

二、课堂实录与话语标记

本课例研究运用话语分析理论和 SOLO 分类理论对课堂话语进行话轮标记，对学生的应答进行思维水平评价。话轮标记符号及其意义如下：

I＝发起（问题驱动/任务驱动/接力驱动）；

R＝回应（前结构/单点结构/多点结构/关联结构/拓展结构）；

F＝反馈（对错反馈/表扬批评/指导性反馈/回音式反馈）。

活动1 粤曲导入

（一）教材呈现

教材呈现如图 3-26 所示。

图 3-26　教材呈现 1

（二）教学要点

（1）出示乐器：你觉得这首曲子的主要伴奏乐器的音色是怎样的？

（2）学习方式：师生讨论，教师讲解。

（3）教学方法。

①聆听戏曲，讨论伴奏音乐，感受不同乐器的音色。

②讨论地方戏曲和伴奏乐器。

（三）实录话轮标记

1. 感受乐器

1 师:大家早上好！老师来自广东佛山,今天非常高兴能给大家上一节地方戏曲课。在上课前我们听到的音乐就是一首广东音乐名曲,名字叫《平湖秋月》,它也是一首粤曲小调。请问刚才欣赏音乐的时候,你觉得这首曲子的主要伴奏乐器的音色是怎样的？(I-事实性问题,记忆水平)

（生$_1$表示听不清）(R)

2 师:你觉得它的音色怎么样？谁来补充？(I-事实性问题,记忆水平)

3 生$_2$:像二胡。(R-单点结构)

4 师:你觉得像二胡,是吧？(F-重复式回音反馈)

5 师:我们待会看看是不是二胡这个乐器。请你来回答。(I)

6 生$_3$:声音有点尖。(R-单点结构)

【点评:生$_3$以教师的问题"音色怎么样"为线索,回答"声音有点尖",思维操作是提取信息,思维水平属于单点结构。】

7 师:有点尖。(F-重复式回音反馈)

8 师:还有没有不同意见呢？请你来回答。(I-事实性问题,记忆水平)

9 生$_4$:很柔和。(R-关联结构)

【点评:生$_4$在前一位同学的基础上回答,并给出了和生$_3$相反的答案,是关联结构。】

10 师:你感觉很柔和是吧？好,请坐,谢谢同学们的回答。(F-重复式回音反馈)

11 师:刚才那个女同学说这个乐器是二胡,我们看看是不是二胡。这个乐器的名字叫高胡,你们觉得它跟我们中国哪一件民族乐器很相似？请你来说。(I-事实性问题,记忆水平)

12 生$_5$:二胡。(R-单点结构)

13 师:二胡。(F-重复式回音反馈)

14 师:好,这个乐器的名字叫高胡,它是在二胡的基础上改造而成的。同学们请看,在 20 世纪 30 年代,广东音乐作曲家和演奏家吕文成先生对二胡进行了大胆的改革,将传统二胡的丝弦改成了钢丝弦,提高了定弦,并且用两腿夹着琴筒进行演奏。这种音色清澈明亮的高音二胡,人们把它称作高胡。高胡很快就成为我们广东音乐的灵魂乐器,也就是主奏乐器。(F-指导性反馈)

15 师:我们再听听它的音色。(I-任务驱动)

2. 百戏齐放

16 师:高胡也是我们广东有名的地方戏曲——粤剧的主要伴奏乐器。中国各个地区都有其独特的地方戏曲剧种,那请问我们苏州有哪些地方戏曲呢?好,请你来回答。(I-事实性问题,记忆水平)

17 生$_6$:苏剧。(R-单点结构)

18 师:苏剧,非常好,请坐。(F-表扬性反馈)

19 师:还有吗?请你来回答。(I-事实性问题,记忆水平)

20 生$_7$:昆曲。(R-单点结构)

21 师:昆曲,最古老的一种戏曲。(F-改述式回音反馈)

22 师:好,请你来回答。(I-事实性问题,记忆水平)

23 生$_8$:还有评弹。(R-单点结构)

24 师:评弹。(F-重复式回音反馈)

3. 乐器纷呈

25 师:刚才同学们回答的昆曲、评弹以及苏剧,它们享有苏州艺坛"三朵花"的美誉。请问同学们,你们知道这三种艺术表演的主要伴奏乐器是什么吗?先说昆曲。请你来回答。(I-事实性问题,记忆水平)

26 生$_9$:是曲笛。(R-单点结构)

27 师:曲笛,你们同意吗?非常好。(F-重复式回音反馈+表扬性反馈)

28 师:我们看看,曲笛。评弹呢?它的主要伴奏乐器是什么?请你来回答。(I-事实性问题,记忆水平)

29 生$_{10}$:琵琶。(R-单点结构)

30 师:琵琶。(F-重复式回音反馈)

31 师:除了琵琶还有什么呢?请你来回答。(I-事实性问题,记忆水平)

32 生$_{11}$:还有三弦。(R-单点结构)

33 师:三弦,非常好。(F-表扬性反馈)

34 师:那么苏剧主要的伴奏乐器是什么?大胆举手,讲错了也没关系,请你来回答。(I-事实性问题,记忆水平)

35 生₁₂:二胡。(R-单点结构)

36 师:二胡,我们看看是不是?非常好!(F-表扬性反馈)

4. 粤语表扬

37 师:同学们了解得挺多的,老师想用一句粤语来表扬大家,请听好了。(粤语)吼耶!请跟叶老师说说粤语。(粤语)吼耶!好不好?来,把你的大拇指竖起来,预备,起!(I)

38 生齐:(粤语)吼耶!(R-单点结构)

39 师:好。(F-对错反馈)

40 师:今天我们就这样做,当老师说老师为你们点赞,或者说老师为你点赞时,全体同学竖起大拇指,马上说什么?吼耶!我们试一次,老师为你们的表现点赞。(I)

41 生齐:(粤语)吼耶!(R-单点结构)

活动2 试演"唱""做"

(一) 教材呈现

教材呈现如图 3-27 所示。

(二) 教学要点

(1) 粤语学唱:老师今天教同学们用粤语说"卖荔枝"三个字,请同学们跟叶老师说——(粤语)卖荔枝。

(2) 学习方式:示范法。

(3) 教学方法:

① 粤语学唱,练习唱词。

② 表现肢体动作。

③ 揭示课题。

(三) 实录话轮标记

1. 粤语学唱

42 师:积极点,给点笑容。为了奖励大家,今天叶老师还带来了我们广东很有代表性的一种水果,你们看这是什么?(I-事实性问题,记忆水平)

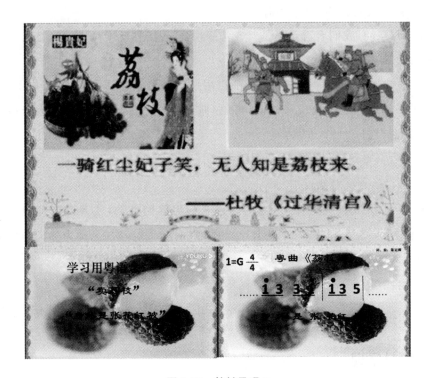

图 3-27　教材呈现 2

43 生齐：荔枝。（R-单点结构）

44 师：好，这个荔枝还有一个非常好听的名字，你们知道吗？请你来回答。（I-事实性问题，记忆水平）

45 生$_{13}$：妃子笑。（R-单点结构）

46 师：是的，这种荔枝有一个非常好听的名字，叫作"妃子笑"。相传在 1000 多年前，唐朝的杨贵妃非常喜欢吃荔枝。但当时的交通工具不发达，从南方运送荔枝到长安的皇宫有几千里的路程。唐明皇为了博杨贵妃一笑，令人沿途换乘，快马加鞭千里运送荔枝，所以就有了诗人杜牧的"一骑红尘妃子笑，无人知是荔枝来"这样一句著名的诗句。（F-改述式回音反馈 Rv）

47 师：现在就是广东荔枝大量上市的时间，我们要卖荔枝对不对？老师今天教同学们用粤语说"卖荔枝"三个字，请同学们跟叶老师说——（粤语）卖荔枝。（I-任务驱动）

48 生齐：（粤语）卖荔枝。（R-单点结构）

49 师：来，这一个"卖"字，你听叶老师是怎么说的，先把嘴合起来。（F-指导性反馈）

50 生齐:(粤语)卖。(R-单点结构)

51 师:对,很好。合起嘴巴。(F-表扬性反馈+指导性反馈)

52 生齐:(粤语)卖。(R-单点结构)

53 师:好,我们看看男同学。(I)

54 生齐:(粤语)卖。(R-单点结构)

55 师:有一点点鼻音。(F-对错反馈)

56 生齐:(粤语)卖。(R-单点结构)

57 师:女生读得很准。(F-对错反馈)

58 生齐:(粤语)卖。(R-单点结构)

【点评:进行粤语发音技能训练时,要在学生练习之后提供明确的反馈,教师在此处恰当地运用IRF话语,有利于学生习得粤语发音技能。】

59 师:好,第二个字(粤语)"荔",看我的嘴巴是怎样的。提笑肌对不对?在哪里发音?牙齿那里发音。再来,连起来。(粤语)卖荔枝。(I-方法性问题,应用水平)

60 生齐:(粤语)卖荔枝。(R-关联结构)

【点评:通过老师的发音示范与方法指导,学生能够用粤语说出"卖荔枝",连贯地完成三个发音动作,并与"卖荔枝"的意义形成关联,思维水平是关联结构。】

61 师:好。(F-对错反馈)

62 师:这是第一句,我们看看第二句。这句话很形象地描述了荔枝的外表。我们看这句话,用普通话读是"身外是张花红被",听叶老师用粤语去念,你觉得粤语和普通话有什么不一样?(I-理解性问题,理解水平)

63 师:(粤语)身外是张花红被。粤语和普通话有什么不一样吗?好,请你来说。(I-理解性提问,理解水平)

64 生14:这句话用粤语说出来很长,普通话只有几个字,粤语有好多字。(R-多点结构)

【点评:生14以粤语和普通话的不同为线索,提取了两个有效信息作答,思维方式是提取信息,思维水平是多点结构。】

65 师:你的感受是这样的,你勇敢地表达了自己的想法。(F-表扬性反馈)。

66 师:感谢!请坐。还有不同的意见吗?请你来回答。(I-理解性问题,理解

水平)

67 生15:用粤语说,每个字的读音都不一样。(R-单点结构)

68 师:请坐,再好好想想。(F-对错反馈)

69 师:来,以(粤语)"身"字为例,如果(粤语)"身"字用普通话发音,是翘舌音还是平舌音?(I-事实性问题,记忆水平)

70 生齐:翘舌音。(R-单点结构)

71 师:翘舌音对不对?但是粤语是没有翘舌音的,只有平舌音。请你们跟叶老师读。(I)

72 生齐:(粤语)身。(R-单点结构)

73 师:很标准。(F-对错反馈)

74 师:再来,(粤语)身。(I)

75 生齐:(粤语)身。(R-单点结构)

76 师:牙齿这里发音,(粤语)身。(F-指导性反馈)

77 生齐:(粤语)身。(R-单点结构)

78 师:我想问大家,普通话的声调有几个?(I-事实性问题,记忆水平)

79 生齐:四个。(R-单点结构)

80 师:那"身"字是第几声?(I-事实性问题,记忆水平)

81 生齐:第一声。(R-单点结构)

82 师:好。(F-对错反馈)

83 师:但是粤语可不止四声,拿出你的手指,准备开始数……多少声?(I-事实性问题,记忆水平)

84 生齐:九声。(R-单点结构)

85 师:再拿出手指来,再数一下,听清楚叶老师的发音,预备,开始数……有九声对不对?这就是普通话和粤语的不同,声母不一样,声调不一样,语法和词汇也不一样,以后我们有机会再去探讨它。(F-指导性反馈)

86 师:刚才同学们对粤语的学习很感兴趣,叶老师现在来教同学们用粤语去念一到十好不好?准备,(粤语)一、二、三、四、五、六、七、八、九、十。(I)

87 生齐:(粤语)一、二、三、四、五、六、七、八、九、十。(R)

88 师:要把嘴巴合上,用鼻子发音。非常棒,为你们点赞。(F-表扬性反馈)

89 生齐:吼耶!(R-单点结构)

90 师:再来一次,为你们点赞。(I-接力驱动)

91 生齐:吼耶!(R-单点结构)

92 师:非常好。(F-表扬性反馈)

93 师:那接下来我们一起读一读这句(粤语)"身外是张花红被",听好了。(I-理解性问题,理解水平)

94 生齐:(粤语)身外是张花红被。(R-关联结构)

【点评:老师用粤语示范读"身外是张花红被",学生模仿,基本能正确地完成一系列粤语发音动作,并在句子意义上建立关联,思维水平是关联结构。】

2. 动作加持

95 师:为了让同学们把这句话的粤语发音记住,我加一些动作可以吗?女同学起立。丁字步站好,左脚在前面,挺胸抬头,然后看双手。(I-理解性问题,理解水平)

96 生齐(模仿动作)(R)

97 师:在面前绕一个圈,推出去。(I-理解性问题,理解水平)

98 生齐(模仿动作)(R)

99 师(动作示范):看手的位置,对,眼神、手肘,预备,走,(粤语)"身外是张花红被"。(I-理解性问题,理解水平)

100 生齐:(粤语)"身外是张花红被"(动作+语言)。(R)

101 师:读出来,我们加上动作,预备,走!(粤语)"身外是张花红被",念到"花红被"时手就推出去,兰花指预备!(粤语)"身外是张花红被"。对,眼睛看手的方向。(I-方法性问题,应用水平)

102 生齐:(粤语)"身外是张花红被"(动作+语言)。(R-关联结构)

103 师:对,(把手)伸出去。(F-指导性反馈)

104 师:好,再来一次,把手伸长一点。(示范)预备走,(粤语)"身外是张花红被"。(I-理解性问题,理解水平)

105 生齐:(粤语)"身外是张花红被"(动作+语言)。(R-关联结构)

106 师:非常好!现在加上脚,看叶老师。脚踮起来,(粤语)"身外是张",然后,右脚在左脚后面,(粤语)"花红被"。预备,踮起脚,(粤语)"身外是张花红被"。左脚在前,右脚在后,检查一下自己的动作对不对。(I-方法性问题,应用水平)

107 生女齐:(粤语)"身外是张花红被"(动作+语言)。(R-关联结构)

108 师:好的。我发现男同学也一直在默默念(粤语)"身外是张花红被",太棒了。(F-表扬性反馈)

109 师:再来一次,(粤语)"身外是张花红被"。很好,请坐。男同学,我们也要

表现一下,起立,叉腰,丁字步,挺胸抬头,同样,右手手掌伸出来,很好,预备。(I-方法性问题,应用水平)

110 生_男齐_:(粤语)"身外是张花红被"(动作+语言)。(R-关联结构)

111 师:在你的面前画一个圈,"身外是张",我的头看哪边?说(粤语)"花红被"的时候转头过来亮相。亮相!走。(F-对错反馈)

112 师:看叶老师示范一次,(粤语)"身外是张花红被",你们试一下,叉腰,预备,走——(I-方法性问题,应用水平)

113 生_男齐_:(粤语)"身外是张花红被"(动作+语言)。(R-关联结构)

114 师:挺好的,帅气。(F-表扬性反馈)

115 师:那个高个子男生,右手放在前面,对。再来一次,预备走,(粤语)"身外是张花红被",说(粤语)"花红被"的时候要怎么样啊?转头亮相看正中间,来,试一次,(粤语)"身外是张花红被",看中间,看叶老师,再来一次,预备!叉腰,走——(I-方法性问题,应用水平)

116 生_男齐_(模仿动作)(R-关联结构)

117 师:对,很帅气。(F-表扬性反馈)

118 师:再来一次,预备,走,非常好!请坐,连起来读一下,(粤语)"卖荔枝,身外是张花红被",预备,读——(I-方法性问题,应用水平)

119 生_男齐_:(粤语)"卖荔枝,身外是张花红被"。(动作配合)(R-多点结构)

120 师:非常好,那我们用歌声去吆喝"卖荔枝",请听叶老师的示范。(I)

121 师:所有人都听到我卖荔枝了,他们会赶过来买。好,请问叶老师刚才的声音有什么特点?请你来回答,声音是怎样的?(I-理解性问题,理解水平)

122 生_16_:尖尖的,能传到远方的。(R-多点结构)

123 师:尖尖的,能传到远方的,非常好。(F-重复式回音反馈+表扬性反馈)

124 师:请女同学先起立,我们就用这种尖尖的、能传到远方的声音去吆喝"卖荔枝",叉腰,丁字步。预备,(粤语)"卖荔枝"。(I-方法性问题,应用水平)

125 生_女齐_:(粤语)卖荔枝。(R-关联结构)

126 师:好。(F-对错反馈)

127 师:叶老师加上手势,你们跟着我的手势唱,预备,唱——(I-方法性问题,应用水平)

128 生_女齐_:(粤语)卖荔枝。(R-关联结构)

129 师:好,加上我们的动作,叉腰,右脚出去,预备,走——(I-方法性问题,应用水平)

130 生_女唱:(粤语)卖荔枝。(R-关联结构)

131 师:加上动作,挺好的。(F-对错反馈)

132 师:自信一点,预备,走——(I)

133 生_女唱:(粤语)卖荔枝。(R-关联结构)

134 师:请坐,非常好,到我们男生表现的时候了。男生起立,你们能像女同学那样用尖尖的声音唱吗?(I-理解性问题,理解水平)

135 师:那我们降低八度好不好?来,叉腰,挺胸抬头。(粤语)"卖荔枝"。(I-方法性问题,应用水平)

136 生_男唱:(粤语)卖荔枝。(R-关联结构)

3. 演唱打磨

137 师:刚才女同学是用什么声音去演唱的?对,假声。(F-扩展式回音反馈)

138 师:我们用真声去演唱,预备,走。(I-任务驱动)

139 生_男唱:(粤语)卖荔枝。(R-关联结构)

140 师:真声不能炸,假声不能僵、不能虚。多用胸腔发音好不好?(F-指导性反馈)

141 师:加点气息,预备,走——(I-任务驱动)

142 生_男唱:(粤语)卖荔枝。(R-关联结构)

143 师:同样的动作,预备,走——

144 生_男唱:(粤语+动作)卖荔枝。

145 师:非常棒。(F-表扬性反馈)

146 师:所有同学起立。(I)

(生起立)(R)

147 师:来,吆喝声,看你的荔枝能不能卖出去。预备,叉腰,丁字步。(I-方法性问题,应用水平)

(生准备姿势)(R-单点结构)

148 师:走!(粤语)"卖荔枝"。(I-任务驱动)

149 生_唱:(粤语)"卖荔枝"。(R-关联结构)

150 师:好,定住!收!叉腰。(I-任务驱动)

151 师:接下去怎么唱?先示范女生的,看叶老师,(粤语)身外是张花红被。女生试一试,预备。(I-任务驱动)

152 生_女齐:(动作+粤语)"身外是张花红被"。(R-关联结构)

153 师:定住刚才的动作。(F-指导性反馈)

154 师:走!(粤语)身外是张花红被,右脚在后。(I-方法性问题,应用水平)

155 生_女齐:(动作＋粤语)"身外是张花红被"。(R-关联结构)

156 师:再来一次,挺好的,大方一点。(F-表扬性反馈)

157 师:预备,走!(粤语)身外是张花红被。(I-任务驱动)

158 生_女齐:(动作＋粤语)身外是张花红被。(R-关联结构)

159 师:好,你们再唱一次,预备,唱。(I-任务驱动)

160 生_女唱:(粤语)身外是张花红被。(R-关联结构)

161 师:真好,请坐。(F-表扬性反馈)

162 师:男同学来一次,刚才的帅气动作到哪里去了?我们还是用真声去演唱,用跟女同学不一样的声音啊,预备,走!(I-方法性问题,应用水平)

163 生_男唱:(粤语)身外是张花红被。(R-关联结构)

164 师:亮相要帅气一点。我们师生合作一下,当听到我接唱后面的时候,你们马上收动作,好不好?(F-指导性反馈)

165 师:叉腰,准备,开始了啊。好,预备,走——(I-方法性问题,应用水平)

166 生_男唱:(粤语)卖荔枝。(R-关联结构)

167 师:(粤语)身外是张花红被。男生忘了吗?你们的动作和女生是不一样的,再来一次,不要受女同学的影响。(F-指导性反馈)

168 师:好,预备,叉腰,走!(I-任务驱动)

169 生_男唱:(粤语＋运用)卖荔枝,身外是张花红被。(R-关联结构)

【点评:教师指导学生反复进行声音与动作的协调练习,最后学生得以完整呈现两句话的表演。表现为关联结构。】

170 师:谢谢同学们的配合,同学们的表现真棒,为你们点赞!(F-表扬性反馈)

171 生_齐:吼耶!(R)

172 师:请坐。同学们有没有发现男生和女生的唱腔是不一样的?男同学是用什么声音演唱的?(I-事实性问题,记忆水平)

173 生_齐:真声。(R-单点结构)

4. 揭示课题

174 师:用真声演唱代表男性,用假声演唱代表女性。在粤剧中,唱腔分为平喉和子喉,男同学就是平喉的唱腔,女同学就是子喉的唱腔。还有那些动作,刚才我们借用了粤剧的身段表演。身段有手势,还有眼神、亮相、台步、走位等,这些也叫做功。(F-改述式回音反馈)

175 师:刚才我们演唱的这首曲子,名字叫作什么?(I-事实性问题,记忆水平)

176 生齐:荔枝颂。(R-单点结构)

177 师:请同学们读一读"荔枝颂",预备,起!(I-任务驱动)

178 生齐:荔枝颂。(R-单点结构)

179 师:(粤语)荔枝颂。

180 生齐:(粤语)荔枝颂。(R-单点结构)

181 师:这么好听的一首曲子,是由谁演唱的呢?(I-事实性问题,记忆水平)

182 生齐:红线女。(R-单点结构)

183 师:我们看看,1957年,红线女在世界青年联欢节上演唱《荔枝颂》,获得了金质奖章。2009年,她荣获首届"中国戏剧终身成就奖"。1956年,以红线女为代表的粤剧艺术家们受邀去北京演出,周恩来总理接见了他们,并在之后的座谈会上称赞粤剧为"南国红豆",可见粤剧的影响力。(F-改述式回音反馈)

184 师:今天我们学习的课题就叫作《南国红豆——粤韵之美》。好,接下来我们一起来欣赏由红线女演唱的《荔枝颂》片段。(I-理解性问题,理解水平)

活动3 试演"念""打"

(一)教材呈现

教材呈现如图3-28所示。

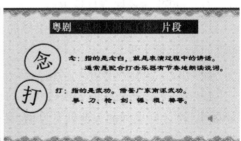

图3-28 教材呈现3

(二)教学要点

(1)提问设计:请问刚才叶老师的表演有什么特征?

(2)学习方式:自主合作探究方式。

(3)教学方法。

①总结表演特征。

②体验武打动作。

(三)实录话轮标记

1. 总结特征

185 师:接下来需要同学们配合叶老师完成一个表演,可以吗？来,请一位同学帮叶老师敲击这个木鱼。请你来好不好？(I-理解性问题,理解水平)

(生上台)(R)

186 师:请你来吧！你先敲四下预备拍,然后其他同学坐在位置上,拍打凳子两边。叶老师做这个动作的时候你应该怎么样？(I-方法性问题,应用水平)

187 生$_{17}$:敲木鱼。(R-单点结构)

188 师:不是,先给个预备拍。预备——起！再来一次,大胆一点,不要紧张。(I-方法性问题,应用水平)

189 生$_{17}$(打击动作)(R-多点结构)

190 师:收！很好！(F-表扬性反馈)

191 师:请问刚才叶老师的表演有什么特征？大胆回答,请你来回答。(I-理解性问题,理解水平)

192 生$_{18}$:你的表演跟我们拍打的节奏是一致的。(R-多点结构)

193 师:我跟上了你们的节奏,或者说你们的节奏和叶老师的表演配合上了,对不对？(F-改述式回音反馈 Rv)

194 师:这种富有音乐性和节奏感的表演方式,在戏曲当中叫作什么呢？(I-事实性问题,记忆水平)

195 生$_{齐}$:念白。(R-单点结构)

196 师:念白就是我们表演过程中的讲话,通常都是配合打击乐器有节奏地朗读说词。刚才叶老师的表演就是粤剧《武松大闹狮子楼》的片段。(F-改述式回音反馈 Rv)

197 师:除了念白之外,粤剧中还有哪些表演形式吸引你？带着这个问题,我们去欣赏视频。(I-任务驱动)

198 师:请问刚才的这个视频里面,你觉得演员的表演有什么突出的地方吗？好,请你来回答。(I-理解性问题,理解水平)

199 生$_{19}$:他唱得很快,而且声音很洪亮。(R-前结构)

200 师:唱得很快,声音很洪亮。(F-重复式回音反馈 Rv)

201 师:还有吗?哪一种表演形式比较吸引你?请你回答。(I-理解性问题,理解水平)

202 生$_{20}$:他们边表演边武打。(R-多点结构)

203 师:边表演边武打。(F-重复式回音反馈)

204 师:这个武打精彩吗?你们喜不喜欢?(I-理解性问题,理解水平)

205 生$_{齐}$:喜欢。(R)

206 师:请坐。武打在这个视频当中非常突出,对不对?(F-改述式回音反馈)

207 师:这段表演为什么这么精彩呢?演员用了什么动作或者道具去配合表演呢?谁来说说?请你来回答。(I-理解性问题,理解水平)

208 生$_{21}$:假刀。(R-单点结构)

209 师:用刀对不对?用刀配合表演。(F-重复式回音反馈)

210 师:还有吗?请你来回答。(I-事实性问题,记忆水平)

211 生$_{22}$:一把椅子。(R-多点结构)

【点评:生$_{22}$在生$_{21}$回答的基础上进行回答,思维方式是提取信息,思维水平属于多点结构。】

212 师:用椅子配合表演。好,叶老师告诉同学们为什么粤剧中的武打这么精彩,因为它将南派武术运用到了表演当中,会用到枪、锤、棍、棒等许多元素。(F-扩展式回音反馈)

213 师:今天叶老师也带来了一段舞枪的表演,同学们想不想看?来,叶老师先表演,待会也请同学们体验一下。(I-任务驱动)

2. 自由体验

214 师:好,感谢同学们!哪位同学想上来体验一下舞枪?请这位男同学和这两位女同学上来体验一下好吗?(I-任务驱动)

(生上台体验)(R)

215 师:好,请站在老师身后!男同学站在中间,女同学站在这边,看清楚叶老师是怎么拿枪的。(示范)这是枪尾,这是枪头。(F-指导性反馈)

216 生(纠正动作)(R-多点结构)

217 师:左手,对。然后右手拿出来,握住枪杆的中间,食指伸出来,看到了吗?(F-对错反馈+指导性反馈)

218 师:好,接着,把它掉转过来,注意安全。(I-任务驱动)

(摆好枪杆)(R)

219 师:可以了,放到地上,准备看叶老师舞一次。(I-任务驱动)

220 生齐(表现动作)(R-多点结构)

221 师:我的右手是怎样的?伸直的。我们所有同学都来空手模拟一下,预备,起——(I-方法性问题,应用水平)

222 生齐(表演动作)(R-多点结构)

223 师:非常棒!(F-表扬性反馈)

224 师:再来一次,右手伸直,靠你的左手手肘去摆动。好,我们试一下,预备,走——我来跟你对打,把你刚才那套动作表演出来就可以了,注意要打到我的枪。(I-方法性问题,应用水平)

225 生齐(表演动作)(R-多点结构)

226 师:预备起——再来,对!(F-表扬性反馈)

227 师:再来一次。(I-任务驱动)

228 生齐(表演动作)(R-多点结构)

229 师:预备,伸直你的右手!(I-方法性问题,应用水平)

230 生齐(表演)(R-关联结构)

231 师:很棒。(F-表扬性反馈)

232 师:这两位女同学,请你们过来这边,我们一起来表演一下。(I-方法性问题,应用水平)

233 生齐(表演动作)(R-关联结构)

234 师:你们两个人对打,把刚才叶老师教你们的那套动作做出来。(师和男生一组,两位女生一组,同时舞枪)(F-指导性反馈)

235 生齐(表演动作)(R-关联结构)

【点评:学生模仿老师的动作并连贯表现,属于关联结构。】

236 师:为你们点赞!感谢同学们,非常好。(F-表扬性反馈)

活动4 拓展欣赏

(一)教材呈现

教材呈现如图 3-29 所示。

(二)教学要点

(1)提问设计:(欣赏乐曲)这是哪个地方的戏曲呢?

图 3-29　教材呈现 4

（2）学习方式：自主合作探究方式。

（3）教学方法：

①总结粤剧特点，引出地方戏曲。

②分享粤剧小故事。

（三）实录话轮标记

237 师：一节课下来，我们了解了许多知识，有广东音乐的伴奏乐器——高胡，还学习了粤语，学唱了粤曲，认识了念白，体验了南派武打。接下来，请同学们欣赏另外一段戏曲。（播放视频）这是哪个地方的戏曲呢？好，请你来回答。（I-事实性问题，记忆水平）

238 生$_{23}$：昆曲。（R-单点结构）

239 师：昆曲，非常好。这是我们苏州的昆曲，对不对？在我们中国的不同地方，因为语言不一样、风俗不一样，等等，所以形成了各种各样的地方戏曲，它们各美其美、美美与共。无论哪种地方戏曲，都是我们中华民族的宝贵文化遗产。我们年轻一代要学习、了解和传承中华优秀传统文化，在这个学习的过程中，我们要树立文化自信。（F-改述式回音反馈）

240 师：接下来叶老师跟同学们分享一个粤剧的小故事。（I-任务驱动）

（生听故事）（R）

241 师：粤剧早期叫作广府戏、广东大戏，所以"看粤剧"用粤语说就是"睇大戏"。过去，粤剧戏班经常在广东沿海巡回演出，而船就是他们最方便的交通工具。为了区别于其他货船，他们把船身涂成红色，称为"红船"，粤剧艺人也自称"红船弟子"。现在我们广东广州的珠江上还保留有红船，每天晚上红船上都有粤剧表演，

你们想不想看一下？让叶老师带同学们去游珠江、看红船、赏粤剧。（F-指导性反馈）

242 师：非常感谢同学们的配合，叶老师想把粤剧人物的小贴纸送给大家，作为一个小小的见面礼。最后叶老师欢迎同学们有空到广州来游学，（粤语）唱粤曲，睇大戏，赏南国红豆——粤韵之美。

第三部分　教　学　研　究

本课例教学研究采用定量研究与定性研究相结合的方式，利用 SOLO 分类理论进行学生思维表现性评价，并与教师提问类型、教学反馈方式、课堂话语结构等因素进行数据关联；通过典型案例分析，探索名师的提问艺术、反馈方式、课堂话语结构与学生思维发展之间的关系及其所体现的新课程 2.0 的理念。

一、素养导向：教学效果评量

"思维发展"是一节课教学效果的显著标志。本课例研究运用"小学生思维 SOLO 表现性评价量表"对本节课学生应答进行思维水平评价，统计数据如表 3-52 所示。

表 3-52　学生思维水平 SOLO 评价统计

思维水平	低 阶 思 维			高 阶 思 维	
思维层次	前结构	单点结构	多点结构	关联结构	拓展结构
话轮编号	199	3、6、12、17、20、23、26、29、32、35、38、41、43、45、48、50、52、54、56、58、67、70、72、75、77、79、81、84、89、91、147、173、176、178、180、182、187、195、208、238	64、119、122、189、192、202、211、216、220、222、225、228	9、60、94、102、105、107、110、113、116、125、128、130、133、136、139、142、149、152、155、158、160、163、166、169、230、233、235	
频次	1	40	12	27	0
百分比	1.25%	50.0%	15.0%	33.75%	0%

续表

思维水平	低阶思维			高阶思维	
思维层次	前结构	单点结构	多点结构	关联结构	拓展结构
合计	66.25%			33.75%	

	前结构	单点结构	多点结构	关联结构	拓展结构
系列1	1.25%	50.0%	15.00%	33.75%	0

统计数据说明：

（1）五个层次思维水平的占比分别是前结构1.25%，单点结构50.0%，多点结构15.0%，关联结构33.75%，拓展结构为0。在音乐活动中，通过单点思维的声音与动作的练习，逐步向多点思维进阶，最后能完成连贯动作，达到关联思维。

（2）低阶思维占比是66.25%，高阶思维占比为33.75%，高阶思维占比超过国内阈值20%，并超过国际阈值30%，说明本节课学生思维水平较高。

二、规矩方圆：名师教学艺术研究

（一）课堂提问艺术

1. 核心问题 & 教学内容

本节课核心问题及对应的教学内容如表3-53所示。

表3-53 核心问题及对应的教学内容

核心问题	话轮编号	教学内容
粤语和普通话有什么不一样吗？	63、66、69、71、78、80、83、86、93	普通话与粤语发音对比教学，使学生学会粤剧唱词的粤语发音
为了让同学们把这句话的粤语发音记住，我加一些动作可以吗？	95、97、99、101、106、109、112、115	用动作表现歌词内容

续表

核心问题	话轮编号	教学内容
这段表演为什么这么精彩呢？演员用了什么动作或者道具去配合表演呢？	207、210、213、214、221、224	武打动作配合表演

关联分析：本课的教学核心指向粤剧的演唱、粤剧的身段以及粤剧武打动作，教师在教学内容上逐步递进，让学生从读词、演唱、动作、念白、武打几个方面逐步掌握粤剧的表现形式，并关联了音乐学习的要素，将艺术实践体现得淋漓尽致。

2. 问题类型 & 高阶思维

本节课的问题类型及引发学生高阶思维的频数如表3-54所示。

表3-54　问题类型 & 高阶思维

问题类型	事实性问题（记忆水平）	理解性问题（理解水平）	方法性问题（应用水平）	假设性问题（分析水平）	溯源性问题（创造水平）	合计
话轮编号	1、2、8、11、16、19、22、25、28、31、34、42、44、69、78、80、83、172、175、181、194、210、237	62、63、66、93、95、97、99、104、121、134、184、185、191、198、201、204、207	59、101、106、109、112、115、118、124、127、129、135、147、154、162、165、186、188、221、224、229、232			
数量	23	17	21	0	0	61
百分比	37.7%	27.9%	34.4%	0%	0%	100%
引发学生高阶思维（频数）	0	8	17	0	0	25

（1）数据统计说明。

本课教学中，教师在事实性问题、理解性问题和方法性问题的设置上基本平衡，都在30%左右。教师以事实性问题导入课堂，用理解性问题逐步推进教学内容，再用方法性问题指导学生完成唱演协调的艺术实践。高阶思维由理解性问题和方法性问题引发。音乐课以听辨、提取已有知识为主,因此事实性问题居多,在模仿、演唱、表演过程中会有理解性问题出现,对学生的演唱和表演有着较高的要求。学生通过语言和动作学习,能够实现连贯动作和连续演唱。

(2)数据关联分析。

理解性问题及引发的高阶思维如表3-55所示。

表3-55　理解性问题 & 高阶思维

理解性问题	话轮编号	引发的高阶思维
粤语发音与普通话发音的区别,粤语演唱方法的教学	62、63、66、121	从单字的粤语发音到连续唱词的粤语发音,学生通过教师的不断讲解和练习,逐渐具备用粤语连贯演唱的能力,从而引发了高阶思维
连贯动作理解教学	104、184、185、201	学生从单独动作的模仿到连接动作的表演,最终能完成一系列连贯动作

数据统计表明,引发学生高阶思维的理解性问题是有关粤语发音和连贯动作学习的问题。教师指出了粤语与普通话的区别,学生通过模仿,了解粤语和普通话在发音规则上的区别,从而理解粤语的发音规则,做到粤语唱词的连贯表达。在动作上,学生通过单独动作的学习,理解动作的含义,并与教师配合,表演动作的连接,从而完成连贯动作的学习,达到高阶思维。

例如,话轮63～94中,学生的思维过程如图3-30所示。

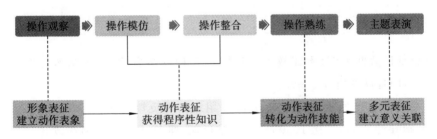

图3-30　学生的思维过程

这是一个典型的三步推理过程。其一,教师提出问题——粤语的发音与普通话有什么不同,然后学生回答,归纳出平舌和翘舌发音的不同这第一个特征。思维操作是基于分析与综合的归纳推理。其二,教师问普通话的声调和粤语的声调,学生通过分析综合,归纳出普通话有四个声调、粤语有九个声调这第二个特征。其三,在第一个特征(判断1)和第二个特征(判断2)的基础上,学生进一步抽象概括,推理出粤语唱词的发音有较强的连接性,在表演上产生了意义关联。思维操作为复杂推理,思维水平是关联结构。

(二)教学反馈艺术

教学反馈统计如表3-56所示。

表3-56 教学反馈统计

教学反馈类型	对错反馈	表扬批评	指导性反馈	回音反馈				组合使用	合计
				重复	整合	改述	扩展		
话轮编号	39、55、57、61、68、73、82、111、126、131	18、33、36、65、88、92、108、114、117、145、156、161、170、190、223、226、231、236	14、49、76、85、103、140、153、164、167、215、234、241	4、7、10、13、24、30、200、203、209		21、46、174、183、193、196、206、239	137、212	27、51、123、217	
频数	10	18	12	9	0	8	2	4	63
百分比	15.9%	28.6%	19.05%	14.29%	0	12.70%	3.17%	6.35%	100%

(1)统计数据表明,本课教学中运用了7种反馈方式,其中基本反馈方式占63.55%,回音反馈占30.16%。

(2)从表3-56所示数据可知,教师运用表扬性反馈的次数最多,占比28.6%;其次是指导性反馈,占比19.05%。对错反馈、重复式回音反馈和改述式回音反馈分别占比15.9%、14.29%和12.70%,扩展式回音反馈和组合式反馈均不足10%。

(三)课堂话语 & 高阶思维

课堂话语分类及引发的高阶思维频数如表3-57所示。

表 3-57　课堂话语 & 高阶思维

课堂话语类型	IRF 基本式	IRF 缺省式(IR)	IRF 增强式	Rv 回音式	合计
话轮编号	16～18、31～33、34～36、37～39、59～61、62～65、66～68、83～85、86～88、90～92、109～111、112～114、115～117、124～126、129～131、138～140、154～156、162～164、165～167、168～170、224～226、232～236、240～242	40～41、42～43、69～70、93～94、127～128、175～180	1～4、11～14、47～58、69～73、74～77、78～82、99～103、104～108、141～145、146～153、157～161、184～190、213～217、218～223、227～231	5～7、8～10、19～21、22～24、25～27、28～30、44～46、121～123、132～137、172～174、181～183、191～193、194～196、197～200、201～203、204～206、207～209、210～212、237～239	100%
频数	23	6	15	19	63
百分比	36.5%	9.5%	23.8%	30.2%	—
高阶思维频数	0	0	8	19	27

1. 数据统计说明

数据统计结果表明,本节课的课堂话语类型主要有 IRF 基本式、IRF 缺省式、IRF 增强式、Rv 回音式。其中 IRF 基本式的占比是 36.5%,Rv 回音式的占比是 30.2%,IRF 增强式的占比为 23.8%,IRF 缺省式的占比为 9.5%。高阶思维主要是由 Rv 回音式和 IRF 增强式引发的。

2. 数据关联分析

Rv 回音式话语分类及引发高阶思维的次数如表 3-58 所示。

表 3-58　Rv 回音式话语 & 高阶思维

Rv 回音式话语分类	话轮编号	引发高阶思维次数
改述式回音反馈	5～7、8～10、19～21、22～24、25～27、28～30	6

续表

Rv 回音式话语分类	话 轮 编 号	引发高阶思维次数
重复式回音反馈	44～46、121～123、191～193、210～212、237～239、132～137、172～174、181～183	8
扩展式回音反馈	194～196、197～200、201～203、204～206、207～209	5

3. 话语结构 & 思维水平

《南国红豆——粤韵之美》教学片段及话语结构和思维水平分析如表 3-59 所示。

表 3-59　教学片段及话语结构、思维水平分析

序号	会话	互动分析				
		师	生$_{18}$	生$_{19}$	生$_{20}$	生$_齐$
1	师：请问刚才叶老师的表演有什么特征？	I				
2	生$_{18}$：你的表演跟我们拍打的节奏是一致的。		R			
3	师：我跟上了你们的节奏，或者说你们的节奏和叶老师的表演配合上了，对不对？这种富有音乐性和节奏感的表演方式，在戏曲当中叫作什么呢？	F				
4	生$_齐$：念白。					R
5	师：请问刚才的这个视频里面，你觉得演员的表演有什么突出的地方吗？	I				
6	生$_{19}$：他唱得很快，而且声音很洪亮。			R		
7	师：唱得很快，声音很洪亮，还有吗？哪一种表演形式比较吸引你？好，请你回答。	F				
8	生$_{20}$：他们边表演边武打。				R	

续表

1. 话语结构

在教师发起提问"请问刚才叶老师的表演有什么特征"后,第一个学生经过思考,提取了节奏这个要素,他的思维过程是观察和概括的过程,因而在思维水平上达到了"多点结构"。

第二个学生通过教师提示,回答了戏曲中的念白技巧。该问题只涉及一个知识点,因而在思维水平上属于"单点结构"。

第三个学生通过视频的表演形式,找到了边唱边武打的关键,因而在思维水平上属于"多点结构"。

2. 思维水平

在此环节的教学中,学生都是通过观察或者对比观察了解到一个知识点的层层递进,在思维水平上应该是从单点结构到多点结构的一个提升。

3. 小结

在音乐学科的教学中,IRF 基本式话语占多数,教师在教学中需要用不同类型的话语去逐步提升学生的思维水平。

三、白璧微瑕:名师教学批评

通过前面的数据建构与对课堂实录的进一步分析可知,《南国红豆——粤韵之美》一课的教学还存在一定的改进空间。例如,课堂提问中,事实性问题过多。

1. 统计数据说明

在本课教学中,事实性问题一共出现了 23 次,并没有引发学生的高阶思维。数据统计表明,事实性提问很难引发学生的高阶思维,学生只能通过一个个分割的问题引发单点结构的思维。

2. 典型案例分析

在话轮 16～36 中,一共运用了 7 个事实性问题。此话轮是教师在和学生讨论苏州地区的戏曲形式,学生只需要根据特定的信息做出回答,没有思维含量,因而学生应答的思维水平都是单点结构。

3. 教学改进建议

这个环节可以稍做简化,不需要设置那么多相同性质的问题让学生回答,应尽快进入课堂主题,这样能为后续的表演、体验环节留出更多时间。而表演、体验环节才是能引发学生高阶思维的环节。

四、滴水窥海:学科专题研究

(一)专题名称

小学戏曲教学中的演唱协同与地方文化渗透教学策略。

(二)核心概念

1. 戏曲教学

音乐课程标准中的"戏曲教学"指的是在音乐课程中,以中国传统戏曲艺术为主要内容,通过教学活动使学生了解和掌握戏曲的基本知识、基本技能和基本表现形式,培养学生对戏曲艺术的欣赏能力和审美情趣,提升学生的音乐素养和文化素养。戏曲教学的内容包括戏曲历史、戏曲唱腔、戏曲表演、戏曲舞蹈、戏曲乐器等方面的知识和技能。

2. 演唱协同

戏曲教学中的"演唱协同"是指演员在表演唱腔时,与伴奏乐器协同的能力。在戏曲表演中,唱腔和乐器的协同演唱是非常重要的,演员需要与乐器的音乐节奏、情感表达和音量等方面进行协同,使演唱和乐器相互呼应,达到艺术效果的最大化。因此,演唱协同是戏曲教学中一个非常重要的方面,需要学生在学习戏曲唱腔的同时,注重对乐器演奏的理解和掌握,同时培养协同演唱的能力。

(三)课标链接

(1)坚持以美育人。学校应引导学生积极参与各类艺术活动,感受美、欣赏美、表现美、创造美,丰富审美体验,学习和领会中华民族艺术精髓,增强中华民族自信心与自豪感,了解世界文化的多样性,开阔艺术视野。

(2)重视艺术体验。学校应重视学生在学习过程中的艺术感知及情感体验,激发学生参与艺术活动的兴趣和热情,使学生在欣赏、表现、创造、联系/融合的过程中,形成丰富、健康的审美情趣;强调艺术课程的实践导向,使学生在以艺术体验为核心的多样化实践中,提高艺术素养和创造能力。

(3)突出课程综合。学校应以各艺术学科为主体,加强与其他艺术的融合;重视艺术与其他学科的联系,充分发挥协同育人功能;注重艺术与自然、生活、社会、科技的关联,汲取丰富的审美教育元素,传递人与自然和谐共生理念,促进学生身心健康全面发展。

（4）3～5年级的学生应具有丰富的音乐情绪与情感体验，在与音乐作品的情感共鸣中焕发爱党、爱国、爱社会主义的情感，具有乐观的态度以及对美好事物的关爱之情；能自信、自然地进行演唱、演奏、歌表演、律动、音乐游戏、舞蹈、戏剧表演等艺术活动，乐于表达自己独特的感受和想法，在实践中增强规则意识、责任意识和学习意志力等，发展交流与合作能力；对音乐保持好奇心和探究欲，能在探究、即兴表演和编创等艺术创造活动中展现个性和创意；增进对中国音乐文化的了解和喜爱之情，了解世界多元音乐文化，开阔文化视野；关注社会生活和社会文化中的音乐现象，对音乐与姊妹艺术、其他学科，以及个人、自然、生活、社会、科技的联系有初步的了解。

（5）学校应通过美育教育，培养学生的审美素养和人文素养，使其具备较高的艺术鉴赏能力、创造能力和表现能力，同时能够理解和欣赏不同文化的艺术，增强文化自信和文化认同，为全面建设社会主义现代化国家奠定坚实基础。

（四）教学策略

1. 创设情境

本课使用的是问题情境——思维定向的导入方式，通过聆听粤语小调《平湖秋月》，引发伴奏乐器的音色问题。从事实性问题出发，让学生提取信息，然后从乐器迁移到地方戏曲和表演形式，过渡到学生熟悉的江苏地方戏曲，再过渡到陌生的地方戏曲——粤剧，就更加顺理成章。

2. 知识建构

在"唱""做"环节，教师实现了以下教学目标：学生聆听音乐，对音乐表现要素和表现作用的认知得当，对音乐的体裁、形式、风格等的感知、理解和判断基本正确，描述与分析中能较清楚地表明它们的特征；初步掌握演唱、演奏等艺术表现的基本技能，演唱、演奏声音自然，在情感表达、准确性、流畅性、完整性等方面基本符合作品要求；在表达作品的情绪、情感及表现音乐意境和音乐形象等方面能体现出自己的想法；在审美感知、文化理解、艺术表现、创意实践上有所突破。

在"念""打"环节，学生能做到随音乐表演，表情及身体动作能体现音乐情绪和音乐特点；创编的简易节奏或旋律有一定的结构和变化，能传达出相应的表现意图；创编、表演简单的歌舞剧等，做到有主题、有情节、有基本的结构和逻辑；音乐编配得当，表演、表情自然，剧情表现较为完整；能运用舞蹈基本语汇和技能进行创编和表演，做到表情自然，动作基本协调、灵活，符合音乐的节奏、韵律，有感情；在戏剧（含戏曲）表演活动中承担角色，声音、动作、演唱、表情等基本符合所塑造的角色形象。

本课基本由教师进行戏曲的口传心授，在过程中逐步提升学生的表现熟练程度，最终达到连贯演唱、连贯动作表现的要求，在一问一答中探讨对地方戏曲文化的理解。

第四部分　研学叙事

一、制定目标，各美其美

何韵聪老师说，名师研学初期，她们在选择课例上犯了难。于是，专家为音乐组提供了江苏的名师案例《情系江南》和《南国红豆》。其中，在粤剧教学的《南国红豆》课程中，广东的老师将戏曲文化传播到江苏，她举手投足间散发的韵味，唱念做打中凸显的能力以及不经意间的点拨，让音乐组的老师们为之动容，所以她们很快就敲定了名师研学案例——《南国红豆——粤韵之美》。这个课程也十分符合新课标中的戏曲教学内容，为她们的研究提供了优秀的范本以及资源。

二、积极行动，努力成长

何韵聪老师说，在寒假期间研学，她总是在理想和现实中来回切换。一边以教师的身份欣赏名师课例，研究名师的教学策略、语言艺术、专业功底，思考其中的精妙之处以及是否能为己所用，或者还有没有更好的表达方式，让大脑在知识中浸泡；一边又在过年的鞭炮声和团圆气氛中被孩子的呼唤牵扯，恨不得自己有分身之术。但最终还是选择回到研学的场域中，让自己从研究中获得连续的收获。而身处研究中时，困难也会随时出现。有时针对某个问题会和其他成员反复讨论，需要询问专家才能得到最终答案。完成了专家布置的某项作业后，心里的石头总算可以放下一截，但还远远没有落地，因为研究没有句号，只有逗号。

三、回顾梳理，感受收获

裴蕾老师说，有了前期的研究，她的教学便有了更强的理论支撑。她将课例《南国红豆》中的演唱协同和由其引发的高阶思维运用到了《剪羊毛》这首澳大利亚民歌的教学中。在学唱部分基本完成后，她分别设计了手势舞和乐器伴奏的环节，让学生能尽可能多地进行演唱协同的练习，以充分调动学生的高阶思维。学生学习兴趣浓厚，并有了更强的合作意识，整节课得到了专家的充分肯定。

四、反思体会,更进一步

何韵聪老师说,名师研学期间,她们在经过一段时间的磨合后,发现写作难点已被攻克,名师课例解读在向更深处漫溯。她们音乐小组在文字功底不足的情况下,也完成了两万多字的文本撰写。语句不知道如何表达,她们就咨询语文老师;图表不熟,她们就请教数学老师;找不到方向时,就敲响校长办公室的门。文从字顺的整理过程中,她们读着改着,仿佛回到了少年的模样。

五年级美术课《美丽的纹样》名师研学

武汉经济技术开发区薛峰小学美术研学小组[①]

第一部分 研学概述

一、研学课例

1. 课例信息

《美丽的纹样》是人教版美术五年级上册第三课,属于设计·应用学习领域的课程。福州市钱塘小学夏云志老师在杭州举办的"千课万人"小学美术"传统与现代"课堂教学高峰论坛上执教了本课。

2. 课程内容

让学生初步了解纹样的基本知识以及纹样在生活中的广泛运用,掌握图案装饰的一般规律,能运用简化概括及点、线、面等装饰的方法尝试设计单独纹样,培养学生的审美能力和设计能力。

二、授课名师

夏云志,福州市钱塘小学教育集团副校长、美术高级教师、福州市美术学科带头人、福州市鼓楼区小学美术学科林彤名师工作室核心成员。曾荣获福州市第三届中小学骨干教师、第四届青年五四奖章、优秀辅导员、鼓楼区第三届名教师等荣誉称号。她在教育生涯中始终秉持"智者善心,带着爱走进课堂,走进孩子的心里"的教学主张,让孩子爱上艺术、爱上学习。

三、研究内容

(1) 名师优课的教学艺术。

[①] 研学小组成员:王钰玲(组长)、汪姣。

（2）名师优课教学与新课程2.0理念的一致性。

（3）名师优课教学数据分析。

（4）基于《义务教育艺术课程标准（2022年版）》的主题研究。

第二部分 教学还原

一、教学流程图

《美丽的纹样》教学流程如图 3-31 所示。

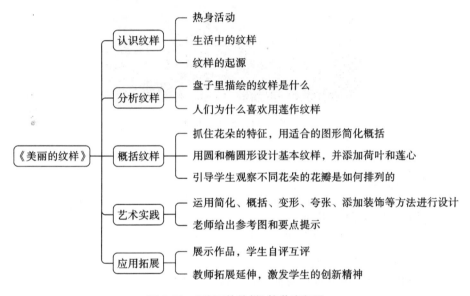

图 3-31 《美丽的纹样》教学流程图

二、课堂实录标记

本课例研究运用话语分析理论和 SOLO 分类理论对课堂话语进行话轮标记，对学生的应答进行思维水平评价。话轮标记符号及其意义如下：

I＝发起（问题驱动/任务驱动/接力驱动）；

R＝回应（前结构/单点结构/多点结构/关联结构/拓展结构）；

F＝反馈（对错反馈/表扬批评/指导式反馈/回音式反馈）。

活动 1　认识纹样

（一）教材呈现

教材呈现如图 3-32 所示。

图 3-32　教材呈现 1

（二）教学要点

（1）PPT 出示课件，提问：
①认真看一看老师给你们提供的视频，里面讲了哪些内容呢？
②纹样起源于什么时期？
（2）教师带领学生进行热身活动，激发学生的学习兴趣。
（3）教师通过对纹样的分析，引出课题。

（三）实录话轮标记

1 师：在上课之前，夏老师要带大家做一个热身活动，你们愿意吗？（I）
2 生齐：愿意。（R）
3 师：好，同学们认真看一看老师给你们提供的视频，里面讲了哪些内容呢？（I-事实性问题，记忆水平）

（视频内容）纹样是物品上装饰花纹的总称，人们将生活中的事物通过简化、变形、夸张的手法加以设计。纹样的历史最早可以追溯到原始社会时期，这件彩陶旋涡纹尖底瓶，其纹样粗犷，充满动感。到了商周时期，青铜器上的兽面纹样神秘威严，极具装饰性。秦汉时期，砖瓦上的纹样雄浑朴厚，寓意吉祥。唐宋时期，金银器上的纹饰繁复华丽,大方典雅。明清时期,青花瓷上的纹样清新淡雅,变化丰富。直到现代,纹样仍然美化着我们的生活,使我们的生活变得更加绚丽多彩。

同学们,通过刚才课前的热身活动,同学们对纹样有了一定的认识与了解,现在老师要来考考大家。请看题,纹样起源于什么时期?

4 生₁:纹样起源于原始社会。(R-单点结构)

5 师:回答正确。(F-对错反馈)

6 师:请看第二道题,纹样的素材来源于哪里?这位男生来说。(I-事实性问题,记忆水平)

7 生₂:纹样的素材来源于生活。(R-单点结构)

8 师:真棒,请坐。(F-表扬性反馈)

9 师:请看最后一道题,纹样在生活中的作用是什么呢?好,你说。(I-事实性问题,记忆水平)

10 生₃:纹样在生活中的作用是美化生活。(R-单点结构)

11 师:是的,纹样美化着我们的生活。今天我们就一起走近美丽的纹样。(F-重复式回音反馈 Rv)

活动2 分析纹样

(一)教材呈现

教材呈现如图 3-33 所示。

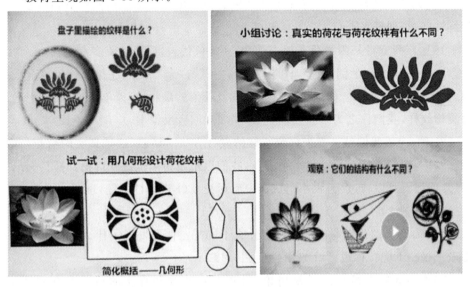

图 3-33 教材呈现 2

（二）教学要点

PPT出示课件，教师提出问题，引导学生发散思维：

（1）盘子里面描绘的纹样是什么呢？

（2）人们为什么喜欢将莲花和鲤鱼的图案用作装饰纹样呢？

（三）实录话轮标记

12 师：看，这是生活中最常见的盘子，盘子里面描绘的纹样是什么呢？你说。（I-事实性问题，记忆水平）

13 生$_4$：盘子里描绘的纹样是两条鲤鱼在水里嬉戏。（R-单点结构）

【点评：学生以问题"盘子里面描绘的纹样是什么"为线索，提取了"两条鲤鱼""水里""嬉戏"三个信息。思维操作是提取信息，思维水平是多点结构。】

14 师：哦，说得太好了。你发现了两条鲤鱼。（F-表扬性反馈＋重复式回音反馈）

15 师：还有吗？来，你说。（I-事实性问题，记忆水平）

16 生$_5$：还有一朵睡莲。（R-单点结构）

17 师：哎呀，说得太好了，还有一朵睡莲。（F-表扬性反馈＋重复式回音反馈）

18 师：人们为什么喜欢将莲花和鲤鱼的图案用作装饰纹样呢？好，你说。（I-理解性问题，理解水平）

19 生$_6$：我觉得是因为荷花代表纯净，而鲤鱼代表吉祥。（R-多点结构）

20 师：是的，同学们，"莲"与"年"谐音，"鱼"与"余"谐音，莲花和鲤鱼组合在一起就寓意着年年有余。像这种没有外轮廓及骨架的限制，可以单独处理、自由运用的装饰纹样，我们称之为单独纹样。（F-扩展式回音反馈 Rv）

21 师：今天我们就一起来探究纹样的设计方法。请看，这是真实的荷花，这是荷花纹样，它们有什么不同呢？别着急，我们以小组为单位展开讨论，时间一分钟，好，开始吧。可以转过来，跟小组成员一起讨论。（I-理解性问题，理解水平）

（小组讨论）

22 师：真实的荷花与荷花纹样有什么不同呢？你们发现了什么？哪个小组愿意来汇报一下呢？你说。（I-理解性问题，理解水平）

23 生$_7$：我们小组经过反复讨论，发现荷花纹样和真实的荷花有两点不同。（R-单点结构）

24 师:哦,有两点不同,你说说有哪两点?(I-理解性问题,理解水平)

25 生$_7$:荷花纹样对现实当中的荷花进行了概括,还有其他荷花的倒影。(R-多点结构)

【点评:话轮23~25中,生$_7$通过观察比较,提取了荷花纹样和真实的荷花的不同点,然后进行归纳。思维操作是归纳推理,思维水平是多点结构。】

26 师:哦,有荷花的影子在,没错。(F-重复式回音反馈)

27 师:好,请坐,还有哪个小组来说?(I-理解性问题,理解水平)

28 生$_8$:我们小组经过反复探究和比较,发现荷花纹样对真实的荷花进行了变形。(R-单点结构)

29 师:你发现了变形,说得太好了。荷花纹样是把真实的荷花进行了平面化,真实的荷花是立体的,而荷花纹样是平面的,从繁复变为简约。(F-扩展式回音反馈 Rv)

30 师:你们再观察一下,花瓣的数量有变化吗?(I-理解性问题,理解水平)

31 生$_8$:真实荷花的花瓣数量很多,而纹样中的花瓣只有寥寥几片。(R-单点结构)

32 师:哦,寥寥几片,说得非常好。通过同学们的探究,我们发现在设计的时候是有一定方法的,可以从繁到简,由多变少。像这样的设计方法,我们把它称作简化、概括。(F-扩展式回音反馈 Rv)

33 师:同学们再来仔细观察这个荷花纹样,它叶子的形状像什么呢?好,你说。(I-事实性问题,记忆水平)

34 生$_9$:我觉得它的叶子很像一条鲤鱼。(R)

35 师:它的花瓣像什么?(I-事实性问题,记忆水平)

36 生$_9$:我觉得荷花的花瓣有点像叶子。(R-多点结构)

37 师:非常好,同学们将纹样与生活中的自然形象联系到了一起,像这样的图形,我们把它叫作自然形。(F-扩展式回音反馈)

38 师:生活中除了自然形,还有哪些图形呢?好,请说。(I-事实性问题,记忆水平)

39 生$_{10}$:生活中还有几何图形。(R-单点结构)

40 师:是的,生活中除了自然形还有几何形。这是一朵盛开的荷花,同学们想一想,它能用哪些几何形来概括呢?好,你说。(I-理解性问题,理解水平)

41 生$_{11}$:能用椭圆形概括荷花的花瓣,用圆形概括它的花蕊。(R-关联结构)

42 师:你说得真好,观察得真仔细。(F-表扬性反馈)

43 师:为什么你会选择椭圆形来概括荷花的花瓣呢?(I-理解性问题,理解水平)

44 生$_{11}$:嗯,因为荷花的花瓣像树叶,而树叶也能用椭圆形来概括。(R-关联结构)

45 师:好的,非常好,请坐。(F-表扬性反馈)

活动3 概括纹样

(一)教材呈现

教材呈现如图 3-34 所示。

图 3-34 教材呈现 3

(二)教学要点

(1)讲解:在设计纹样的时候,我们一定要抓住花朵的特征,选择合适的图形来进行简化概括。

(2)教师用圆形和椭圆形设计出了荷花的基本纹样,为了突出它的特征,教师还添加了荷叶和中间的莲心,引导学生理解设计纹样的方式。

(3)教师引导学生观察几种花朵的花瓣是如何排列的,以花卉为题材展开联想。

(三)实录话轮标记

46 师:同学们,在设计纹样的时候,我们一定要抓住花朵的特征,选择合适的图形来进行简化概括,现在老师来尝试设计。(用多媒体示范讲解)好,刚才有同学说可以用圆形概括荷花的花蕊部分,用椭圆形概括它的花瓣。我们调整一下花瓣的大小,然后复制出我们需要的数量,进行组合排列,还可以调整花瓣的方向,最后把中间的花蕊置顶。看,老师用圆形和椭圆形设计出了荷花的基本纹样,为了突出它的特征,老师还添加了荷叶和中间的莲心,使纹样变得更丰富。生活中有许多花朵,瞧,这些都是大家熟悉的花朵,我们可以看到,它们都是以一个中心点向外扩展生长的。你们再仔细观察一下,它们的花瓣是如何排列的呢?(I-事实性问题,记忆水平)

47 生$_{12}$:我觉得睡莲的花瓣很像烟花爆开的样子,从中心向外爆开,呈发散式。(R-关联结构)

48 师:请坐,还有没有人来说一说?(I-事实性问题,记忆水平)

49 生$_{13}$:我觉得马蹄莲的花瓣是围绕中间生长的。(R-单点结构)

50 师:你发现了它的生长方向是向中心围绕的。(F-重复式回音反馈)

51 师:请坐下,还有吗?(I-理解性问题,理解水平)

52 生$_{14}$:我发现玫瑰花的花瓣是层层往里包裹的。(R-单点结构)

53 师:哎呀,说得太好了,你们观察得非常仔细,这些花朵的花瓣都有一定的排列方式。(F-表扬性反馈+整合式回音反馈)

54 师:了解了这些花朵的形态后,你们想不想尝试设计呢?下面先来看看夏老师是如何设计马蹄莲的,好吗?老师选用了两个三角形来概括它的花瓣,用菱形表现它的花蕊。瞧,纹样设计简单吗?我用几何图形就能够概括出花的整体造型。同学们,你们再观察一下,老师在设计马蹄莲的花瓣的时候,还进行了怎样的处理呢?(I-方法性问题,应用水平)

55 生$_{15}$:我感觉老师在设计的时候对花瓣进行了变形。(R-前结构)

56 师:变形,我把花瓣变成什么形状啊?(I-理解性问题,理解水平)

57 生$_{15}$:三角形。(R-单点结构)

58 师:非常好,为了突出花朵的特征,我们可以对局部进行变形、夸张。(F-整合式回音反馈 Rv)

59 师:谁愿意上来挑战一下呢?一定要记住,要抓住花朵的特征,选用自然形或几何图形进行简化概括。(I-方法性问题,应用水平)

(学生上台画画)(R)

60 师:我们观察一下他们是如何设计的。这两位同学设计得怎么样?有没有想说一下的?(I-理解性问题,理解水平)

61 生₁₆:玫瑰的设计有待提高,没有正确地运用几何图形。(R-单点结构)

62 师:说得非常好。(F-表扬性反馈)

63 生₁₆:睡莲设计得很好,他选用了多个几何图形进行重叠。(R-单点结构)

64 师:睡莲选择了适合的图形进行概括,对吧?这位同学还发现了玫瑰的设计有待提高,老师来帮帮他,可以吗?我们要知道,在设计的时候要抓住花的整体外形或者花瓣的特征。(F-改述式回音反馈+指导性反馈)

65 师:首先我们观察一下,玫瑰的外形是一个什么形状?(I-事实性问题,记忆水平)

66 生齐:椭圆。(R-单点结构)

67 师:刚才前面的同学发现玫瑰的花瓣是一层一层包裹着的,所以我们可以用一些线来进行分割,可以分割成什么形状啊?(I-理解性问题,理解水平)

68 生齐:三角形。(R-单点结构)

69 师:瞧,这样像玫瑰花了吗?好的。(F-对错反馈)。

70 师:老师也设计了三种不同的纹样,同学们想不想看看老师是如何设计的?给老师一点掌声鼓励一下,好不好?你觉得好在哪呢?你来说。(I-事实性问题,记忆水平)

71 生₁₇:我觉得它们好在运用了点、线、面的造型手法,纹样变得更加细致了。(R-多点结构)

72 师:说得非常好,他一眼就发现了老师在这些纹样上添加了很多的点、线、面元素进行装饰。同学们看看,有了这些点、线、面装饰元素的纹样是不是变得更精美了?(F-扩展式回音反馈)

73 师:我们来看看所有的纹样,它们的素材都来源于生活。今天我们是以花卉为题材来进行纹样设计,这些元素是从自然界中来的,而变成纹样以后它们可以装饰我们的生活。同学们,我们再来看一看夏老师设计的这三个纹样,仔细观察,这三个纹样在结构上有什么不同?好,你说。(I-理解性问题,理解水平)

74 生₁₈:一个是重叠的,一个是立体的,还有一个是包围式的。(R-关联结构)

75 师:请坐,表扬这位同学,观察得很仔细!(F-表扬性反馈)

76 师:夏老师想给同学们一个小小的提示,第一个纹样有一个对称轴,是左右对称的结构,这种结构被称为对称式。我们继续观察右边的这两个纹样,它们是对称的吗?(I-理解性问题,理解水平)

77 生₁₉:不是,它们没有对称轴。(R-单点结构)

78 师:我们观察一下它们的整个结构。它们的结构是怎样的啊?你说。(I-事实性问题,记忆水平)

79 生$_{20}$:我感觉后面两个纹样有点像开放式的,结构比较舒展。(R-多点结构)

80 师:像这种不受对称轴的限制,构图自由活泼,但画面又不失平衡感的图形结构,我们称为均衡式。(F-扩展式回音反馈)

81 师:设计了这么多精美的纹样,我们能不能把它们运用到我们的生活中呢?瞧,我们可以把它们运用到我们喜欢的衣服上,这样好吗?(I-理解性问题,理解水平)

82 生$_齐$:好啊。(R-单点结构)

83 师:在应用纹样的时候我们要注意比例关系,还有位置的安排。(F-指导性反馈)

84 师:瞧,这是我们福州三宝之一——脱胎漆器①。在脱胎漆器上面就有很多精美的纹样。大家请看,这是什么花?(I-事实性问题,记忆水平)

85 生$_齐$:这是茉莉。(R-单点结构)

86 师:下面夏老师以茉莉花为素材,设计一个均衡式的单独纹样。瞧,这是老师带来的漆盘,同学们看看老师是如何设计的。我们在设计的时候,一定要注意画面的整体构图,选择适合的位置进行创作。首先,老师选择半圆形来表现茉莉的花瓣。(F-指导性反馈)

【点评:话轮 84~86 是完整的 IRF,形成闭环。】

87 师:同学们,茉莉花最有特色的是它的哪个部分?(I-理解性问题,理解水平)

88 生$_齐$:花萼的部分。(R-单点结构)

89 师:我们可以运用夸张的手法来表现茉莉花的花萼,为了使画面保持平衡,老师还给它添上了叶子。接着,我们可以对它进行点、线、面的装饰,比如,线条要有粗细的变化,再用一些小点点来填充画面,让茉莉的花萼更有动感,最后可以进行一些面的装饰。(F-扩展式回音反馈)

90 师:这样,一个均衡式的单独纹样就设计好了,大家觉得怎么样?(I-理解性问题,理解水平)

---

① 注:脱胎漆器以造型新颖、漆面光泽明亮、制作精巧、内壁平滑而著称,与景德镇瓷器、北京景泰蓝并列为"中华三宝"。

91 生齐:好漂亮啊。(R-单点结构)

92 师:同学们,你们知道吗? 茉莉的谐音是"莫离"。送君茉莉,请君莫离,美丽的榕城欢迎大家的到来,这是夏老师今天想表达的美好寓意。同学们,你们想不想尝试设计一个纹样来装饰漆盘呢? 我们来看一看今天的作业要求。(I-理解性问题,理解水平)

活动 4　艺术实践

(一) 教材呈现

教材呈现如图 3-35 所示。

图 3-35　教材呈现 4

(二) 教学要点

(1) 教师布置总任务,要求学生抓住花朵的特征,运用简化、概括、变形、夸张、添加装饰等方法进行设计。

(2) 教师给出要点提示,有利于学生更好地完成创作。

(3) 学生发挥想象力,完成作品。

(三) 实录话轮标记

93 师:要抓住花朵的特征,运用简化、概括、变形、夸张、添加装饰等方法进行设计。好,请同学们拿出老师为你们准备的漆盘的照片。同学们可以选择老师给

你提供的花朵,也可以选择生活中熟悉的花朵进行设计,好吗?(I-理解性问题,理解水平)

(学生按照教师的要求创作)(R)

94 师:好,完成的同学可以把自己的作品拿到展区。

(学生按照教师的要求把作品贴在展区)(R)

95 师:还没有完成的同学要加快速度了。都拿上来了吗?老师把所有的作品都展示在我们的作品展架上了,这边区域的同学可以转过来看一下。(I)

(小组长按照教师的要求把剩下的作品贴在展区)(R)

【点评:艺术实践活动中,教师运用了 2 个缺省式 IRF 话语(IR)。】

96 师:你们喜欢哪一幅作品呢?哪个同学愿意来和大家分享,说一说你喜欢哪一幅作品?好,请你来。(I-理解性问题,理解水平)

97 生$_{21}$:我喜欢 32 号作品。(R-单点结构)

98 师:这幅作品是谁的?(I)

99(生$_{22}$举手)(R)

100 师:是你的。(转向生$_{21}$)你为什么喜欢这幅作品?(I-理解性问题,理解水平)

101 生$_{21}$:因为我感觉这张作品很抽象(注:"抽象"应该是"生动形象"),而且他用点、线、面让我感觉到这个荷花是立体的,再加上这下面还画了一些水波,感觉这些荷花是活灵活现的。(R-关联结构)

102 师:说得太好了,你们看,荷花的纹样被设计得活灵活现。(F-表扬性反馈+重复式回音反馈)

103 师:还有哪位同学愿意对作品进行点评呢?来,你说。(I-理解性问题,理解水平)

104 生$_{23}$:我喜欢 31 号作品。(R-单点结构)

105 师:来,你说一下你为什么喜欢这幅作品。(I-理解性问题,理解水平)

106 生$_{23}$:因为作者在画外形的时候加粗了线条,让人感觉画面很饱满。(R-单点结构)

107 师:好,那你来观察一下,它是用自然形还是几何形来设计的?(I-理解性问题,理解水平)

108 生$_{23}$:自然形。(R-单点结构)

109 师:它用到了我们今天所说的自然形,非常好,请坐。(F-重复式回音反馈+表扬性反馈)

活动 5 应用拓展

（一）教材呈现

教材呈现如图 3-36 所示。

图 3-36 教材呈现 5

（二）教学要点

（1）学生展示作品，教师引导学生自评、互评。

（2）教师拓展延伸，激发学生的传承和创新精神。

（三）实录话轮标记

110 师：同学们，你们所有的设计作品都用到了今天我们所学的自然形、几何形进行简化概括。通过今天的学习，我们学会了纹样的设计。（F-整合式回音反馈）

111 师：在我们生活中，纹样无处不在。让我们走进三坊七巷，看一看三坊七巷里这些建筑还有门框上的纹样，它们仿佛在诉说着我们榕城的故事，也展现着我们东方独特的艺术魅力。瞧，这是我们福州的脱胎漆器。让我们将这些灿烂的艺术继续传承下去，不断创新，用艺术之光点亮我们的生活。

第三部分 教学研究

本课例教学研究采用定量研究与定性研究相结合的方式，利用 SOLO 分类理论进行学生思维表现性评价，并与教师提问类型、教学反馈方式、课堂话语结构等因素进行数据关联；通过典型案例分析，探索名师的提问艺术、反馈方式、课堂话语

结构与学生思维发展之间的关系,及其所体现的新课程2.0的理念。

一、素养导向:教学效果评量

"思维发展"是一节课教学效果的显著标志。本课例研究运用"小学生思维SOLO表现性评价量表"对本节课学生应答进行思维水平评价,统计数据如表3-60所示。

表 3-60　学生思维水平SOLO评价统计

思维水平	低 阶 思 维			高 阶 思 维	
思维层次	前结构	单点结构	多点结构	关联结构	拓展结构
话轮编号	55	4、7、10、13、16、23、28、31、39、49、52、57、61、63、66、68、77、82、85、88、91、97、104、106、108	19、25、36、71、79	41、44、47、74、101	0
频次	1	25	5	5	0
百分比	2.8%	69.4%	13.9%	13.9%	0%
合计	86.1%			13.9%	

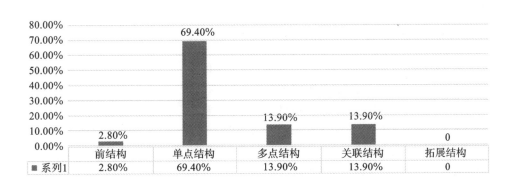

统计数据说明:

(1)在本节课教学中,学生思维前结构占比为2.8%,单点结构占比为69.4%,多点结构占比为13.9%,关联结构占比为13.9%,拓展结构占比为0。学生的思维水平以低阶为主,或由低阶思维向高阶思维过渡。

(2)本节课中低阶思维占比较高,从表中可以看出,高阶思维仅占 13.9%,没有突破 20%,学生思维水平偏低,教师对学生的思维训练没有达到要求。

二、规矩方圆:名师教学艺术研究

(一)课堂提问艺术

1. 核心问题 & 教学内容

本节课核心问题及对应的教学内容如表 3-61 所示。

表 3-61 核心问题及对应的教学内容

核心问题(主问题+追问)	话轮编号	教学内容(知识点)
1. 人们为什么喜欢将莲花和鲤鱼的图案用作装饰呢?好,你说。	18	
(1)今天我们就一起来探究纹样的设计方法。请看,这是真实的荷花,这是荷花纹样,它们有什么不同呢?别着急,我们以小组为单位展开讨论,时间一分钟,好,开始吧。可以转过来,跟小组其他成员一起讨论。	21	纹样的文化寓意
2. 生活中除了自然形,还有哪些图形呢?好,请说。	38	
(1)这是一朵盛开的荷花,同学们想一想,它能用哪些几何形来概括呢?好,你说。	40	纹样的常见形状
(2)为什么你会选择椭圆形来概括荷花的花瓣呢?	43	
3. 同学们,在设计纹样的时候,我们一定要抓住花朵的特征,选择合适的图形来进行简化概括,现在老师来尝试设计。(用多媒体示范讲解)好,刚才有同学说可以用圆形概括荷花的花蕊部分,用椭圆形概括它的花瓣。我们调整一下花瓣的大小,然后复制出我们需要的数量,进行组合排列,还可以调整花瓣的方向,最后把中间的花蕊置顶。看,老师用圆形和椭圆形设计出了荷花的基本纹样,为了突出它的特征,老师还添加了荷叶和中间的莲心,使纹样变得更丰富。生活中有许多花朵,瞧,这些都是大家熟悉的花朵,我们可以看到,它们都是以一个中心点向外扩展生长的。你们再仔细观察一下,它们的花瓣是如何排列的呢?	46	纹样的表现形式

续表

核心问题(主问题+追问)	话轮编号	教学内容(知识点)
(1)了解了这些花朵的形态后,你们想不想尝试设计呢?下面先来看看夏老师是如何设计马蹄莲的,好吗?老师选用了两个三角形来概括它的花瓣,用菱形表现它的花蕊。瞧,纹样设计简单吗?我用几何图形就能够概括出花的整体造型。同学们,你们再观察一下,老师在设计马蹄莲的花瓣的时候,还进行了怎样的处理呢?	54	纹样的表现形式
(2)变形,我把花瓣变成了什么形状啊?	56	
(3)谁愿意上来挑战一下呢?一定要记住,要抓住花朵的特征,选用自然形或几何图形进行简化概括。	59	

关联分析:在本次教学中,学生从认识纹样到分析纹样,再到概括纹样,最后运用纹样进行创作,教师对纹样进行了分析和讲解,让学生从多方面了解纹样。此外,教师带领学生观察纹样并尝试概括其特点。教师的示范内容起到了很好的引导作用,学生能快速了解教师在设计纹样时是怎样去构思的。让学生学会分析思考,能自主探究纹样设计的基本技法,为后阶段的创作做好铺垫。

2. 问题类型 & 高阶思维

本节课的问题类型及引发学生高阶思维的频数如表3-62所示。

表3-62 问题类型 & 高阶思维

问题类型	事实性问题(记忆水平)	理解性问题(理解水平)	方法性问题(应用水平)	假设性问题(分析水平)	溯源性问题(创造水平)	合计
话轮编号	3、6、9、12、15、33、35、38、46、48、65、70、78、84	18、21、22、24、27、30、40、43、51、56、60、67、73、76、81、87、90、92、93、96、100、103、105、107	54、59			
数量	14	24	2	0	0	40

续表

问题类型	事实性问题（记忆水平）	理解性问题（理解水平）	方法性问题（应用水平）	假设性问题（分析水平）	溯源性问题（创造水平）	合计
百分比	35%	60%	5%	0	0	100%
引发学生高阶思维频数	1	4	0	0	0	5

（1）数据统计说明。

从表 3-62 所示数据可以看出，教师提问中，理解性问题占比 60%，事实性问题占比 35%，方法性问题占比 5%，假设性问题和溯源性问题占比均为 0。学生的高阶思维主要是由理解性问题引发的。

（2）数据关联分析。

理解性问题的分类及其引发高阶思维的频数如表 3-63 所示。

表 3-63　理解性问题与高阶思维

理解性问题分类	话　轮　编　号	引发高阶思维频数
纹样的文化寓意	18、21、24	0
纹样的常见形状	27、40、43、51、67	2
纹样的表现形式	22、30、56、60、73、76、81、87、90、92、93	1
纹样的评价	96、100、103、105、107	1

数据统计表明，引发学生高阶思维的理解性问题主要是关于纹样设计的问题。

【案例分析】

100 师：为什么喜欢这幅作品？

101 生$_{21}$：因为我感觉这张作品很抽象（注："抽象"应该是"生动形象"），而且他用点、线、面让我感觉到这个荷花是立体的，再加上这下面还画了一些水波，感觉这些荷花活灵活现。（R-关联结构）

教师的提问激发了学生的多种思维。首先是形象思维，学生由画面想象到了生活中的"一池荷花"，并从中提取多个信息进行逻辑推理，得出"这张作品很抽象"的结论。学生的思维过程如图 3-37 所示。

这是一个典型的三步推理过程。其一，学生通过观察纹样，将纹样分解成点、线、面，提取点、线、面的特征并进行综合，归纳出"荷花是立体的"这第一个特征，思

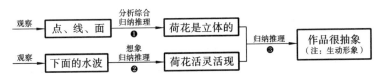

图 3-37 学生的思维过程

维操作是基于分析与综合的归纳推理。其二,观察纹样下面的水波,通过分析与想象,归纳出"荷花活灵活现"这第二个特征。其三,在第一个特征(判断1)和第二个特征(判断2)的基础上,进一步抽象概括,推理出"作品很抽象(注:生动形象)"的总体特征,让作品的"点、线、面"与"下面的水波"在"生动形象"的特征上产生了意义关联。思维操作为复杂推理,思维水平是关联结构。

(二)教学反馈艺术

教学反馈统计如表 3-64 所示。

表 3-64 教学反馈统计

教学反馈类型	对错反馈	表扬批评	指导性反馈	回音反馈				组合使用	合计
				重复	整合	改述	扩展		
话轮编号	5、69	8、42、45、62、75	83、86	11、26、50	58、110		20、29、32、37、72、80、89	14、17、53、64、102、109	
频数	2	5	2	3	2	0	7	6	27
百分比	7.4%	18.5%	7.4%	11.1%	7.4%	0%	25.9%	22.2%	100%
合计		33.3%			44.4%			22.2%	

(1)统计数据表明,本课教学中运用了 7 种反馈方式,其中基本反馈方式占 33.3%,回音反馈占 44.4%。

(2)本课教学以扩展式回音反馈为主,以表扬性反馈和组合使用的反馈方式为辅。其中组合使用的反馈形式更容易引发学生的高阶思维,学生通过多方面评价同伴作品,将以前所学到的知识加以运用。

【案例分析】

案例 1:

87 师:同学们,茉莉花最有特色的是它的哪个部分?(I-理解性问题,理解水平)

88 生齐:花萼的部分。(R-单点结构)

89 师:我们可以运用夸张的手法来表现茉莉花的花萼,为了使画面保持平衡,老师给它添上了叶子。接着,我们可以对它进行点、线、面的装饰,比如,线条要有粗细的变化,再用一些小点点来填充画面,让茉莉的花萼更有动感,最后可以进行一些面的装饰。(F-扩展式回音反馈)

90 师:这样,一个均衡式的单独纹样就设计好了,大家觉得怎么样?(I-理解性问题,理解水平)

91 生齐:好漂亮啊。(R-单点结构)

92 师:同学们,你们知道吗?茉莉的谐音是"莫离"。送君茉莉,请君莫离,美丽的榕城欢迎大家的到来,这是夏老师今天想表达的美好寓意。同学们,你们想不想尝试设计一个单独纹样来装饰漆盘呢?我们来看一看今天的作业要求。(I-理解性问题,理解水平)

分析:此话轮主要是讲解纹样设计的要点,教师针对学生的回答给予扩展式回音反馈,让学生掌握均衡式单独纹样的具体设计方法。此外,教师介绍了茉莉纹样的寓意,使学生了解到纹样不仅是图案的创作,其背后还蕴含着更深的文化内涵。

案例 2:

18 师:人们为什么喜欢将莲花和鲤鱼的图案用作装饰纹样呢?好,你说。(I-理解性问题,理解水平)

19 生$_5$:我觉得是因为荷花代表纯净,而鲤鱼代表吉祥。(R-多点结构)

20 师:是的,同学们,"莲"与"年"谐音,"鱼"与"余"谐音,莲花和鲤鱼组合在一起就寓意着年年有余。像这种没有外轮廓及骨架的限制,可以单独处理、自由运用的装饰纹样,我们称之为单独纹样。

分析:教师应该抓住学生的回答要点,及时地给予引导,让学生的思维水平由低阶水平向高阶水平发展。在这一段话中,教师应该及时进行追问——请再想一想,莲的谐音字是"年",鱼的谐音字是"余",大家联想到了什么呢?"让学生结合生活经验进行概括回答,从而达到高阶思维水平。而此处教师的扩展式回音反馈直接进行了总结归纳,未能给予学生充分的思考空间。

(三)课堂话语 & 高阶思维

课堂话语分类及引发高阶思维的频数如表 3-65 所示。

表 3-65 课堂话语 & 高阶思维

课堂话语类型	IRF 基本式	IRF 缺省式(IR)	IRF 增强式	Rv 回音式	合计
话轮编号	3~5、6~8、9~11、12~14、15~17、18~20、27~29、35~37、40~42、43~45、67~69、70~72、73~75、81~83、84~86、87~89、100~102、107~109	1~2、33~34、38~39、46~47、54~55、65~66、90~92、96~97、98~99、103~104、105~106	21~26、48~53、60~64、76~80	27~29、30~32、56~58	
频数	18	11	4	3	36
百分比	50%	30.6%	11.1%	8.3%	100%
高阶思维（频数）	4	1	0	0	5

1. 数据统计说明

从表 3-65 所示数据可以看出,该教师的主要话语方式是 IRF 基本式(占比 50%),IRF 缺省式的话语比较多,占比 30.6%,IRF 增强式占比 11.1%,Rv 回音式占比 8.3%。在教学中应该更多地及时给予学生评价和反馈,这样更有利于后阶段的教学开展。教师善于针对学生的应答进行恰当的追问,引发学生对现象的思考,这反映在 IRF 基本式的话轮中高阶思维出现的次数。

2. 数据关联分析

IRF 基本式话语分类如表 3-66 所示。

表 3-66 IRF 基本式话语 & 高阶思维

IRF 基本式话语分类	话 轮 编 号	引发高阶思维
单一对话	3~5、6~8、9~11、12~14、15~17、18~20、27~29、35~37、40~42、43~45、67~69、70~72、73~75、81~83、84~86、87~89、100~102、107~109	40~42、43~45、73~75、100~102

3. 话语结构 & 思维水平分析

《美丽的纹样》一课的教学片段及话语结构和思维水平分析如表 3-67 所示。

表 3-67　教学片段及话语结构、思维水平分析

话轮	会　　话	互动分析			
		师	生$_{18}$	生$_{19}$	生$_{20}$
73	师:这三个纹样在结构上有什么不同?	I			
74	生$_{18}$:一个是重叠的,一个是立体的,还有一个是包围式的。		R		
75	师:请坐,表扬这位同学,观察得很仔细。	F			
76	师:夏老师想给同学们一个小小的提示,第一个纹样有一个对称轴,是左右对称的结构,这种结构被称为对称式。我们继续观察右边的这两个纹样,它们是对称的吗?	I			
77	生$_{19}$:不是,它们没有对称轴。			R	
78	师:我们观察一下它们的整个结构。它们的结构是怎样的啊?你说。	I			
79	生$_{20}$:我感觉后面两个纹样有点像开放式的,结构比较舒展。				R
80	师:像这种不受对称轴的限制,构图自由活泼,但画面又不失平衡感的图形结构,我们称为均衡式。	F			

1. 话语结构

教师发起提问后,第一个学生通过观察进行归纳与总结,虽然是三个纹样,但是涉及的知识点只有一个,因而学生在思维水平上只达到了"单点结构"。

第二个学生通过教师的示范了解到后面两个纹样不受对称轴的限制。该问题只涉及一个知识点,因而在思维水平上属于"单点结构"。

第三个学生通过对比观察说出了开放式效果,并对纹样的结构进行了评价,因而在思维水平上属于"多点结构"。

2. 思维水平

在此环节的教学中,学生通过观察或者教师示范了解到一个或多个知识点,所以此环节的教学内容属于多点结构的思维水平。

3. 小结

在美术学科的教学中,单点结构的思维水平占多数,但我们应该抓住学生回答的亮点部分,积极转换学生的思维,在艺术的课堂上更多地向高阶思维发展。

三、白璧微瑕：名师教学批评

通过前面的数据建构与对课堂实录的进一步分析可知，《美丽的纹样》一课的教学还存在一定的改进空间。

（一）课堂提问中，事实性问题过多

本课的事实性问题如表3-68所示。

表3-68 事实性问题统计

事实性问题分类	话 轮 编 号	引发高阶思维
纹样知识的讲解	3～5、6～8、9～11、12～14	
纹样图案的分析	15～17、33～34、35～36、38～39	
纹样的设计	46～47、48～50、65～66、70～72、78～79	46～47
脱胎漆器介绍	84～86	

1. 数据统计说明

数据统计表明，事实性问题很难引发学生的高阶思维，学生更多的是通过对图案的观察直观地进行表述。

2. 典型案例分析

70 师：老师也设计了三种不同的纹样，同学们想不想看看老师是如何设计的？给老师一点掌声鼓励一下，好不好？你觉得好在哪呢？你来说。（I-事实性问题，记忆水平）

71 生₁₇：我觉得它们好在运用了点、线、面的造型手法，纹样变得更加细致了。（R-多点结构）

72 师：说得非常好，他一眼就发现了老师在这些纹样上添加了很多的点、线、面元素进行装饰，同学们看看，有了这些装饰元素的纹样是不是变得更精美了？（F-扩展式回音反馈）

此话轮在讲解纹样的设计方法，教师提问时没有一个准确的方向，可以适当地给予学生引导，例如从造型上、色彩上或者从整体构图效果上改变一下话语，更容易激发学生的高阶思维。

3. 教学改进建议

在艺术课堂（特别是"设计·应用"课型）中，教师在讲授新课时应尽可能少用事实性问题，多用理解性问题，带领学生去探索设计的要素，让学生能在短时间内掌握本节课的学习要点。

（二）课堂话语中，IRF 缺省式话语过多

1. 数据统计说明

数据统计表明，IRF 缺省式话语不利于引发学生的高阶思维。在 11 处 IRF 缺省式对话中，只有话轮 46~47 引发了学生的高阶思维。针对学生的回答，教师应该及时给予反馈或者追问，打造更高效的艺术课堂。

2. 典型案例分析

46 师：同学们，在设计纹样的时候，我们一定要抓住花朵的特征，选择合适的图形来进行简化概括，现在老师来尝试设计。(用多媒体示范讲解)好，刚才有同学说可以用圆形概括荷花的花蕊部分，用椭圆形概括它的花瓣。我们调整一下花瓣的大小，然后复制出我们需要的数量，进行组合排列，还可以调整花瓣的方向，最后把中间的花蕊置顶。看，老师用圆形和椭圆形设计出了荷花的基本纹样，为了突出它特征，老师还添加了荷叶和中间的莲心，使纹样变得更丰富。生活中有许多花朵，瞧，这些都是大家熟悉的花朵，我们可以看到，它们都是以一个中心点向外扩展生长的。你们再仔细观察一下，它们的花瓣是如何排列的呢？(I-事实性问题，记忆水平)

47 生$_{12}$：我觉得睡莲的花瓣很像烟花爆开的样子，从中心向外爆开，呈发散式。(R-关联结构)

点评：学生的回答超出了教师提问的范畴，但仍然是有效的，思维水平是关联结构。在此话轮中，教师的提问内容较多，给学生提供了很多的信息，由此引发了学生的高阶思维，教师并未开展追问，而是开启了下一个问题，如果在下一个环节教师能发起追问，将形成一个引发连续高阶思维的话轮。

四、滴水窥海：学科专题研究

（一）专题名称

小学美术"设计·应用"学习领域的审美创造与文化传承。

（二）核心概念

1. "设计·应用"领域

"设计·应用"领域是指运用一定的物质材料和手段，围绕一定的目的和用途

进行设计与制作,传递、交流信息,美化生活及环境,培养设计意识和实践能力的学习领域。

设置"设计·应用"领域的主要目的是培养学生的设计意识,锻炼学生的动手能力,使学生学会运用一定的物质材料和手段,围绕一定的目的和用途进行设计与制作。

2. 审美创造

审美创造是指在审美的基础上,通过创造性的思维和行动,创造出具有美感和艺术性的作品。它包括创作灵感的开发到实际的制作过程,涉及设计、建筑、音乐、舞蹈等多个领域。审美创造需要具备一定的艺术素养和创造力,同时需要深入了解所涉及领域的技术和知识,以达到创造出优秀作品的目的。

3. 文化传承

中国传统文化是现代文化的基础,从中小学美术教材可知,中小学美术教育不仅仅是美术技能技巧的传授,更是让学生在一种文化情境中理解美术。对于古老的传统文化,我们应当充分地加以利用,使传统文化有所继承,有所延续,有所创新,有所发展,并取其精华融入教育全过程,发挥其巨大作用。

(三)课标链接

1. 坚持育人为本,强化素养立意

要将核心素养的培育贯穿艺术教学的全过程。教师要立足学生的全面发展,挖掘教学内容多方面的育人价值,结合学生的成长需求,把握显性和隐性、近期和远期、部分和整体的关系,指向学生审美和人文素养发展进行教学目标设计,使学生通过艺术学习陶冶情操,温润心灵,激发学生想象力与创造活力,充分发挥艺术教育培根铸魂、启智增慧的功能。

2. 重视知识内在关联,加强教学内容有机整合

指向核心素养的教学,超越零散的知识、技能,要求教师整体把握教学内容,将教学内容有机整合起来,促进学生对知识进行整体联系和建构,并形成深层次联结,实现从知识、技能的掌握到意义建构的发展,提升综合解决问题的能力。

教师要以任务、主题或项目的形式开展教学,将知识、技能嵌入其中,通过综合性、创造性的艺术实践活动,促进学生深度理解知识、技能,提升综合能力。引导学生联系自己的家庭、社区、家乡等,发现问题,综合运用艺术及其他学科的知识、技能和思维方式,创造性地完成艺术作品或解决问题,提升创造能力和问题解决能力。

3. 注重感知体验,营造开放的学习情境

在艺术教学过程中,教师要营造开放的学习情境,引导学生亲近自然、感受生活,让学生全身心地参与其中,焕发积极情绪,获得审美直觉和美感体验;指导学生通过欣赏艺术作品感知世界,体验情感,实现与艺术形象的共情;鼓励学生在情境中感知形象,迸发创意,运用艺术语言和方式表现自然美、社会美与科技美,体验创造的喜悦和自我实现的愉悦,提升实践能力、创造能力和审美能力。

4. 善用多种媒材,有机结合继承与创新

艺术教学要创造性地运用传统器具、材料和现代媒介,如乐器的材质和造型、中国画的笔墨纸砚、舞蹈与戏剧的服装和布景、影视的光效和影调等,发挥多种媒材的特性,展现多样的表现形式、形象与意境,充分调动学生的听觉、视觉、触觉、动觉等多种感觉,融想象、思考、创造于一体,增强学生对艺术的深层体验,丰富学生的精神世界。

(四)教学策略

1. 创设情境

视频讲述:讲述纹样的起源、素材的来源以及纹样在生活中的作用。

提问检测:

1. 纹样起源于( )。

A. 原始社会　　B. 现代

2. 纹样的素材来源于( )。

A. 想象　　　　B. 生活

3. 纹样在生活中的作用是( )。

A. 美化生活　　B. 提升价值

运用这样的方式,学生能快速地了解纹样的起源、素材的来源、纹样在生活中的作用等相关知识。

2. 建立联结

(1)与已有知识联结。

通过以旧引新,"专题"作为本节课的新知识得以呈现出来。五年级的学生对纹样有初步的了解,在前期的教学中,学生能拿剪刀剪出最基本的纹样样式。在本节课中,教师简单地讲解了纹样的样式,并带领学生在现有的基础上学会设计纹样。

(2)与生活经验联结。

纹样的设计灵感是来源于生活的,教师可以从日常生活中的传统习俗入手,让

学生联系实际,了解纹样的寓意以及纹样的应用,在练习环节从脱胎漆器入手,让学生在脱胎漆器上进行纹样的装饰设计。

(3)与语文知识联结。

剪纸是中华优秀传统文化的重要组成部分,剪纸中的各种纹样都有其特定的寓意。教师在讲解纹样时应结合语文知识,详细讲解"荷花""鲤鱼"等纹样背后的寓意,结合在语文学科中所学习的和荷花相关的古诗进行分析,让学生更深入地了解纹样。

3. 深度理解

(1)纹样的寓意。

纹样来源于生活,寄托着人们对美好生活的向往。不同的纹样有不同的寓意,在不同的传统节日中使用的纹样也各不相同。教师结合古诗词以及学生的生活常识,分析纹样的寓意,并尝试运用基本形和不规则图形概括生活中的事物,从而进行纹样的设计与创作。

(2)纹样的种类。

教师立足学生认知发展水平,主要围绕纹样的构成、特征、形式等,借助信息技术进行实物分析,让学生初识纹样构成特点。教师通过出示生活中最常见的盘子,让学生认识盘子里的莲花和鲤鱼纹样,从而了解纹样的组成。

(3)纹样的设计。

为了使学生了解生活中的实物与纹样的差异,教师引导学生从多角度观察真实荷花与荷花纹样的不同,通过小组讨论的形式,分析设计纹样的基本方法。教师引导学生观察、对比、分析,了解不同花卉的花瓣所具有的不同形态、特征及排列方式,从而能够设计对应的纹样。

4. 拓展延伸

教师通过课件出示福州三宝之一的"脱胎漆器",引导学生观察"脱胎漆器"上的很多精美的纹样,了解纹样设计特点和画面布局。教师以茉莉花为素材,在自带漆盘上设计了一个均衡式的单独纹样。通过教师的示范讲解,学生掌握了纹样设计方法,并能将所学知识应用于生活之中。

第四部分 研学叙事

一、制定目标,各美其美

王钰玲老师说,最开始确定的美术小组研学组长是赵婷婷老师,由于赵老师身体不适在家休息,她临时接任了美术研学组长一职。随后她和小组成员一起在专家的指导下开始选课。选什么学段的课程?选哪个领域的课程?她们一时间不知如何下手。最终,她们决定从国家级优质课入手。《美丽的纹样》这节课深深吸引了她们,教师语言优美、教学环节清晰,其中剪纸纹样的设计应用是她们需要好好研究的课题,对学校打造剪纸优质课有很大的帮助。正是这样一节剪纸课,为美术组打开了新的课堂思路,她们开始尝试为外国的小朋友讲授剪纸的内容,让外国的小朋友感受中国优秀传统文化的魅力,经过40分钟的学习,零基础的外国小朋友们已经能够动手剪纹样、制作团花,能通过拼贴的方式完成十二生肖的作品。这学期美术组汪姣老师在区级国际理解教育课程推进会上展示了《美丽的纹样》一课,为学校的剪纸课教研提供了很好的设计思路及授课方法,让她们有了新的收获。

二、积极行动,努力成长

汪姣老师说,回顾名师研学的过程,她曾有年轻气盛的躁动,有浅尝甘霖的欣喜,有屡遭挫折的痛楚,也有不眠不休的焦虑。她清晰地记得,腊月二十八的晚上,她下楼时突然眩晕,一脚踩空,左手摔骨折了,医生说至少要静养一个月,手不能动。当时她急哭了,不为自己的伤,而是担心自己名师研学的任务无法按时完成。于是,她用"天将降大任于斯人也,必先苦其心志,劳其筋骨"这句话来激励自己,面对迫在眉睫的任务,她坚持一只手打字,赶在年前完成了她所负责的那一部分研究工作。

三、回顾梳理,感受收获

汪姣老师说,在接到参加国际理解教育课程展示的通知时,她的内心非常彷徨,感觉特别迷茫。如何给外国小朋友上一节中国剪纸课?这对于不会英语的她,是全新的挑战。她思索了很久,依然找不到方向。正一筹莫展之时,她想起了名师研学中夏老师的那节课《美丽的纹样》,它似乎与她要上的剪纸课有着千丝万缕的联系。她再一次观看了夏老师的课堂实录,借鉴了夏老师的课前热身活动,她觉得她也可以在开课之前和外国小朋友建立友谊,通过热身方式调动课堂氛围。名师研学中专家指导她们分析夏老师的课堂话语结构,她用这个方法也分析了自己的这节课,让整节课更加严谨。回顾名师研学的这一路,她感觉自己在教学的路上进步了、成长了。

四、反思体会,更进一步

王钰玲老师说,风好正是扬帆时,奋楫扬帆向未来。在名师研学期间,她们边学习新课标的理念,边学习名师的教学设计。在前进的道路上她们不断学习,及时更新自己的观念和教学过程。虽然美术组只有两位教师,但她们分工明确,尽职尽责地完成自己的部分,在每一次专家指出问题后及时更改撰写的内容,对每一种话轮的运用都做了细致的分析研究,便于她们在自己的课堂教学中运用。艺术课堂的教学不同于语文、数学等学科,有许多提问都是开放性的,此次研学之后,她们将在教学中多琢磨提问的方式和内容,使问题的指向性更加明确,用追问的方式带领学生思考问题,带领学生更多地达到高阶思维。此外,尝试在新课标的理念下打造高效的艺术课堂,带领学生提升艺术素养,让他们学会用画笔表达自己的所看所思所想。

后 记

# 后记

向阳而生，追光而行

本书撰写工作启动之际，恰逢教育部发布《义务教育课程方案和课程标准（2022年版）》。书中精选案例的研究方向源于新课程标准，旨在为新课程标准服务。新课程标准倡导在真实情境中培养学生解决复杂问题的能力，进而发展学生的核心素养，尤其强调"思维发展"，这正是当前教学实践中亟待突破的重点。课堂教育的水平直接关系到国家未来的竞争力。因此，我们迫切需要采取行动，迎头赶上。基于此，我们将"小学生高阶思维多路径培养的实践探索"确定为研究主题，并衍生出多个学科研究子项目。我们的目标是借助信息技术2.0，以思维评价为核心手段，推动课堂教学形态的变革，促进课程创新与教学转型，深化学校阳光教育特色，打造阳光智慧教育品牌，培养具备核心素养和阳光特质的青少年，为未来社会培育思考者。

继《技术：为教师发展赋能——基于醍摩豆教育科技》一书之后，我校再次聚焦于课堂改革的新航程，并将实践行动研究的精华集结成本书。本书见证了我校围绕内涵发展所组建的项目团队稳步前行的过程。在撰写过程中，我们遵循"知—行—创"的路径，引导教师落实新课程标准理念，跨学科整合课程，提升案例撰写的品质。

一、"知"为先导

我们组建了骨干教师团队，利用碎片时间系统学习新课程标准和高阶思维培养的相关理论，完成专项测试，并定期进行线上专题分享。在这一阶段，我们从迷茫到坚定，克服了工学矛盾，突破了对师生对话结构的认知局限，提升了分析高阶思维水平的能力，为学生思维的绽放积累了能量。

二、"行"为重点

"名师研学"是我们提升教师胜任力的品牌项目，通过研究名师的教学艺术进行学习。我们成立了多个学科的研学小组，对名师的优质课程进行教学还原，并通过前后测对比分析学生的思维水平。这一过程让我们逐步梳理出名师课堂提问类型和话语方式对学生思维的影响。小组成员提炼研究成果，按照名师优课体例形

成相关案例,期待研究成果能够应用到更多教师的课堂上,整体促进学生思维的发展。

三、"创"为目的

随着项目研究的深入,我们优化了高阶思维的培养路径,包括学科大单元教学、跨学科教学和主题教育。学科大单元教学依托现行学科实施理解性教学,重构学科知识单元,培养学生的思维方法,提高学生的思维品质。跨学科教学涉及学科课程的融合与校本化,学生通过解决真实情境中的复杂问题来发展高阶思维。主题教育则旨在增强学生的学习动力与元认知能力。我们还开发了系列校本课程,如博悟系列课程、自然生态课程、"神乎其纸"课程和思维训练营课程,以发展学生的高阶思维。

本书记录了我们践行教学方式变革、科学素养提升和教学评价牵引等行动的故事。本书中的每个案例都是我们坚持教育创新的见证,它们不仅记录了我们战胜困难的过程,更为未来的教学实践提供了宝贵的经验和启示。展望未来,我们将继续遵循教育部《基础教育课程教学改革深化行动方案》的蓝图,开展课程方案转化落地的规划行动。我们相信,只要我们持续学习和创新,教育的明天将更加多彩和富有成效。

致谢

本书的出版得到了多方面的支持与关心。首先要感谢著名教育家冯恩洪先生为本书作序,并把本书纳入"当代好课堂丛书",这给予了我们极大的精神鼓励,他的专著和报告也是我们研学小组研究学习的理论基础。此外,全球醍摩豆智慧教育研究院吴权威教授和刘彬教授为我们提供技术支撑,擦亮了薛峰小学"名师研学"线上培训课程、线下主题研究的O2O教研品牌。感谢武汉市教育科学研究院信息中心雷刚主任和丁军老师,以及武汉经济技术开发区教育局熊白莉局长、区教研室高中斯主任、曹宝主任、综合业务科黄磊主任、区督导室督学、薛峰小学原校长谢翠玲等领导,他们的扶持与关心坚定了我们的信心与决心。三年来,学校在各级送教活动中与武汉市汉南区东城垸中心小学、武汉市东西湖区吴家山第一小学、武汉市硚口区体育馆小学、武汉市东西湖实验小学、远安县振华小学、成都师范银都紫藤小学、杭州市采荷第一小学等兄弟学校"以课会友",增进校际交流,在此谨表谢忱。还要感谢醍摩豆智慧教育研究院徐珺、技术顾问韩影,他们跟进了本书的大部分课例研究,并提供技术支撑。华中科技大学出版社对本书的出版也给予了很

大的支持,在此一并表示感谢。

  本书由学术顾问李红路指导"名师研学"项目研究全过程,设计书稿总体结构与案例体例,并撰写绪论。校长韩芳参与音乐组名师研学全过程,参与书稿框架的确定,撰写第二章"研学叙事",并对终稿进行审定。副校长梁艾荣参与六年级语文组名师研学全过程,并负责项目团队管理工作。"名师研学"项目前期由王苗老师负责,后期由学校教师发展中心郑瑶主任牵头,两人在这项工作中都付出了智慧与汗水。研学小组的组长王苗、万芬、李思、郑瑶、罗虹霞、何韵聪、王钰玲带领研学小组的教师们进行案例撰写与修改,克服了时间、精力和认知上的困难,六易其稿,在践行学校阳光文化中向阳而生、追光而行,发扬了滴水穿石的精神!

  由于时间仓促和水平有限,书中可能存在疏漏之处,敬请读者不吝赐教。

薛峰小学校长 韩芳
2024 年 2 月 19 日